会计电算化（第2版）

（畅捷通 T3 版）

主编　李天宇　秦　妹　邓　昊

北京理工大学出版社
BEIJING INSTITUTE OF TECHNOLOGY PRESS

内 容 简 介

本教材分为 7 个模块,简明扼要地介绍了会计电算化实务的一些基础性操作。本教材改变了传统教材理论教学为主的特点,侧重培养学生的实际工作能力;邀请企业中相关人员参与教材的编写,也反映了企业对财务人才的实际要求。

本教材主要供高等院校经济管理类专业学生学习使用,也可以作为会计、财务人员及业务人员进行会计电算化应用培训和业务培训的学习资料。

图书在版编目(CIP)数据

会计电算化:畅捷通 T3 版/李天宇,秦妹,邓昊主编.—2 版.—北京:北京理工大学出版社,2017.9(2021.2 重印)

ISBN 978 - 7 - 5682 - 4595 - 1

Ⅰ. ①会… Ⅱ. ①李… ②秦… ③邓… Ⅲ. ①会计电算化 - 高等学校 - 教材

Ⅳ. ①F232

中国版本图书馆 CIP 数据核字(2017)第 194658 号

出版发行 / 北京理工大学出版社有限责任公司

社   址 / 北京市海淀区中关村南大街 5 号

邮   编 / 100081

电   话 / (010)68914775(总编室)

          (010)82562903(教材售后服务热线)

          (010)68948351(其他图书服务热线)

网   址 / http://www.bitpress.com.cn

经   销 / 全国各地新华书店

印   刷 / 北京虎彩文化传播有限公司

开   本 / 787 毫米×1092 毫米 1/16

印   张 / 19.5   责任编辑 / 申玉琴

字   数 / 460 千字   文案编辑 / 申玉琴

版   次 / 2017 年 9 月第 2 版 2021 年 2 月第 4 次印刷   责任校对 / 周瑞红

定   价 / 46.00 元   责任印制 / 李志强

编审委员会

第二版前言

会计电算化是现代信息技术与会计的融合。具体地说，会计电算化是全面运用以计算机、网络和通信为主的信息技术，对伴随企业经营过程发生的原始数据进行获取、加工、传输、存储、分析等处理，为企业经营管理、控制与决策提供及时、准确的信息。会计电算化是企业管理信息化的一部分。本教材自第 1 版 2014 年 7 月份出版发行以来，受到了广大读者的好评。由于体例创新、突出实践、内容新颖、通俗实用，被许多院校和培训机构选用。

为使本教材常用常新，不断完善和提高教材质量，我们根据各用户学校广大师生对教材提出的宝贵建议进行了修订。修订后的教材具备以下特色：

1. 校企合作的编写队伍

教材编写组由院校一线教师和企业中的优秀电算化人才共同组成，由企业中相关人员直接参与教材的编写，更能够反映企业对财务人才的实际要求。

2. 突出操作能力的培养

本教材主要为实务操作讲解，改变传统教材理论教学为主的特点，侧重培养学生的实际操作能力，尽可能详尽地介绍操作步骤。

3. 适用对象范围广泛

本教材主要供各层次财经院校经济管理类专业学生学习使用，也可以作为会计、财务人员及业务人员进行会计电算化应用培训和业务培训的学习资料。

4. 完整的实务工作模拟

教材共 7 个模块。模块 1 带领读者认知会计电算化，模块 2 到模块 6 用大篇幅重点讲解了用友畅捷通 T3 软件的财务模块实务操作，模块 7 介绍了 T3 软件的业务模块实务操作。教材修订时还在每个财务模块的最后，以二维码的方式给出该模块的自测题。

本书由李天宇设计架构并统稿，刘学敏老师主审。李天宇、秦妹、邓昊担任主编，张乐天、纪晨光、耿学斌、刘平、马晓征、冯怡、刘璐担任副主编。

在本书编写过程中我们得到了曹军、侯成芝、孙莲香、王新玲、赵秀云等专家（按姓氏拼音排序）的悉心指导和大力支持，北京理工大学出版社周磊编辑对本书的修订给予了全程策划和指导，为本书的出版付出了大量时间和精力，教材编写组全体成员在此向各位专家深表感谢。

在教材的修订编写过程中我们虽然做了不少的努力，但由于作者本身的局限，其缺点、错漏在所难免。我们诚挚地希望读者对本教材的不足之处给予批评指正。

本书配有自测题操作流程等相关教学资源，服务邮箱：1541104956@qq.com

目 录

认识会计电算化

项目1 初识会计电算化

任务1 学习会计电算化的概念

会计电算化，是计算机技术和现代会计相结合的产物。在我国，将计算机技术应用于会计数据处理起步比较晚。1979年，长春第一汽车制造厂大规模信息系统的设计与实施，是我国会计电算化发展过程中的一个里程碑。1981年8月，在财政部、第一机械工业部、中国会计学会的支持下，中国人民大学和长春第一汽车制造厂联合召开了"财务、会计、成本应用电子计算机问题讨论会"，第一次提出了"会计电算化"的概念。

会计电算化的概念有广义和狭义之分。狭义的会计电算化，是指以电子计算机（以下简称计算机）为主体的当代电子信息技术在会计工作中的应用；广义的会计电算化，是指与实现会计工作电算化有关的所有工作，包括会计电算化软件的开发和应用、会计电算化人才的培训、会计电算化的宏观规划、会计电算化的制度建设、会计电算化软件市场的培育与发展等。

随着会计电算化事业的不断发展，会计电算化的概念得到了进一步的延伸，它不仅涉及会计信息系统（会计核算、会计管理、会计决策等）的理论与实务研究，而且融进了与其相关的所有工作，如会计电算化的组织与规划、会计电算化的实施、会计电算化的管理、会计电算化人员的培训、会计电算化制度的建立、计算机审计等内容。现在，会计电算化已经成为现代会计学科的重要组成部分。

任务2 了解会计电算化的作用

会计电算化是会计发展史上的又一次重大革命，它不仅是会计自身发展的需要，而且是经济和科技发展对会计工作提出的要求，是经济社会信息化的必然需求。会计电算化在推进企业管理现代化的进程中具有重要作用。

第一，提高会计数据处理的时效性和准确性，提高会计核算的水平和质量，减轻会计人员的劳动强度。实现会计电算化后，会计人员只要将原始会计数据输入计算机，大量会计数据分类、归集、计算、存储、分析等工作，都由计算机自动完成。实现会计电算化，使会计人员从原有的重复性的抄抄写写、记账、算账和报账等繁重的工作中解放出来，把主要精力和工作重点转向加强管理和监督方面，更好地发挥会计人员应有的参谋作用。

第二，提高经营管理水平，使财务会计管理由事后核算向事先预测、事中控制、事后核算与管理转变，为管理信息化打下基础。企业实现会计电算化，就可以利用电子计算机处理和存储数据的强大功能，详细记录企业过去生产经营活动的情况，及时反映企业的生产经营计划和市场信息，通过计算机的实时处理，为企业管理当局提供最新动态数据，从而为正确开展分析、预测和决策提供可靠数据。在电算化环境下，会计能够在改进经营管理、提高经济效益中发挥更大作用。

第三，推动会计技术、方法、理论创新和观念更新，促进会计工作进一步发展。

任务3 了解会计电算化的发展

会计电算化是融系统工程、电子计算机技术与会计理论和方法为一体，运用计算机这一现代化工具取代传统手工操作，进行会计业务处理、分析与决策的一门新型应用学科。它的诞生实现了会计工作方式的变革，是会计发展史上的一场重大改革，最终必将导致会计人员的解放和会计工作的现代化。

1. 国外会计电算化的发展阶段

1954年，美国通用电气公司（GE）第一次使用计算机计算职工工资，从而引起了会计处理的变革。随着计算技术的飞速发展和应用领域的广泛深入，以及应用水平的不断提高，五十多年来，会计电算化的发展基本经历了四个阶段。

（1）批处理方式阶段（20世纪50年代中期到20世纪60年代）。

（2）实时处理阶段（20世纪60年代中期至20世纪70年代初）。

（3）管理信息系统阶段（20世纪70年代中后期）。

（4）决策支持系统阶段（20世纪80年代以后）。

2. 我国会计电算化的发展情况

我国会计电算化起步较晚，发展步履维艰。从我国电算会计的应用程度、范围和组织、规划与管理，以及会计软件开发等方面来分析，我国电算会计的发展经历了一个由低级到高级的过程。

（1）起步与缓慢发展阶段（1957—1983年）

这一阶段，我国电算会计发展缓慢，究其原因：一是缺乏电算会计的专业人才。既懂计算机又懂会计的复合型人才实属罕见。二是缺乏设备。计算机价格昂贵，一般企业购置不起。三是还没有引起各级领导对电算会计的普遍重视等。

（2）自发与普遍发展阶段（1983—1987年）

1983年以后，计算机普及程度的提高，为计算机在会计领域的应用创造了良好条件。

与此同时，企业也有了开展电算化工作的愿望，纷纷组织力量开发会计软件。但是，这一时期，由于会计电算化工作缺乏统一的规范和指导，加之我国计算机在经济领域的应用也处于发展的初期，使得会计电算化处于各自为战的局面。会计软件一家一户地自己开发，投资大、周期长、见效慢，造成大量人力、物力和财力的浪费。

（3）有计划稳定发展阶段（1987 年至今）

这一发展阶段的特点是：第一，各级财政部门和业务主管部门加强了对会计电算化工作的管理，使会计电算化工作走上了有组织、有计划的发展轨道，并得到了蓬勃发展。第二，会计软件的开发向通用化、规范化、专业化和商品化方向发展。第三，加大了会计电算化人才的培养。会计电算化人才问题是发展会计电算化的关键，一直受到政府、学校和社会的重视。许多中等或专科院校开设了会计电算化专业；在大学本科教育中，会计学及相关专业也开设了会计电算化课程；在对在职财会人员的培训中，加大了会计电算化的培训力度，从而使会计电算化的开展和发展得到了人才方面的保证。

3. 我国会计电算化的发展趋势

近几年来，我国会计电算化的发展主要有以下几方面的趋势。

（1）功能上的综合化和技术上的集成化

企业的生产经营活动是一个相互联系、相互制约的有机整体，会计不仅要综合反映和监督企业的财务状况和经营成果，而且要参与和支持企业的生产经营和管理活动。企业供、产、销各个环节的经营好坏，人、财、物各项消耗的节约与浪费，都直接影响企业的财务状况和经营成果，因此，要开展预测、决策、控制、分析等，不仅需要利用系统数据进行统计、分析、预测等处理，还需要使原来单一的会计核算发展为集核算、监督、管理、控制、分析、预测和决策支持为一体的综合系统。

（2）数据大量化和多维化

预测、决策、控制、管理和分析，不仅需要企业内部数据，也需要企业外部数据；不仅需要当前数据，也需要历史数据；不仅需要反映企业生产经营活动的会计数据，而且需要市场、物价、金融、政策和投资等经济数据，系统数据量明显加大。另外，为了有效支持预测、决策的实施，需要对各项数据进行多维分析与观察。目前新推出的数据仓库、联机分析处理、数据挖掘等技术，将有力支持大量数据的处理和存储，支持数据的多维分析和多维观察。

（3）网络化与智能化

计算机网络技术，特别是局域网已广泛应用于会计电算化系统，使会计电算化系统实现了各个工作站的并发操作、统一管理和数据共享。一方面，随着集团公司的发展和全国各地分支机构的建立，一些企业提出了更高的要求，如中远程数据传输、中远程数据查询、中远程维护和合并会计报表的编制等。另一方面，随着市场经济的发展，影响经济变化的因素越来越复杂，预测、决策、管理、控制和分析的难度越来越大，除了要不断提高工作人员的信息处理水平，加大数据量的采集和运用，还要逐步实现信息系统的智能化，利用人工智能的研究成果，采集专家的经验和智慧，以辅助企业的经营管理和决策。

（4）会计软件开发设计难度加大

一方面，企业经营管理对财务会计提出越来越高的要求，使得会计软件在不断完善的基础上功能越来越复杂、数据量越来越大。另一方面，计算机硬件和系统软件产品日新月异，新的经济管理制度频频出台，再加之会计软件市场的激烈竞争，使得专业的会计电算化公司不得不快速更新产品，以适应市场的变化和需求。

（5）会计电算化专门人才队伍的形成

会计电算化人才的培养一直是会计电算化的工作重点之一，部分高等院校近年来已开设侧重于会计电算化方向的会计学本科专业，加之会计电算化硕士研究生和博士生的培养，使得一批有志青年开始致力于会计电算化领域，特别是专业的会计电算化软件公司的势力扩大及社会声望的扩大，为会计电算化专业人才队伍的形成和壮大奠定了坚实的基础。

项目2 认识电算化会计信息系统

任务1 学习会计信息系统的概念

1. 会计数据与会计信息

数据是对客观事物属性的描述，是反映客观事物的性质、形态、结构和特征的符号。信息是对客观世界中各种事物特征和变化的反映，是数据加工的结果。对信息使用者来说，信息是一种经过加工处理后有用的数据，可以用数字、符号、文字、图表等形式来反映经济管理活动。

在会计工作中，各种原始会计资料称为会计数据；按一定的要求通过加工处理的会计数据，称为会计信息。只有将会计数据通过加工生成会计信息后才能满足管理需要，为管理者所用。会计信息可以分为三类：财务信息，指反映已经发生的经济活动的信息，如凭证、账簿所反映的内容；管理信息，指管理所需要的特定信息，如对比分析信息、客户信用等级信息等；决策信息，指为预测决策活动直接服务的信息，如量本利盈亏临界点分析信息等。

2. 系统及其特点

系统是由一系列彼此相关、相互联系的若干部分，为实现某种特定目的而建立起来的一个整体。相互联系的若干部分称为系统的元素，是系统内能完成某种功能的单元。例如，一个企业可视为一个经营系统，企业中的车间或职能部门是这一系统的元素。每个系统都具有独立性，是一个相对独立的个体。

系统具有以下特点：①目的性。有特定的目的。②层次性。能划分成若干个更小的子系统。③联系性。各子系统相互联系。④运动性。系统总是不断地接收外界的输入，经过加工处理，不断向外界输出。⑤适应性。能扩展、能压缩、能根据要求进行变革。

系统内部同时存在着物资流和信息流。如某公司为完成一项生产经营任务，要组织一定的人力，配备相应的资金、设备、材料等物资条件，在公司的供、产、销经营活动中，这些物资因素各自按照本身特有的规律，并且是相互联系地不断运动着，形成一个物质流。与此同时，反映这些客观事物的数量、质量、速度、形态、结构、特征等方面的信息，按照一定的规律运动，形成一个信息流。在一个系统中，物资流是活动的主体，物资流的数量、质量、速度等特征通过信息流反映出来的。人们通过信息流了解、掌握物资流的情况，实现对物资流的控制，保证物资流的畅通。

在信息流中，各个信息因素相互联系，不断变化，这样就形成了一个信息系统。把输入、处理、输出信息为主要目的的系统称为信息系统（Information System，IS）。任何信息系统都具有数据的收集和输入、信息的加工、存储和传输，以及信息的输出功能。

3. 会计信息系统

会计信息系统是一个组织处理会计业务，并为企业管理者、投资人、债权人、政府部门提供财务信息、分析信息和决策信息的实体。该系统通过收集、存储、传输和加工各种会计信息，并将其反馈给各有关部门，为经营和决策活动提供帮助。

会计信息系统是处理会计业务、以提供会计信息为目的的信息系统，是企业管理系统的一个子系统；会计信息系统本身，又可以分解为若干子系统。

会计信息系统要有一定的操作技术和处理手段，用来对会计的原始数据进行采集、加工、存储以及分析和利用。

4. 电算化会计信息系统

电算化会计信息系统即电算化会计，已成为一门融会计科学、电子计算机科学、信息科学和管理科学为一体的会计边缘学科。目前人们把基于计算机的会计信息系统统称为电算化会计信息系统或者简称为会计信息系统（Accounting Information System）。

电算化会计信息系统是以计算机信息处理技术为手段的会计信息系统（Computer Based Accounting Information System，CBAIS），也就是会计信息系统使用计算机作为会计信息处理工具后所形成的系统。

任务 2　了解会计信息系统的总体结构

一个电算化会计信息系统通常由多个子系统组成，每个子系统各自处理特定部分的会计信息，同时各子系统之间通过信息传递和核对相互作用、相互依赖，形成一个完整的会计信息系统。

财务业务一体化的会计信息系统的功能结构可以分成三个基本部分：财务、购销存和管理分析，每部分由若干子系统组成。一个好的会计信息系统应该可以根据需要灵活地选择需要的子系统，并方便地、分期分批组建和扩展自己的会计信息系统。

1. 财务部分

财务部分主要由总账（账务处理）、工资管理、固定资产管理、应付管理、应收管理、成本管理、会计报表等子系统组成。这些子系统以总账子系统为核心，为企业的会计核算和财务管理提供全面、详细的解决方案。

2. 购销存部分

购销存部分以库存核算和管理为核心，包括存货核算、库存管理、采购管理和销售管理等子系统。购销存部分可以处理企业采购、销售与仓库管理等部门各环节的业务事项，有效改善库存的占用情况，有效控制采购环节资金占用，并对应收账款进行严格的管理，尽可能避免坏账的产生。

3. 管理分析部分

管理分析部分一般包括：领导查询、财务分析和决策支持等子系统。领导查询子系统，也叫综合查询子系统。企业管理人员可以查询其他任意一个子系统或各系统综合数据，以供管理人员科学、有效地做出决策；财务分析子系统是从其他核算子系统中提取数据，并运用一定的财务分析方法生成各种财务指标，帮助企业考核、评价各方面的成果；决策支持子系统的特点是利用交互方式支持决策者解决半结构化问题。

会计信息系统各部分功能结构及相关子系统的关系可以用图 1 - 1 表示。

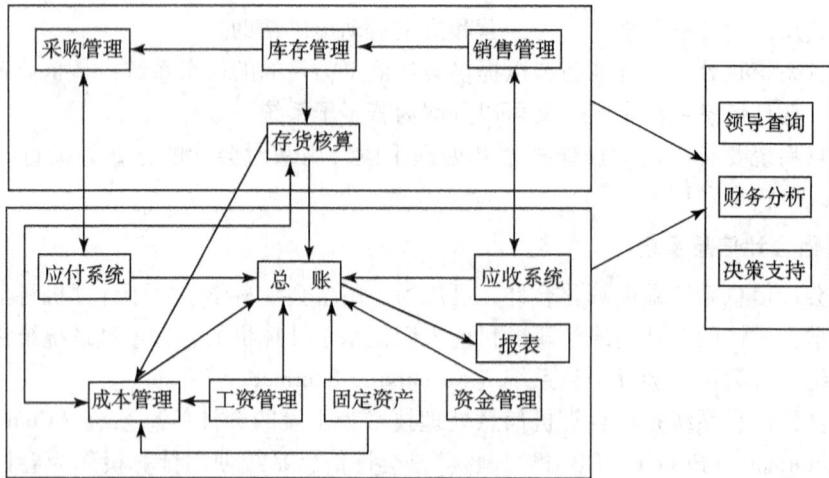

图 1 - 1　会计信息系统功能结构

除了以上介绍的基本子系统外，为了适应不同企业的业务处理需要，各种财会软件还设计了一些有针对性的子系统，如针对商业企业的商业购销存系统；与某一具体业务处理相结合的子系统，如订单管理子系统、智能零售子系统等。

任务3　了解会计信息系统的应用方案

电算化会计信息系统的构成，即子系统的划分具有明显的行业特点，行业不同，子系统的划分也不完全相同。

工业企业经营活动包括供、产、销三个环节。在供应过程中，企业从外部购进原材料，以备生产领用。在生产过程中，劳动者借助劳动工具对劳动对象进行加工，生产出产品。在这个过程中生产出产品，同时要发生各种各样的耗费，包括材料的耗费、人力的耗费及机器设备和厂房等固定资产的损耗等。在销售过程中，企业将生产出的产品销售出去并收回货款。因此，工业企业的会计信息子系统的划分，必须能够反映工业企业经营活动的特点。对于工业企业来说，电算化会计信息系统一般划分为账务处理、工资核算、固定资产核算、材料核算、往来核算、销售核算、成本核算、报表、财务分析与领导查询等子系统。

商业企业经营活动包括进、销、存三个环节。因此，对于商业企业来说，电算化会计信息系统一般划分为账务处理、工资核算、固定资产核算、采购核算、库存核算、销售核算、报表、财务分析与领导查询等子系统。

项目 3　会计信息系统的实施与管理

会计信息系统的实施是一项复杂的系统工程，受到企业内外许多因素的制约，需要一些基本条件，因此不可能急于求成，需要有步骤地分期实施。首先要制订会计电算化规划和工作计划，积极准备实现电算化的基本条件，然后选择和配置计算机硬件、系统软件和会计软件，再培训人才、试验运行系统等，这样会计电算化工作才能正常有序地开展实施。

任务 1　制订各单位会计信息系统的规划与计划

实现会计信息系统是一项系统工程，涉及单位内部的各个方面，需要较多的人力、物力和财力，必须由单位领导或总会计师亲自作为决策者和领导者，并负责和指挥会计电算化工作。单位的财务会计部门承担会计信息系统的具体组织和实施工作。

在会计信息系统具体实施过程中，必须制订一个详细的实施计划，对在一定时期内要完成的工作有一个具体安排。这样才能使整个工作有计划、按步骤地进行，有利于合理安排人力、财力和物力，有利于会计电算化工作的实施与检查。包括制订单位会计信息系统规划和制订会计电算化工作计划。

任务 2　配备计算机硬件、系统软件

对计算机硬件的选择是实施会计电算化的基础，计算机硬件选择的好坏直接关系到今后会计电算化工作的质量和效率。因此，要从会计电算化工作的需要出发，做出合理的选择。配备计算机硬件要考虑的内容有：

①硬件工作方式的选择。中小型企事业单位，待会计电算化工作深入后，可沿用文件服务器网络结构；大型企事业单位可逐步建立客户机/服务器网络结构直至浏览器/Web 服务器网络体系。高档客户机/服务器网络结构和浏览器/Web 服务器网络体系是电算化会计信息系统比较理想的硬件结构。

②硬件性能指标的要求。应根据实际情况和财力状况，选择与本单位会计电算化工作规划相适应的计算机机种、机型和有关配套设备；对于实行垂直领导的行业、大型企业集团，应尽量做到统一，为以后实现网络化在软硬件技术支持方面打好基础。

系统软件是指操作系统及后台数据库的配置，目前主要采用的操作系统软件有 Windows 操作系统、UNIX 操作系统、Novell 网络操作系统等。

任务 3　配置会计软件

配置核算精确、功能完备、使用安全、操作简便的会计软件是企事业单位开展会计电算化工作不可缺少的必要条件之一。因此要综合考虑多方面的要求来选择会计软件。

1. 会计软件的来源及其选择

会计软件的来源主要有通用商品化会计软件、定点开发（包括本单位自行开发、委托

其他单位开发、联合开发）、通用与定点开发会计软件相结合三种渠道。

2. 选择商品化会计软件应注意的问题

商品化会计软件是指经过评审通过的可以在市场上销售的通用会计软件。商品化会计软件一般具有通用性、合法性和安全性等特点。选择通用商品化会计软件是企业实现会计电算化的一条捷径，是采用最多的一种方式。企业选择会计软件时应全面考虑、权衡利弊，既要着眼于现在，又要放眼未来，选择最适合本企业要求的商品化会计软件。

任务4　培训会计电算化人员

会计电算化工作是一项技术含量较高的工作，不仅需要会计、计算机专门人才，更需要既懂会计又懂计算机技术的复合型人才。

会计电算化工作的实施，需要大量不同知识结构与层次的专业人才，目前就绝大多数企事业单位来说，这类人才还很匮乏。大致来说，会计电算化人员分为三类：第一类是信息系统的开发人员，负责完成会计软件的开发工作，能够进行会计软件的分析和设计；第二类是系统的应用人员，负责信息系统的使用和维护，掌握计算机和会计核算软件的基本操作技能；第三类是电算化系统的管理人员，负责单位会计电算化工作的组织、协调和管理，使其能健康地发展。

任务5　计算机代替手工记账

用计算机代替手工记账是指会计业务手工处理方式向计算机处理方式的过渡阶段，即脱离手工会计核算的过程，在会计电算化工作中占有非常重要的地位。其主要工作包括：数据转换、计算机与手工并行、评审与计算机代替手工记账的审批。

1. 数据转换

首先做好系统转换前的准备工作：一是整理手工会计业务数据；二是建立会计科目体系；三是统一账、证、表的格式；四是规定操作过程和核算方法。其中会计科目体系是会计核算的基础，必须按要求建立会计科目体系并编码。设置会计科目应遵循以下原则：

①符合财政部和有关管理部门的规定。

②满足本单位会计核算与管理的要求。

③满足会计报表的要求，凡是报表所用数据，如需要从账务处理系统中取数的，必须设立相应科目。

④要保持体系完整，不能只有下级科目而没有上级科目。

⑤要保持相对稳定。

⑥要考虑与子系统的衔接，凡是与其他各子系统有关的科目，在整理时应将各子系统中的核算大类在账务处理系统中设为底层科目。

2. 计算机与手工并行

计算机与手工并行是指会计软件使用的最初阶段，人工与计算机同时进行会计处理的过程。在此阶段的主要任务是：检查建立的会计电算化核算系统是否充分满足要求，使用人员对软件的操作是否存在问题，对运行中发现的问题进行修改，并逐步建立比较完善的电算化内部管理制度。

3. 评审与计算机替代手工记账的审批

评审主要是对定点开发的会计软件是否符合现行会计制度，以及对软件安全性和可靠性进行评价；对已评审的核算软件在验收中可不再进行软件的评审。企事业单位应向相应的审批部门提出申请，由财政部门直接或间接（委托其他部门）进行审查，审核验收合格后，由财政部门下达正式批复意见。这样就可以进入正式运行阶段，在运行过程中还要不断地进行维护。

任务6　建立会计电算化管理制度

会计电算化实施后，不仅核算手段发生了重大变化，而且改变了大量的手工管理习惯和方法，制定管理制度时要适应会计电算化的要求。

1. 岗位责任制

会计电算化工作的岗位可分为基本会计岗位和电算化会计岗位。二者可在保证会计数据安全的前提下交叉设置，各岗位人员要保持相对稳定。

（1）基本会计岗位

基本会计岗位可分为会计主管、出纳、各项会计核算、稽核、会计档案管理等岗位。

（2）电算化会计岗位

电算化会计岗位是指直接操作、管理和维护计算机及会计软件的工作岗位。岗位分工及主要职责如下：

电算主管：负责会计软件运行环境的建立以及各项初始化工作；负责会计软件的日常运行管理工作，监督并保证系统有效、安全、正常运行。可由会计主管兼任。

软件操作：严格按照专职会计人员提供的数据录入，录入完毕进行自检核对工作；负责打印输出记账凭证、账簿、报表和进行部分会计数据处理工作以及数据备份工作；严格按照软件操作说明进行操作。一般由基本会计岗位人员兼任。

审核记账：负责对输入计算机的会计数据进行审核，以保证其合法、正确和完整；登记机内账簿；对打印输出的账簿、报表进行确认。可由会计主管兼任。

电算维护：负责保证计算机硬件、软件的正常运行，管理机内会计数据。此岗在大中型企业中应由专职人员担任。

电算审查：负责监督计算机及会计软件系统的运行，防止利用计算机进行舞弊。此岗可由会计稽核人员兼任。

数据分析：负责对计算机内的会计数据进行分析。此岗位可由会计主管兼任。

2. 操作管理制度和硬件、软件维护制度

操作管理主要是通过对系统的日常管理，保证系统正常、有效地运行。

（1）操作权限管理

电算主管具有最高的权限；软件操作员应严格按照特定的权限进行操作，凭证输入人员和审核记账员不能是同一人；电算维护员必须按有关维护规定进行操作，除了系统维护员之外，其他人员不得直接打开数据库文件进行操作，不允许随意增删和修改数据、源程序和数据库文件结构；软件开发人员、专职电算维护员和档案保管员不允许进行系统性的操作。

（2）操作日志管理

操作人员在上机操作前后，应进行登记，填写姓名、上机时间和操作内容；操作人员的操作密码应注意保密，不能随意泄露；操作人员必须严格按操作权限、操作步骤和方法进行操作；每次上机完毕，应及时做好所需的各项备份工作，以防发生意外事故。

（3）硬件和软件维护制度

主要包括以下内容：保证机房设备安全和电子计算机正常运转的措施；会计数据和会计核算软件安全保密的措施；修改会计核算软件的审批和监督制度。

3. 会计档案管理制度

电算化会计信息系统的档案主要是指打印输出的各种账簿、报表、凭证，存储会计数据和程序的软盘及其他存储介质，系统开发中编写的各种文档以及其他会计资料。良好的会计档案管理是在会计电算化后会计工作连续进行的保障，是电算化会计信息系统维护的保证，是保证系统内数据信息安全、完整的关键环节，也是会计信息得以充分利用，更好地为管理服务的保证。

对档案的管理要做好防磁、防火、防潮、防尘、防盗、防虫蛀、防霉烂和防鼠咬等工作；重要会计档案要备双份，存放在两个不同的地点，最好放在两个不同的建筑物内；会计档案不得随意堆放，严防毁损、散失和泄密，不得外借和拿出单位。

系统管理

项目1 进行系统注册

任务1 系统注册

将计算机系统日期修改为2014年1月1日。双击桌面右下角时间，出现"日期和时间 属性"对话框，将系统日期调整为账套创建日期2014年1月1日，单击"确定"，如图2-1所示。

图2-1 "日期和时间 属性"对话框

单击"开始"→"程序"→"畅捷通 T3 系列管理软件"→"畅捷通 T3"→"系统管理"命令，打开"系统管理"窗口，如图 2 - 2 所示。

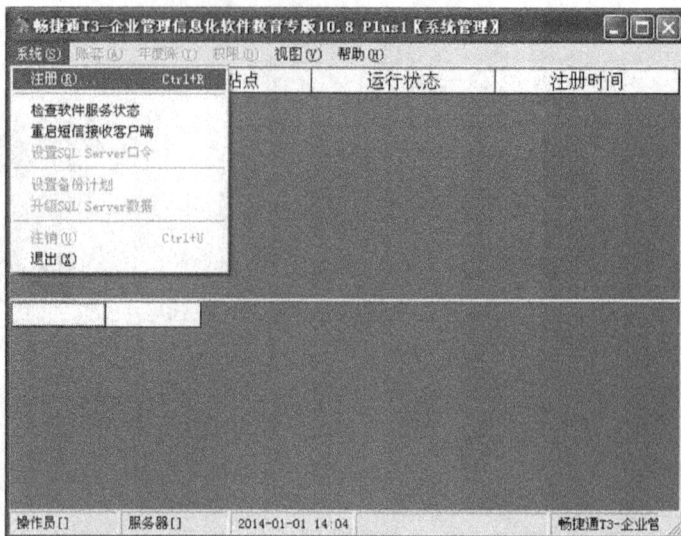

图 2 - 2 畅捷通 T3 - 企业管理信息化软件教育专版【系统管理】

在"系统管理"窗口中，选择"系统"菜单→"注册"命令，打开"注册〖控制台〗"登录窗口，如图 2 - 3 所示。

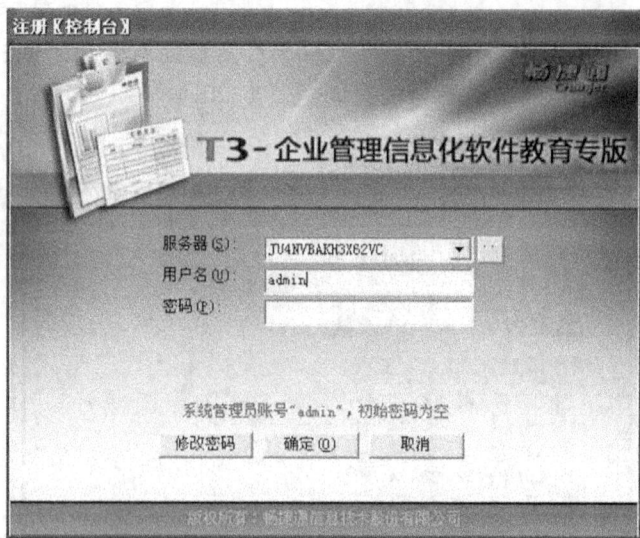

图 2 - 3 "注册〖控制台〗"对话框

以管理员身份登录：在"用户名"输入框中输入"admin"，初始密码为空，单击"确定"按钮，打开"畅捷通 T3 - 企业管理信息化软件教育专版〖系统管理〗"窗口。

任务2 建立账套

1. 工作资料

为天津海河有限公司建立账套，具体内容如下。

（1）账套信息。

账套号：123；账套名称：天津海河有限公司；采用默认账套路径；启用会计期：2014年1月；会计期间设置：1月1日—12月31日。

（2）单位信息。

单位名称：天津海河有限公司；单位简称：海河公司；单位地址：天津市西青区西青道123号；法人代表：白杨；邮编：300000；联系电话及传真：022－81710000；电子邮件：kjjys@163.com；税号：111112222233333。

（3）核算类型。

该企业的记账本位币为人民币（RMB）；企业类型为工业；行业性质为2007年新会计准则；账套主管为王维；按行业性质预置科目。

（4）基础信息。

该企业有外币核算，进行经济业务处理时，需要对存货、客户、供应商进行分类。

（5）分类编码方案。

科目编码级次：42222；其他编码级次采用默认。

（6）数据精度。

该企业对存货数量、单价小数位定为2。

2. 工作指导

（1）选择"账套"菜单→"建立"命令，打开"创建账套－账套信息"对话框，如图2－4所示。

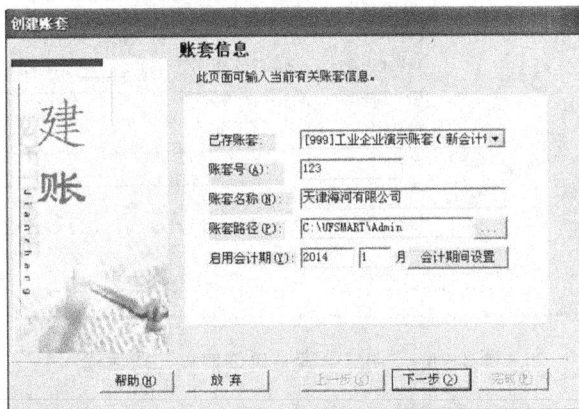

图2－4 "创建账套"对话框

（2）在"账套号"输入框中输入"123"，在"账套名称"输入框中输入"天津海河有限公司"，"账套路径"为默认，在"启用会计期"中输入"2014－1"，或单击右侧"会计期间设置"按钮，出现"会计月历－建账"对话框，将建账日期调整为2014－1，如

图 2-5 所示。

图 2-5 "会计月历-建账"对话框

（3）单击"下一步"按钮，出现"创建账套-单位信息"对话框。在"单位名称"输入框中输入"天津海河有限公司"，在"单位简称"输入框中输入"海河公司"，在"单位地址"输入框中输入"天津市西青区西青道 123 号"，在"法人代表"输入框中输入"白杨"，在"邮政编码"输入框中输入"300000"，在"联系电话"输入框中输入"022-81710000"，在"电子邮件"输入框中输入 kjjys@163.com，在"税号"输入框中输入"111112222233333"，如图 2-6 所示。

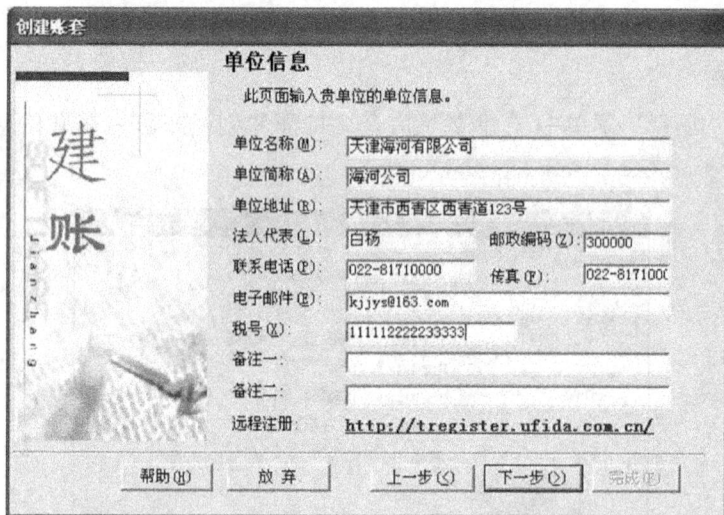

图 2-6 "创建账套-单位信息"对话框

（4）单击"下一步"按钮，出现"创建账套-核算类型"对话框。在"本币代码"输入框中输入"RMB"，在"本币名称"输入框中输入"人民币"，在"企业类型"下拉菜单中选择"工业"，在"行业性质"下拉菜单中选择"2007 年新会计准则"，在"账套主管"下拉菜单中选择"【demo】demo"，选择"按行业性质预置科目"复选框，如图 2-7 所示。

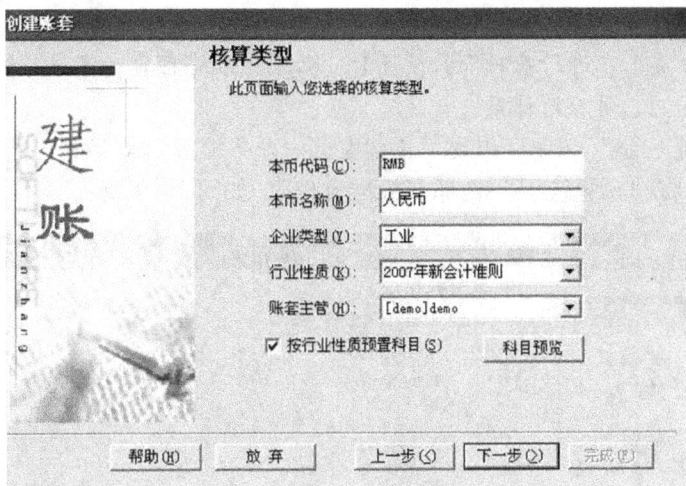

图2-7 "创建账套-核算类型"对话框

注意:

①一般系统提供工业和商业两种企业类型,如果选择工业模式,系统则不能处理受托代销业务;如果选择商业模式,委托代销和受托代销业务都能处理,但不能进行领料出库、产品完工入库等库存业务处理。

②行业性质用于选择企业进行会计核算所遵循的会计标准,该参数的设置将影响当前账套内置的会计科目体系。

③账套主管是系统指定的本账套负责人,如已经添加操作员,可以指定某操作员为账套主管;如尚未添加操作员,可以选择系统默认"demo"为账套主管,待增加操作员后再重新设置账套主管。

④是否按行业性质预置科目,用于设置是否预置所选会计规范所规定的标准会计科目。

(5)单击"下一步"按钮,出现"创建账套-基础信息"对话框。选择"存货是否分类""客户是否分类""供应商是否分类""有无外币核算"四个复选框,如图2-8所示。

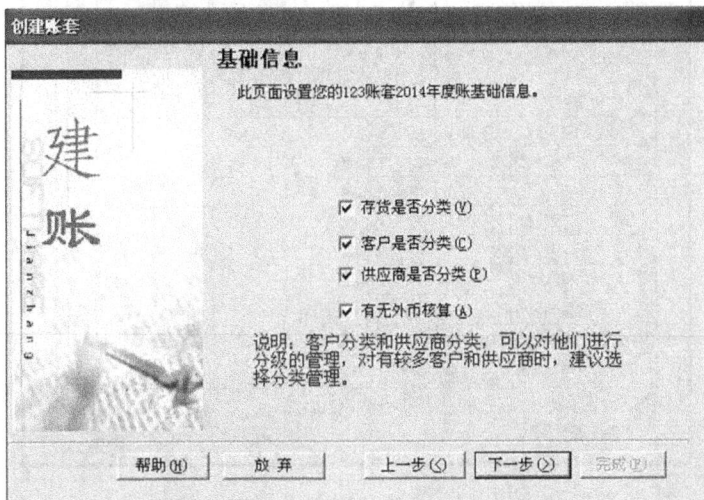

图2-8 "创建账套-基础信息"对话框

注意：如果企业存货、客户、供应商较多，可以对其进行分类。如果选择对存货、客户、供应商进行分类，在进行基础资料设置时，必须先设置存货、客户、供应商分类，然后才能设置存货、客户、供应商档案。

（6）单击"下一步"按钮，出现"创建账套－业务流程"对话框。将"采购流程"选择"标准流程"，将"销售流程"选择"标准流程"，如图2-9所示。

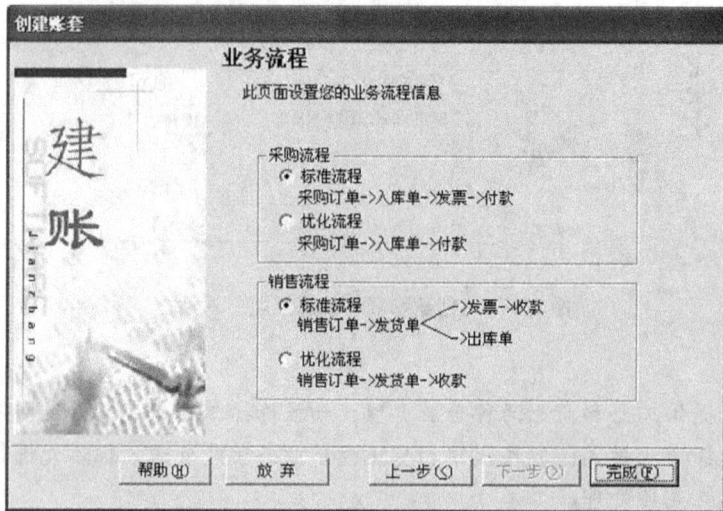

图2-9　"创建账套－业务流程"对话框

（7）单击"完成"按钮，出现系统提示"可以创建账套了么？"，单击"是"，如图2-10所示。

（8）在系统提示对话框中单击"是"，出现"分类编码方案"对话框。将"科目编码级次"设置为"42222"，其他编码级次采用默认，如图2-11所示。

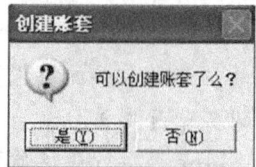

图2-10　系统提示

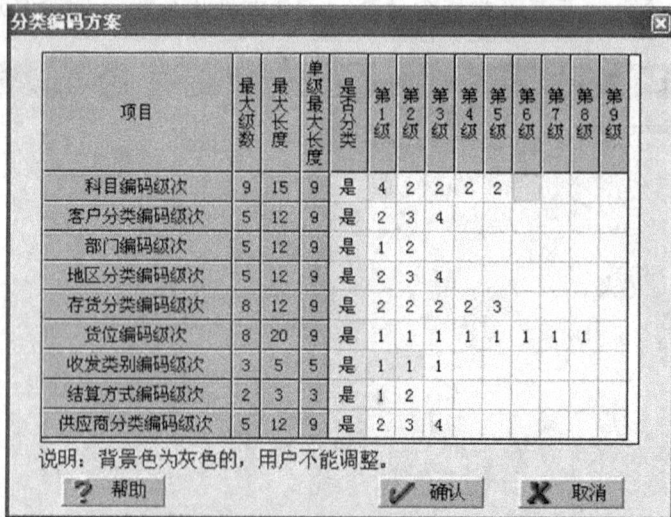

项目	最大级数	最大长度	单级最大长度	是否分类	第1级	第2级	第3级	第4级	第5级	第6级	第7级	第8级	第9级
科目编码级次	9	15	9	是	4	2	2	2	2				
客户分类编码级次	5	12	9	是	2	3	4						
部门编码级次	5	12	9	是	1	2							
地区分类编码级次	5	12	9	是	2	3	4						
存货分类编码级次	8	12	9	是	2	2	2	2	3				
货位编码级次	8	20	9	是	1	1	1	1	1	1	1	1	
收发类别编码级次	3	5	5	是	1	1	1						
结算方式编码级次	2	3	3	是	1	2							
供应商分类编码级次	5	12	9	是	2	3	4						

说明：背景色为灰色的，用户不能调整。

图2-11　"分类编码方案"对话框

注意：编码级次和各级编码长度的设置，将决定企业如何对经济业务数据进行分级核算。例如，某企业会计科目分为4级，1级科目编码长度为4位，2—4级科目编码长度为2位，则"科目编码级次"为"4—2—2—2"。

（9）在"分类编码方案"对话框中，单击"确认"，出现"数据精度定义"对话框，在"存货数量小数位"和"存货单价小数位"输入框中输入"2"，其他保持系统默认，如图2—12所示。单击"确认"按钮，出现"创建账套{天津海河有限公司 [123]}成功。"提示，如图2—13所示。

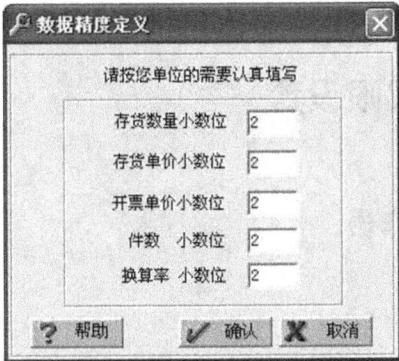

图2—12 "数据精度定义"对话框

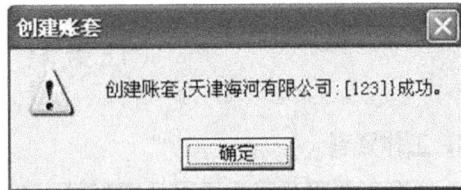

图2—13 系统提示（一）

（10）单击"确定"，出现系统提示"是否立即启用账套"，如图2—14所示。在系统提示对话框中单击"是"，出现"系统启用"对话框，选择"总账"，在弹出的"日历"对话框中选择"2014—1—1"，单击"确定"，如图2—15所示。再次出现提示信息"确实要启用当前系统吗?"单击"是"，如图2—16所示。在"系统启用"对话框单击"退出"，至此完成了建立账套。

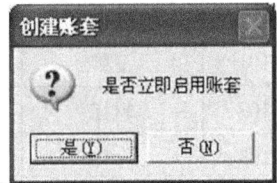

图2—14 系统提示（二）

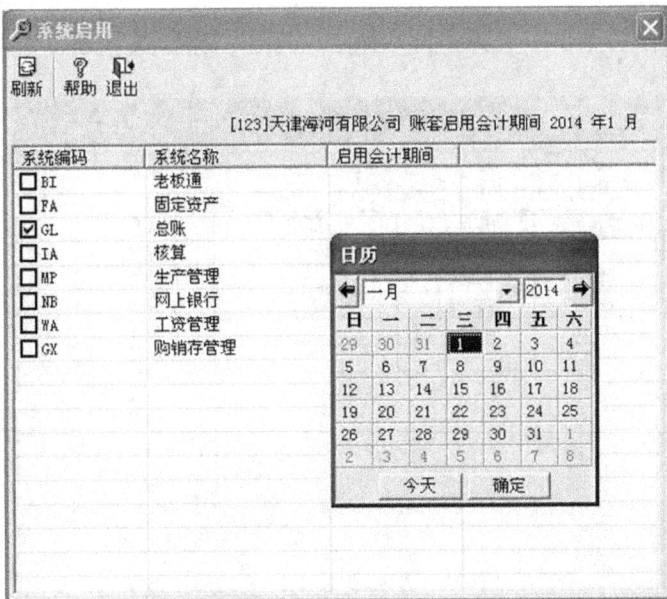

图2—15 "系统启用"对话框

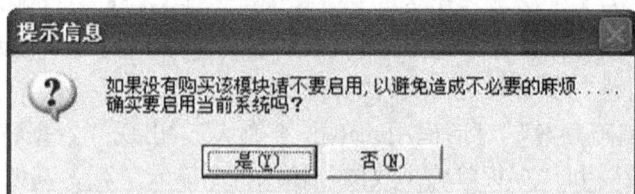

图 2-16 提示信息

注意：企业可启用所需要的相关子系统，也可暂不启用，待需用时由账套主管启用。

项目2 操作员及权限设置

任务1 增加操作员

1. 工作资料

天津海河有限公司的操作员资料如表2-1所示。

表 2-1 操作员及其权限

编号	姓名	口令	所属部门	岗位分工
101	王维	1	财务部	账套主管
102	赵江	2	财务部	出纳
103	方伟	3	财务部	总账会计

2. 工作指导

（1）选择"权限"菜单→"操作员"命令，打开"操作员管理"对话框，如图2-17所示。

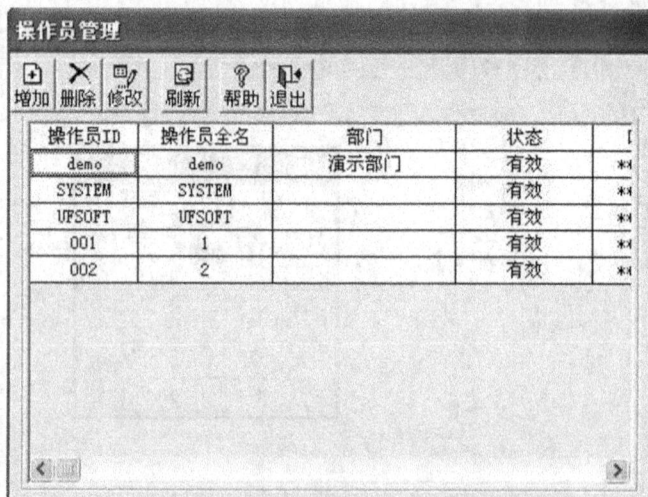

图 2-17 "操作员管理"对话框

（2）在"操作员管理"对话框中单击"增加"按钮，出现"增加操作员"对话框。在"编号"输入框中输入操作员编号"101"，在"姓名"输入框中输入"王维"，在"口令"和"确认口令"输入框中输入"1"，在"所属部门"输入框中输入"财务部"，单击"增加"按钮，如图 2 – 18 所示。

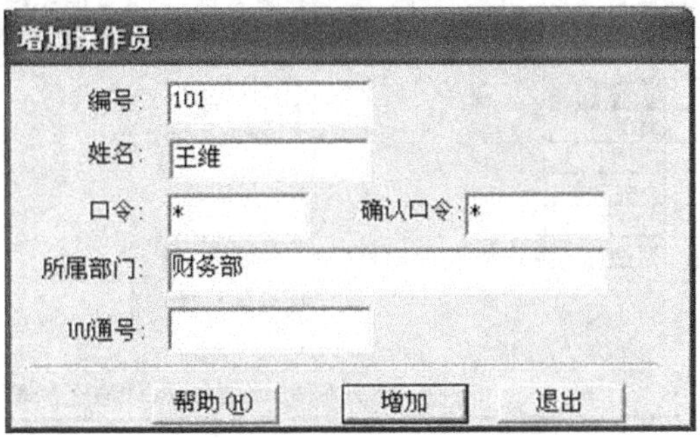

图 2 – 18 "增加操作员"对话框

（3）继续增加"102 赵江"和"103 方伟"，如图 2 – 19 所示。

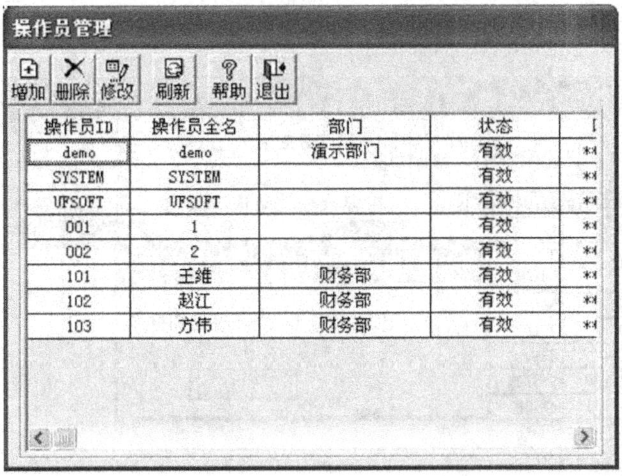

图 2 – 19 "操作员管理"对话框

任务 2 设置操作员权限

1. 工作资料

各操作员权限如下所示：

101 王维：具有系统所有模块的全部权限。

102 赵江：具有现金管理、总账、采购管理及销售管理的全部权限。

103 方伟：具有公用目录设置、固定资产管理、总账及工资管理的全部权限。

2. 工作指导

（1）选择"权限"菜单→"权限"命令，打开"操作员权限"对话框，如图 2 – 20

所示。

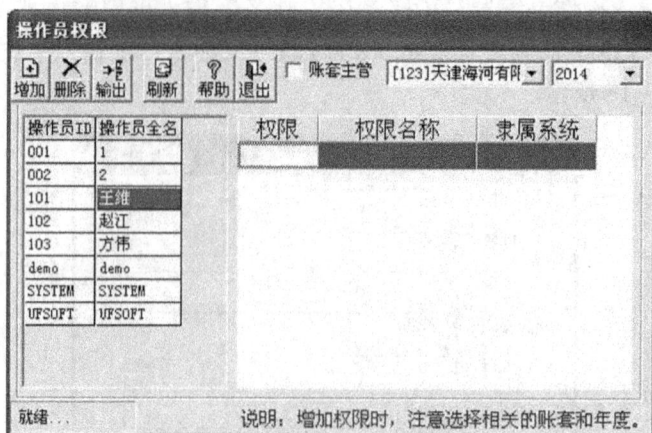

图 2 - 20 "操作员权限"对话框（一）

（2）在对话框左侧单击选中本账套主管"101 王维"，右侧选择"账套主管"复选框，如图 2 - 21 所示。出现系统提示"设置操作员：[101] 账套主管权限吗？"，单击"是"。

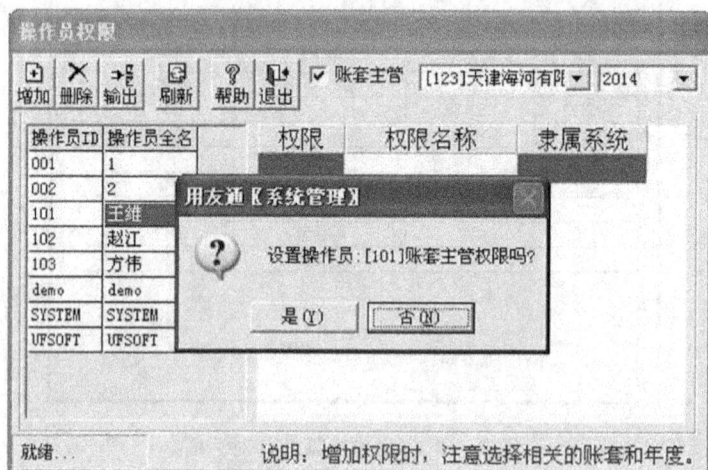

图 2 - 21 "操作员权限"对话框（二）

注意：增加权限时，注意选择相关账套和启用年度。

（3）在对话框左侧单击选中本账套出纳"102 赵江"，单击"增加"按钮，出现"增加权限—[102]"对话框，在对话框左侧产品分类选择框中双击选中"现金管理""总账""采购管理""销售管理"全部权限，单击"确定"按钮，如图 2 - 22 所示。

（4）在对话框左侧单击选中本账套总账会计"103 方伟"，单击"增加"按钮，出现"增加权限—[103]"对话框，在对话框左侧产品分类选择框中双击选中"公共目录设置""总账""工资管理"及"固定资产管理"全部权限，单击"确定"按钮。

注意：在"授权"列双击，左边为模块大类授权，右边为明细类授权。先通过左边大类选择双击后，再在右边明细权限进行选择。

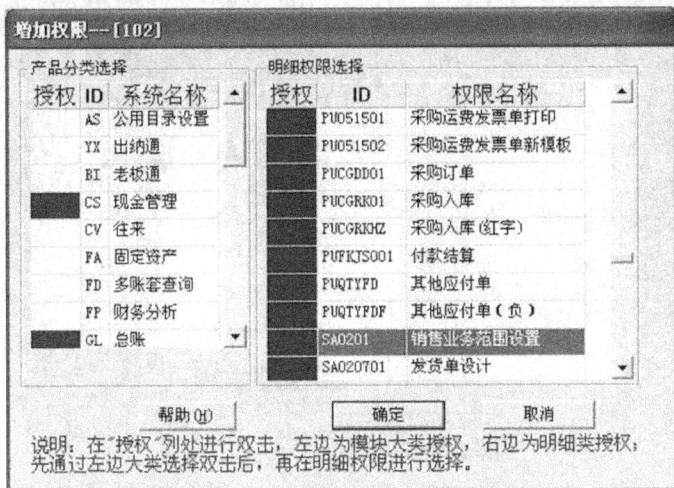

图2-22 "增加权限—[102]"对话框

所有操作员权限全部增加完成,在"操作员权限"对话框单击"退出"按钮,至此,完成操作员权限设置。

注意:设置好三位操作员的权限后,需将"demo"原有123账套的账套主管权限去掉。

项目3 基础设置

任务1 增加部门档案

1. 工作资料(表2-2)

表2-2 部门档案

部门编码	部门名称	部门属性	部门编码	部门名称	部门属性
1	管理部	管理部门	203	销售三部	专售软件
101	总经理办公室	综合管理	3	供应部	采购供应
102	财务部	财务管理	4	生产部	研发制造
2	销售部	市场营销	401	技术部	技术开发
201	销售一部	售配套用品	402	生产车间	生产制造
202	销售二部	专售硬件			

2. 工作指导

(1)选择"开始"→"程序"→"畅捷通T3系列管理软件"→"畅捷通T3"→"畅捷通T3-企业管理信息化软件教育专版"命令,打开"注册【控制台】"窗口,如图2-23所示。

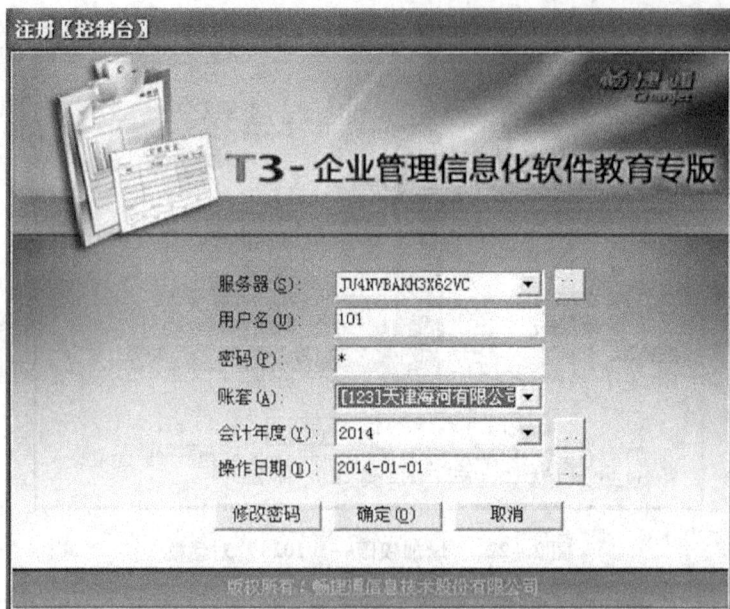

图 2-23 "注册〖控制台〗"对话框

（2）在"用户名"输入框中输入账套主管代码"101"，在"密码"输入框中输入对应密码"1"，在"账套"输入框中选择对应账套"［123］天津海河有限公司"，在"会计年度"输入框中选择"2014"，在"操作日期"输入框中选择"2014－01－01"，单击"确定"，出现"期初档案录入"界面，如图2-24所示，可直接关闭该对话框。

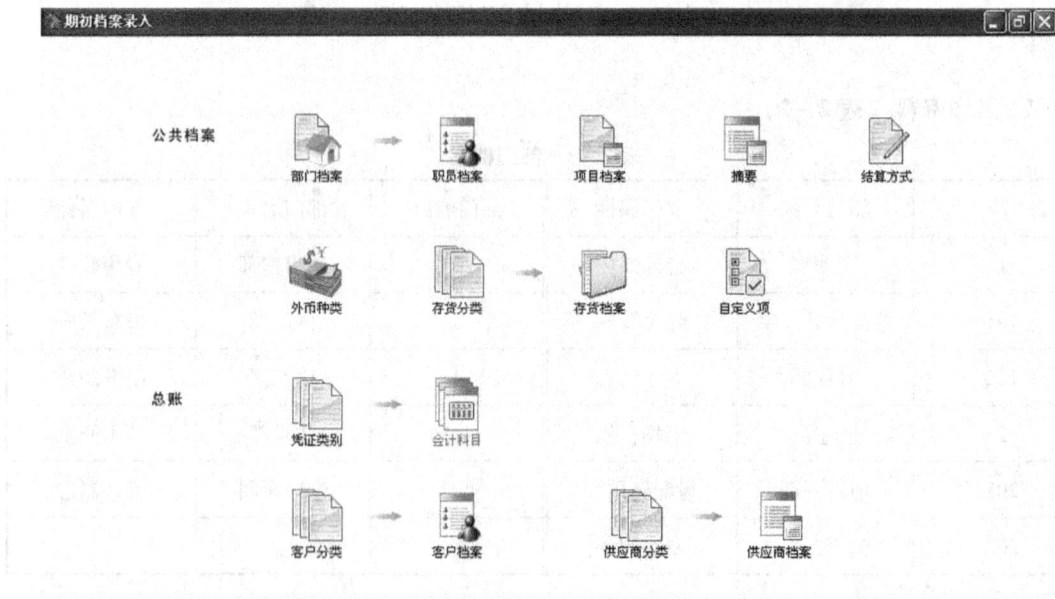

图 2-24 "期初档案录入"对话框

（3）选择菜单栏"基础设置"→"机构设置"→"部门档案"命令，出现"部门档案"对话框，如图2-25所示。

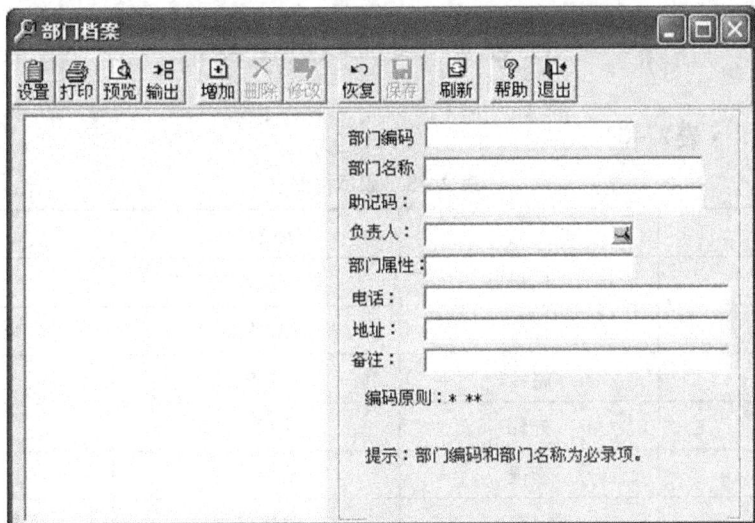

图 2 – 25　"部门档案"对话框（一）

（4）在"部门档案"对话框中，单击"增加"按钮，在"部门编码"输入框中输入"1"，在"部门名称"输入框中输入"管理部"，在"部门属性"输入框中输入"管理部门"，单击"保存"按钮，如图 2 – 26 所示。

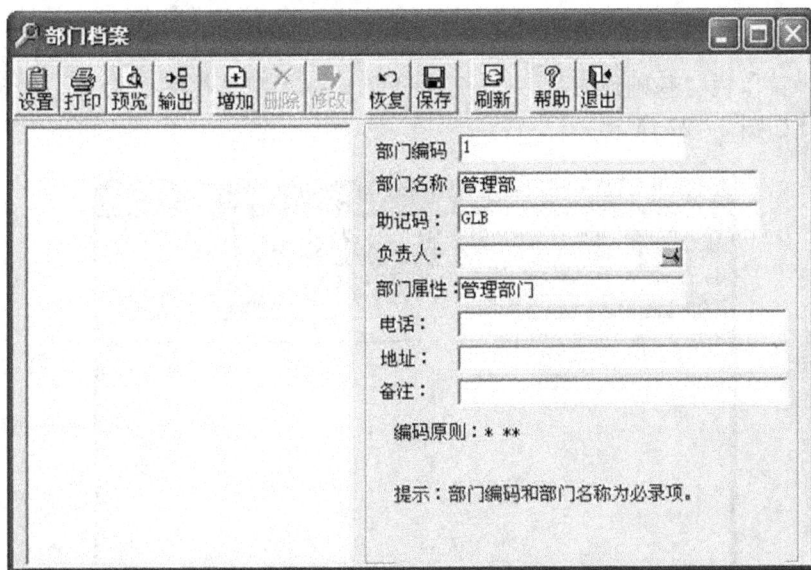

图 2 – 26　"部门档案"对话框（二）

（5）继续增加其他部门，直至所有部门增加完毕，单击"退出"按钮。

注意：增加部门档案时，可利用上方"修改"和"删除"按钮，对所增加部门档案进行编辑。

任务2　增加职员档案

1. 工作资料（表2-3）

表2-3　职员档案

职员编号	职员名称	所属部门	职员属性
101	白杨	总经理办公室	总经理
102	王维	财务部	财务主管
103	赵江	财务部	出纳
104	方伟	财务部	会计
201	李萍	销售一部	销售人员
202	孙硕山	销售二部	销售人员
203	刘挺	销售三部	销售人员
301	丁纳	供应部	管理人员
401	高鹏	技术部	技术人员
402	顾小文	生产车间	生产人员

2. 工作指导

（1）选择菜单栏"基础设置"→"机构设置"→"职员档案"命令，出现"职员档案"对话框，如图2-27所示。

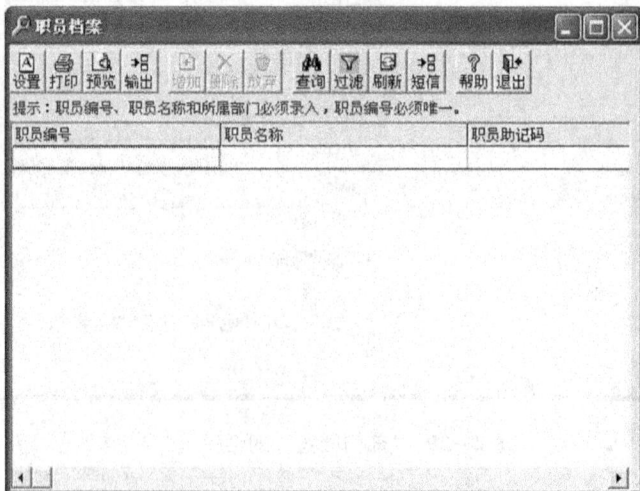

图2-27　"职员档案"对话框（一）

（2）在"职员编号"输入框中输入"101"，在"职员名称"输入框中输入"白杨"，在"所属部门"输入框中，单击🔍按钮，选择"总经理办公室"，在"职员属性"输入框中输入"总经理"，如图2-28所示。

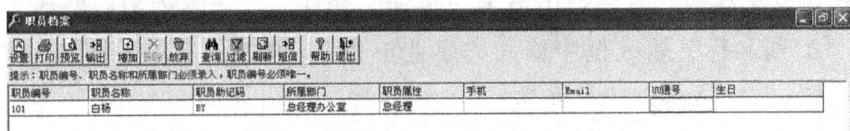

图 2 -28　"职员档案"对话框（二）

（3）增加其他职员信息，直至所有职员档案增加完毕，单击"退出"按钮。

注意：增加部门档案时，可利用上方"修改"和"删除"按钮，对所增加部门档案进行编辑。

任务 3　增加客户分类

1. 工作资料（表 2 -4）

表 2 -4　客户分类

分类编码	分类名称
01	事业单位
01001	学校
01002	机关
02	企业单位
02001	工业
02002	商业
02007	金融
03	其他

2. 工作指导

（1）选择菜单栏"基础设置"→"往来单位"→"客户分类"命令，出现"客户分类"对话框，如图 2 -29 所示。

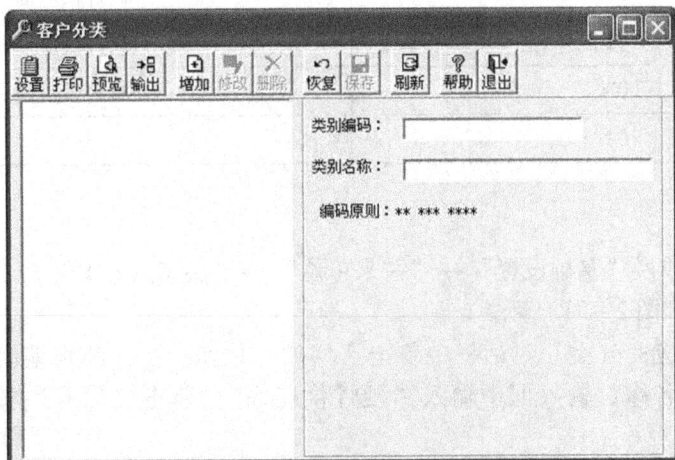

图 2 -29　"客户分类"对话框（一）

（2）在"客户分类"对话框中单击"增加"按钮，在"类别编码"输入框中输入"01"，在"类别名称"输入框中输入"事业单位"，单击"保存"按钮，如图 2 – 30 所示。

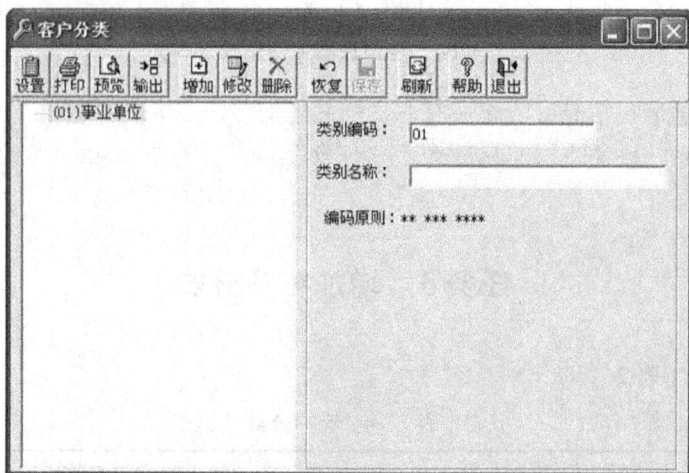

图 2 – 30 "客户分类"对话框（二）

（3）增加其他客户分类，直至所有客户分类增加完毕，单击"退出"按钮。

注意：增加客户分类时，可利用上方"修改"和"删除"按钮，对所增加客户分类进行编辑。

任务4 增加供应商分类

1. 工作资料（表2 – 5）

表2 – 5 供应商分类

分类编码	分类名称
01	硬件供应商
02	软件供应商
03	材料供应商
04	其他

2. 工作指导

（1）选择菜单栏"基础设置"→"往来单位"→"供应商分类"命令，出现"供应商分类"对话框，如图 2 – 31 所示。

（2）在"供应商分类"对话框中单击"增加"按钮，在"类别编码"输入框中输入"01"，在"类别名称"输入框中输入"硬件供应商"，单击"保存"按钮，如图 2 – 32 所示。

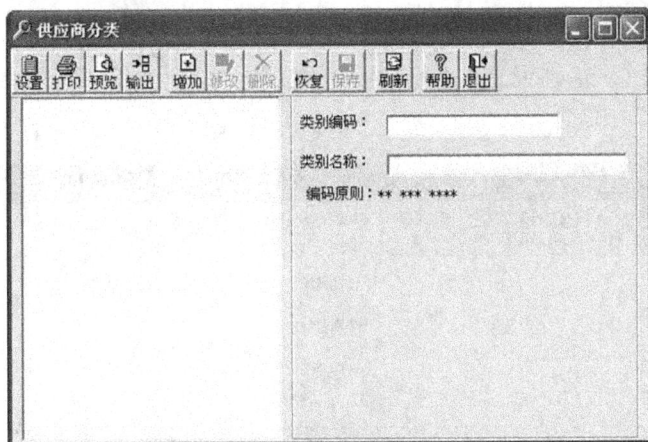

图 2-31 "供应商分类"对话框（一）

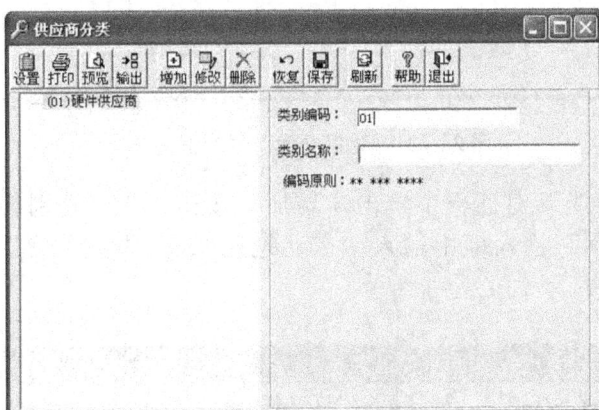

图 2-32 "供应商分类"对话框（二）

（3）增加其他供应商分类，直至所有供应商分类增加完毕，单击"退出"按钮。

注意：增加供应商分类时，可利用上方"修改"和"删除"按钮，对所增加供应商分类进行编辑。

任务5 增加地区分类

1. 工作资料（表2-6）

表 2-6 地区分类

地区分类	分类名称
01	东北地区
02	华北地区
03	华东地区
04	华中地区
05	西北地区
06	西南地区

2. 工作指导

（1）选择菜单栏"基础设置"→"往来单位"→"地区分类"命令，出现"地区分类"对话框，如图2-33所示。

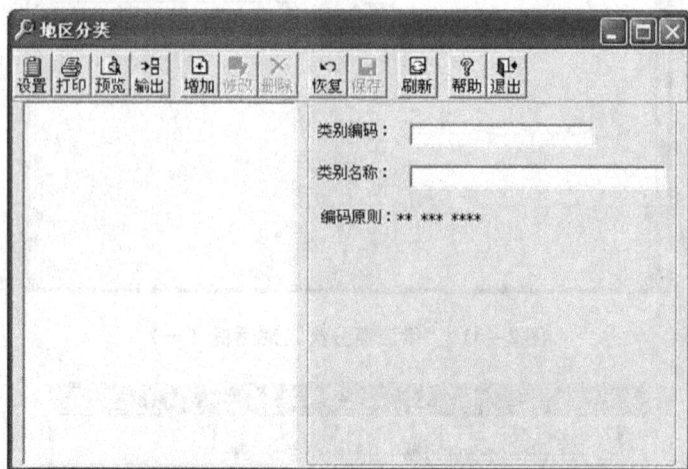

图 2-33 "地区分类"对话框（一）

（2）在"地区分类"对话框中单击"增加"按钮，在"类别编码"输入框中输入"01"，在"类别名称"输入框中输入"东北地区"，单击"保存"按钮，如图2-34所示。

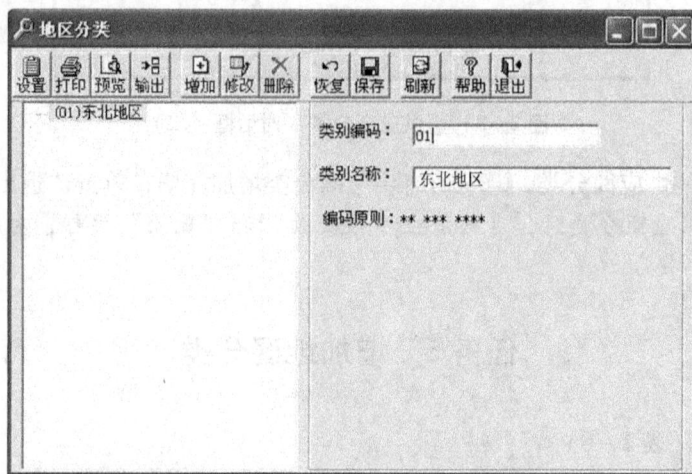

图 2-34 "地区分类"对话框（二）

（3）增加其他地区分类，直至所有地区分类增加完毕，单击"退出"按钮。

注意：增加地区分类时，可利用上方"修改"和"删除"按钮，对所增加地区分类进行编辑。

任务6 增加客户档案

1. 工作资料（表2-7）

表2-7 客户档案

客户编号	客户名称	客户简称	所属分类码	所属地区	税号	开户银行	银行账号	地址	邮政编码	发展日期
001	湖北万全学校	万全学校	01001	04	11111	工行	73853654	武汉市湖北路1号	430000	2014-01-01
002	北京大海公司	大海公司	02002	02	22222	工行	69325581	北京市海淀区华苑路1号	100000	2014-01-01
003	沈阳证券公司	沈阳证券	02007	01	33333	工行	36542234	沈阳市天平路8号	110000	2014-01-01
004	山东机械制造厂	山东机械	02001	03	44444	中行	43810587	济南市和平路116号	250000	2014-01-01

2. 工作指导

（1）选择菜单栏"基础设置"→"往来单位"→"客户档案"命令，出现"客户档案"对话框，如图2-35所示。

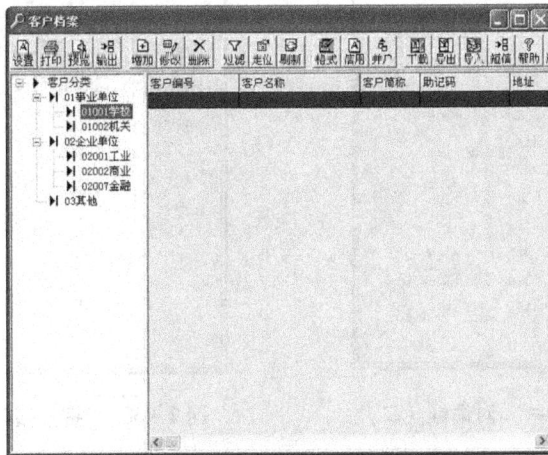

图2-35 "客户档案"对话框

（2）在"客户档案"对话框左侧选择客户所属分类，单击"增加"按钮，出现"客户档案卡片"对话框。选择"基本"选项卡，在"客户编号"输入框中输入"001"，在"客户名称"输入框中输入"湖北万全学校"，在"客户简称"输入框中输入"万全学校"，在"所属分类码"输入框中单击🔍按钮，选择"01001"，在"所属地区码"输入框中单击🔍

按钮，选择"04"，在"税号"输入框中输入"11111"，在"开户银行"输入框中输入"工行"，在"银行账号"输入框中输入"73853654"，如图2-36所示。

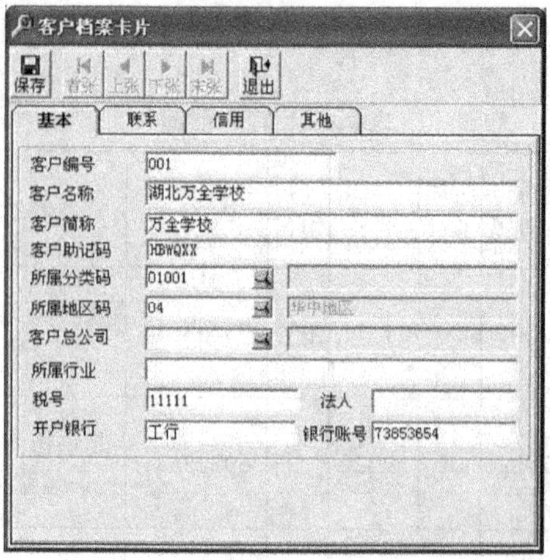

图2-36 "客户档案卡片"对话框（一）

选择"联系"选项卡，在"地址"输入框中输入"武汉市湖北路1号"，在"邮政编码"输入框中输入"430000"，如图2-37所示。

选择"其他"选项卡，在"发展日期"输入框中单击 ![button] 按钮，选择"2014-01-01"，如图2-38所示。

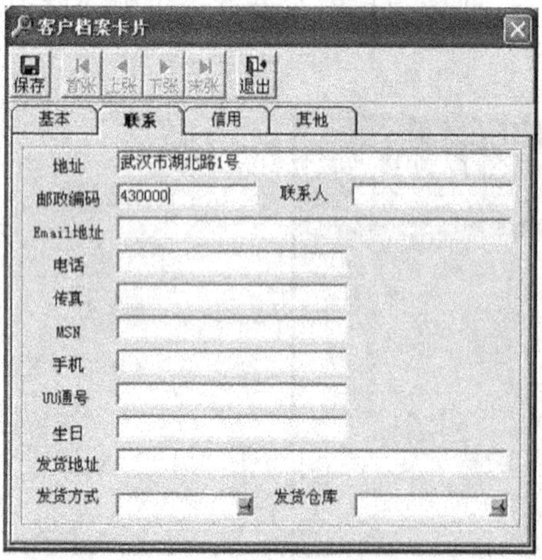

图2-37 "客户档案卡片"对话框（二）

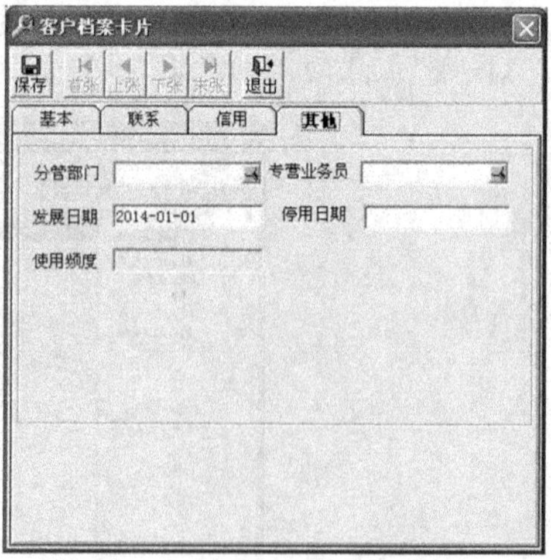

图2-38 "客户档案卡片"对话框（三）

（3）增加其他客户档案，直至所有客户档案增加完毕，单击"退出"按钮。

注意：增加客户档案时，可利用上方"修改"和"删除"按钮，对所增加客户档案进行编辑。

由于在建立账套时选择了"客户需要分类"，因此，在建立"客户档案"前需要先增加"客户分类"。

任务7 增加供应商档案

1. 工作资料（表2-8）

表2-8 供应商档案

供应商编号	供应商名称	供应商简称	所属分类码	所属地区	税号	开户银行	银行账号	邮编	地址	发展日期
001	天津万科有限公司	万科	02	02	55555	中行	48723367	300000	天津市北辰区朝阳路8号	2014-01-01
002	IBM分公司	IBM	01	02	66666	中行	76473293	100000	北京市海淀区开拓路108号	2014-01-01
003	北京传媒公司	北京传媒	04	02	77777	工行	55561275	100000	北京市湖北路100号	2014-01-01
004	天津纸厂	纸厂	03	02	88888	工行	85115076	300000	天津市河东区东方路1号	2014-01-01

2. 工作指导

（1）选择菜单栏"基础设置"→"往来单位"→"供应商档案"命令，出现"供应商档案"对话框，如图2-39所示。

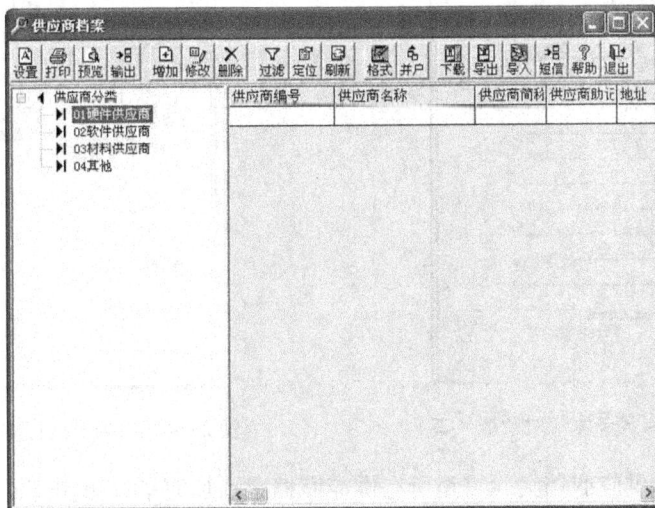

图2-39 "供应商档案"对话框

（2）在"供应商档案"对话框左侧选择客户所属分类，单击"增加"按钮，出现"供应商档案卡片"对话框。选择"基本"选项卡，在"供应商编号"输入框中输入"001"，在"供应商名称"输入框中输入"天津万科有限公司"，在"供应商简称"输入框中输入"万科"，在"所属分类码"输入框中单击🔍按钮，选择"02"，在"所属地区码"输入框中单击🔍按钮，选择"02"，在"税号"输入框中输入"55555"，在"开户银行"输入框中输入"中行"，在"银行账号"输入框中输入"48723367"，如图2－40所示。

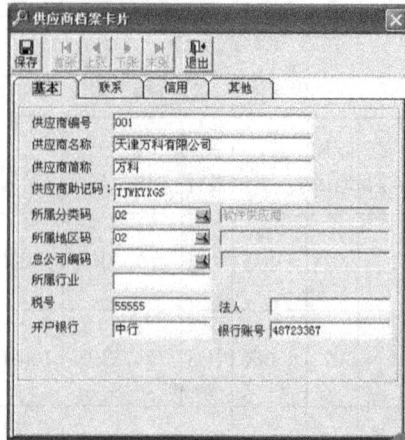

图2－40　"供应商档案卡片"对话框（一）

选择"联系"选项卡，在"地址"输入框中输入"天津市北辰区朝阳路8号"，在"邮政编码"输入框中输入"300000"，如图2－41所示。

选择"其他"选项卡，在"发展日期"输入框中单击▓，选择"2014－01－01"，如图2－42所示。

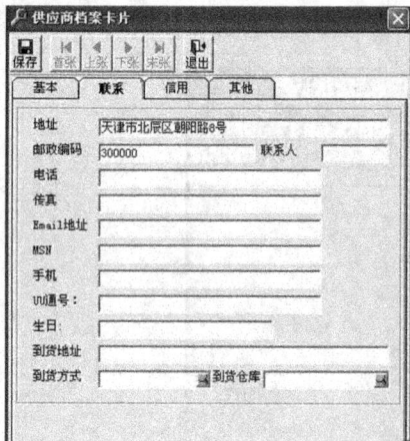

图2－41　"供应商档案卡片"对话框（二）

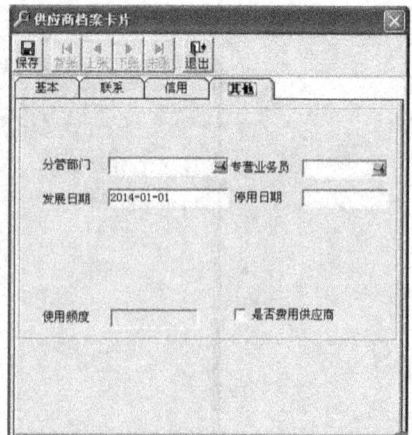

图2－42　"供应商档案卡片"对话框（三）

（3）增加其他供应商档案，直至所有供应商档案增加完毕，单击"退出"按钮。

注意：增加供应商档案时，可利用上方"修改"和"删除"按钮，对所增加供应商档案进行编辑。

由于在建立账套时选择了"供应商需要分类"，因此，在建立"供应商档案"前需要先增加"供应商分类"。

任务8 设置外币及汇率

1. 工作资料

币符：USD；币名：美元；固定汇率1:6.049 00。

2. 工作指导

(1) 选择菜单栏"基础设置"→"财务"→"外币种类"命令，出现"外币设置"对话框，如图2-43所示。在"币符"输入框中输入"USD"，在"币名"输入框中输入"美元"，选择"固定汇率"，其他保持默认，单击"确认"按钮。

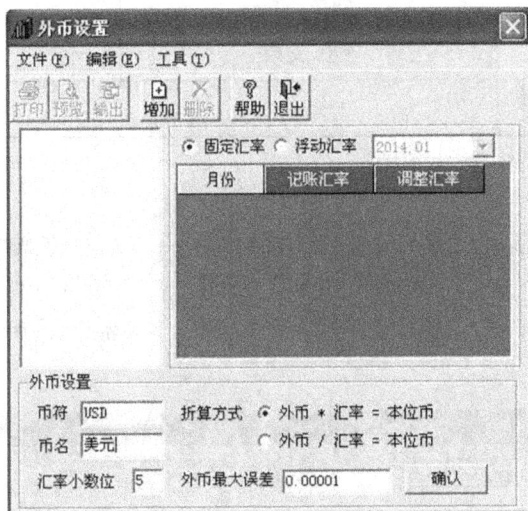

图2-43 "外币设置"对话框（一）

(2) 在"2014.01"对应的"记账汇率"处输入"6.049 00"，单击"退出"，如图2-44所示。

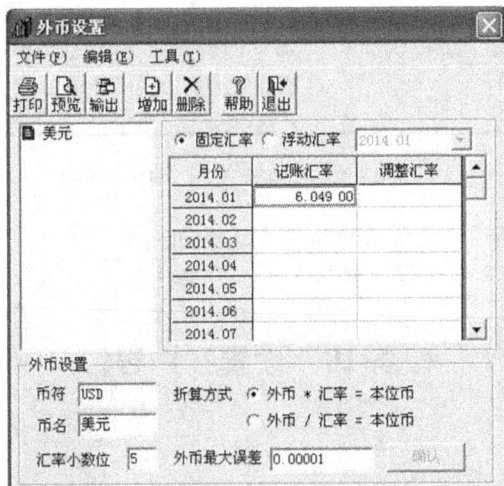

图2-44 "外币设置"对话框（二）

任务9 设置结算方式

1. 工作资料（表2-9）

表2-9 结算方式

结算方式编码	结算方式名称	票据管理
1	现金结算	否
2	支票结算	否
201	现金支票	是
202	转账支票	是
3	其他	否

2. 工作指导

（1）选择菜单栏"基础设置"→"收付结算"→"结算方式"命令，出现"结算方式"对话框，如图2-45所示。单击"增加"按钮，在"类别编码"输入框中输入"1"，在"类别名称"输入框中输入"现金结算"，不选择"票据管理方式"复选框，单击"保存"。

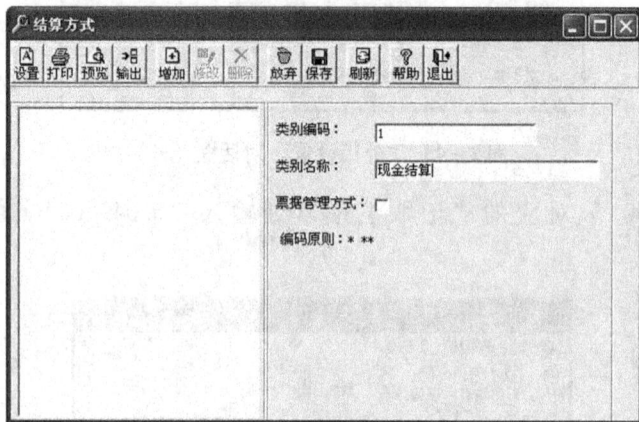

图2-45 "结算方式"对话框

（2）增加其他结算方式，直至所有结算方式增加完毕，单击"退出"按钮。

注意：对于需要进行票据管理的结算方式，应当选择"票据管理方式"复选框。

任务10 设置开户银行

1. 工作资料

编号：1；开户银行：工商银行河西支行；账号：66668888。

2. 工作指导

选择菜单栏"基础设置"→"收付结算"→"开户银行"命令，出现"开户银行"对话框，如图 2 - 46 所示。在"编号"输入框中输入"1"，在"开户银行"输入框中输入"工商银行河西支行"，在"银行账号"输入框中输入"66668888"，单击"增加"按钮，可继续增加。

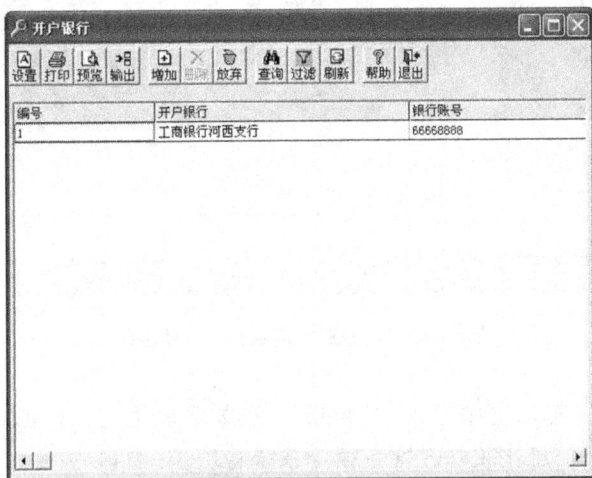

图 2 - 46　"开户银行"对话框

项目4　账套输出与引入

任务 1　账套输出

1. 工作资料

输出天津海河有限公司账套。

2. 工作指导

（1）单击"开始"→"程序"→"畅捷通 T3 系列管理软件"→"畅捷通 T3"→"系统管理"命令，打开"系统管理"窗口，如图 2 - 47 所示。

（2）在"系统管理"窗口中，选择"系统"→"注册"命令，打开"注册〖控制台〗"对话框，如图 2 - 48 所示。

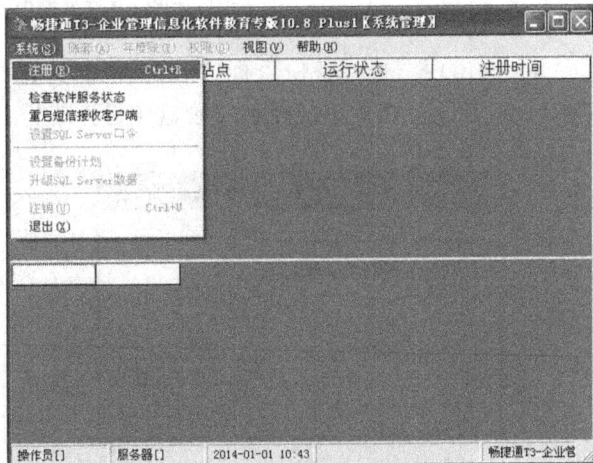

图 2 - 47　畅捷通 T3 - 企业管理信息
化软件教育专版〖系统管理〗

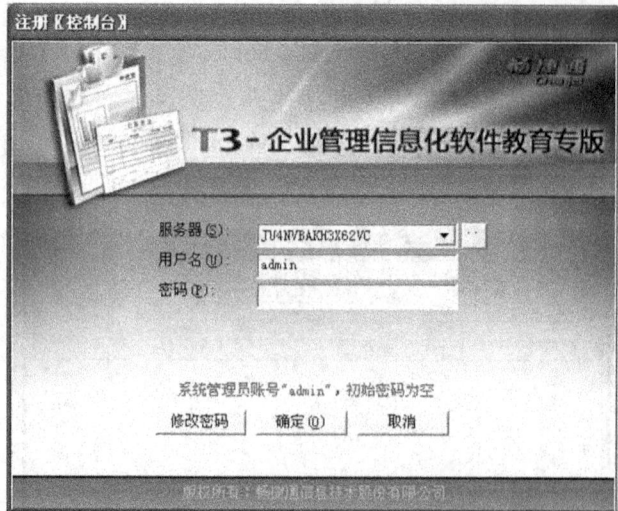

图2-48 "注册〖控制台〗"对话框

（3）在"用户名"输入框中输入"admin"，初始密码为空，单击"确定"按钮，打开"畅捷通T3-企业管理信息化软件教育专版〖系统管理〗"窗口。

（4）选择菜单栏"账套"→"备份"命令，出现"账套输出"对话框，选择需要输出的账套，单击"确认"，如图2-49所示。

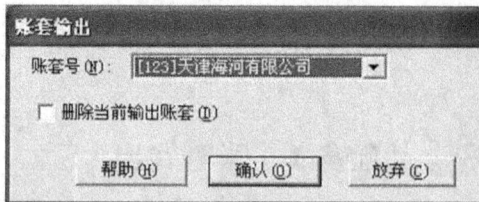

图2-49 "账套输出"对话框

（5）当出现"选择备份目标："对话框时，选择账套备份目标文件夹，单击"确认"，如图2-50所示。出现系统提示"硬盘备份完毕！"，如图2-51所示。

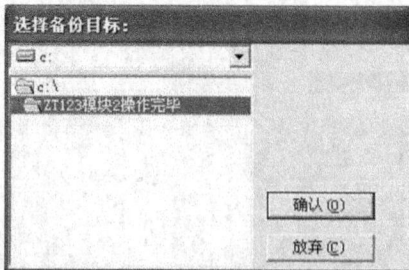

图2-50 "选择备份目标："对话框

图2-51 系统提示

任务 2　账套引入

1. 工作资料

引入天津海河有限公司账套。

2. 工作指导

（1）选择菜单栏"账套"→"恢复"命令，出现"恢复账套数据"对话框，选择之前备份好的账套文件，单击"打开"按钮，如图 2−52 所示。

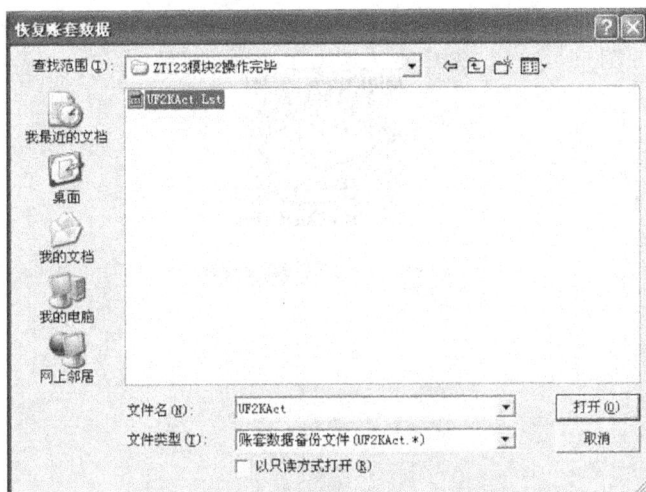

图 2−52　"恢复账套数据"对话框

（2）此时系统将弹出"用友通〖系统管理〗"对话框，弹出"此项操作将覆盖〔123〕账套当前的所有信息，继续吗？"提示，单击"是"，如图 2−53 所示。

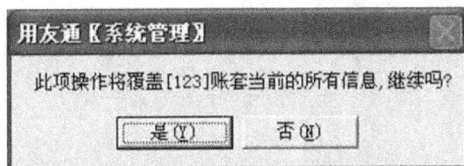

图 2−53　"用友通〖系统管理〗"对话框

（3）此项操作需要等待一段时间，当出现提示"账套〔123〕恢复成功！"时，单击"确定"，如图 2−54、图 2−55 所示。

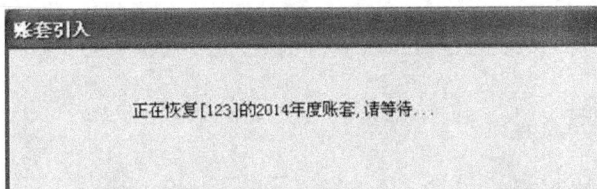

图 2−54　系统提示

图 2-55 系统提示

　　注意：一般情况下，系统不允许直接删除某个账套，而是在输出账套过程中删除，即要删除某个账套，必须进行强制备份。如果系统内账套已经不需要继续保留，可以使用账套备份功能进行删除。

模块2　系统管理自测题

总 账

项目1 总账系统初始设置

任务1 设置系统参数

1. 工作资料

总账控制参数如表3-1所示。

表3-1 总账控制参数

选项卡	参数设置
凭证	制单序时控制、支票控制、可以使用其他系统受控科目、打印凭证页脚姓名、凭证审核控制到操作员、出纳凭证必须经出纳签字、凭证编号由系统编号、外币核算采用固定汇率、进行预算控制
账簿	明细账查询权限控制到科目、明细账打印按年排页
会计日历	会计日历为1月1日—12月31日
其他	数量小数位和单价小数位设为2位，部门、个人、项目按编码方式排序

2. 工作指导

（1）引入上一个项目的备份数据，以账套主管"101 王维"的身份注册系统管理，单击菜单栏"账套"→"启用"，打开"系统启用"对话框，启用总账子系统，启用会计期间2014—01—01。（账务处理系统，以后将其称作总账系统）。

注意：若此项工作已经在系统管理中建立账套时做过，此步骤可以省略，直接进入下一步。

（2）以账套主管"101 王维"的身份进入总账系统。双击桌面的"用友畅捷通 T3"图标，在弹出的对话框中，以账套主管 101 王维的身份、密码"1"，选择账套"［123］天津海河有限公司"，以账套启用日 2014—01—01 注册控制台，进入总账系统，如图 3-1、图 3-2 所示。

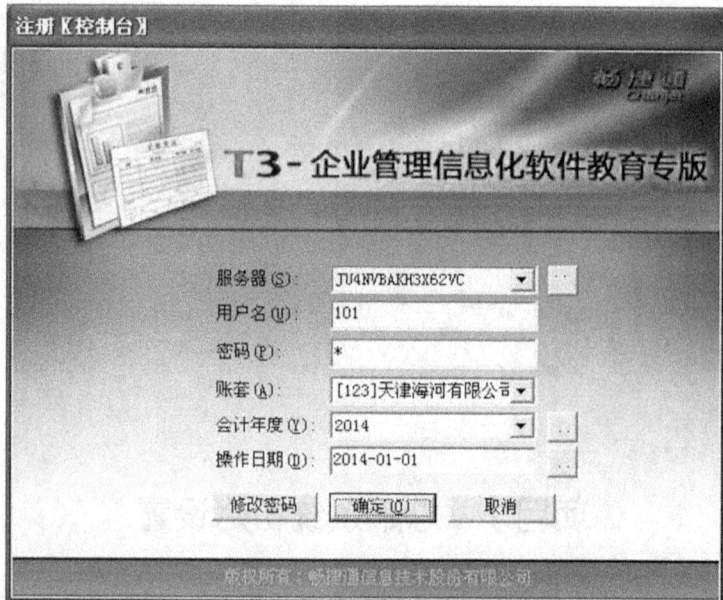

图 3-1 注册〖控制台〗

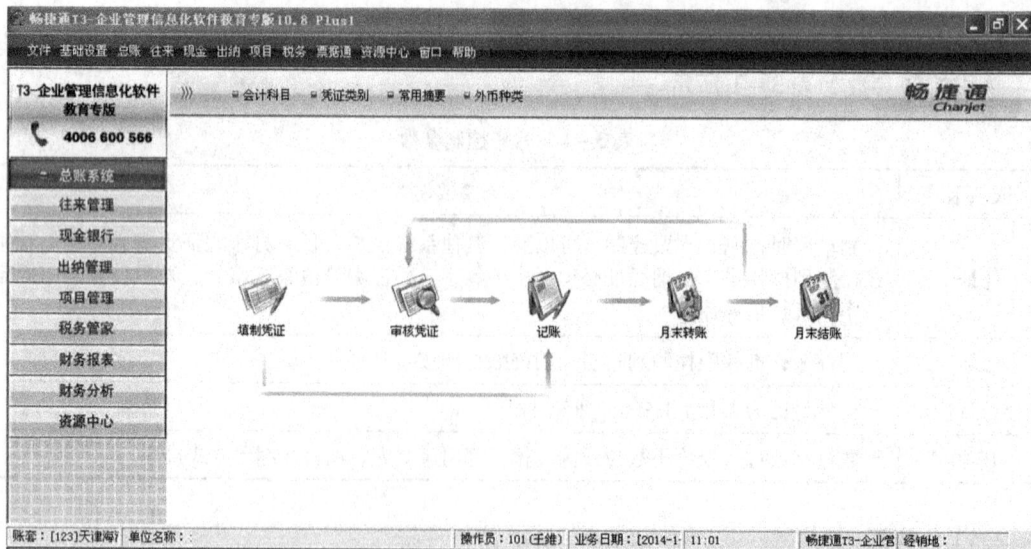

图 3-2 进入总账

（3）总账控制参数的设置。

①单击菜单栏"总账"→"设置"→"选项"，打开"选项"对话框，如图 3-3 所示。

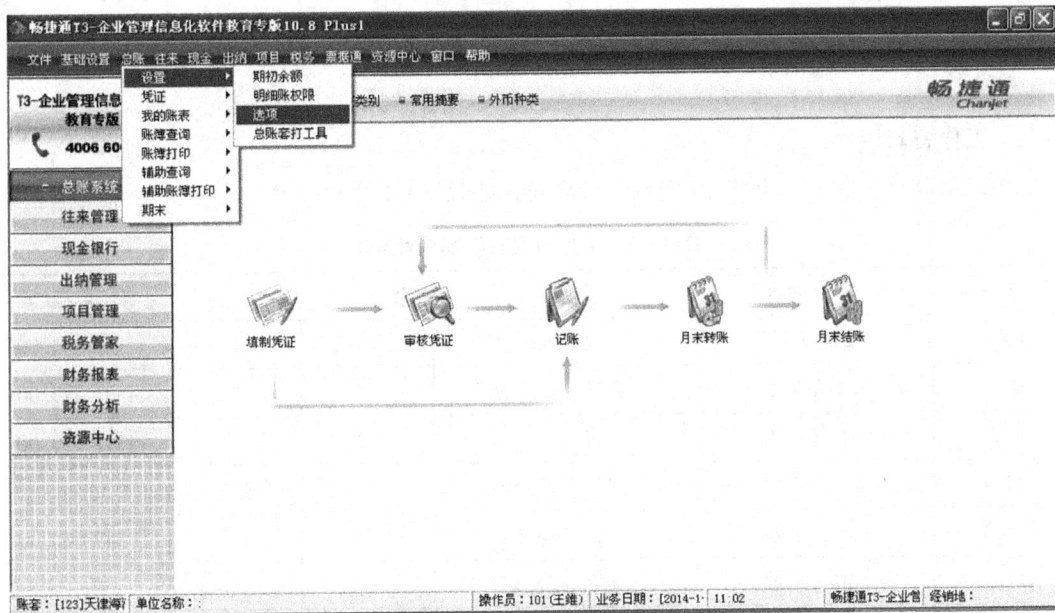

图 3-3　打开"选项"对话框

②分别单击"凭证""账簿""会计日历""其他"选项卡，按照资料的要求进行相应的设置，如图 3-4 所示。

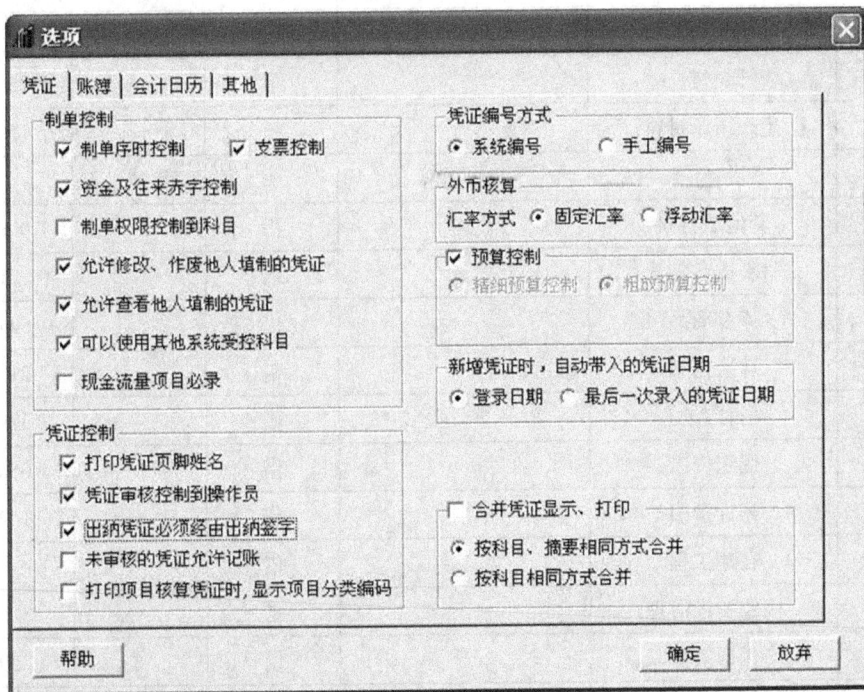

图 3-4　"凭证"选项卡

③设置完成后，单击"确定"按钮，退出选项设置。

任务 2 会计科目

1. 工作资料

（1）2014 年 1 月份会计科目及期初余额表，如表 3-2 所示。

表 3-2 会计科目及期初余额表

科目编码	科目名称	辅助核算	余额方向	货币计量	期初余额/元
1001	库存现金	日记账	借		12 543.00
1002	银行存款	银行、日记账	借		335 329.00
100201	工行存款	银行、日记账	借		335 329.00
100202	中行存款	银行、日记账	借	美元	
1122	应收账款	客户往来	借		157 600.00
1123	预付账款	供应商往来	借		
1221	其他应收款	个人往来	借		3 800.00
1231	坏账准备		贷		800.00
1401	材料采购		借		
140101	生产用物资采购		借		
140102	其他物资采购		借		
1403	原材料		借		2 058 208.00
140301	生产用原材料		借		150 000.00
		数量核算		吨	30.00
140302	其他原材料		借		1 908 208.00
1404	材料成本差异		借		1 000.00
1405	库存商品		借		544 000.00
140501	普通白纸		借		215 510.00
140502	打印纸		借		328 490.00
1601	固定资产		借		1 050 000.00
1602	累计折旧		贷		142 165.00
1604	在建工程		借		
1606	固定资产清理		借		
1701	无形资产		借		59 142.00
1901	待处理财产损溢		借		
2001	短期借款		贷		200 000.00
2202	应付账款	供应商往来	贷		276 850.00

科目编码	科目名称	辅助核算	余额方向	货币计量	期初余额/元
2203	预收账款	客户往来	贷		
2211	应付职工薪酬		贷		
221101	应付工资		贷		
221102	应付福利费		贷		
2221	应交税费		贷		
222101	应交增值税		贷		
22210101	进项税额		贷		
22210105	销项税额		贷		
222106	应交所得税		贷		
2231	应付利息		贷		
2241	其他应付款		贷		10 300.00
2701	长期应付款		贷		
4001	实收资本		贷		3 608 672.00
4002	资本公积		贷		
4101	盈余公积		贷		
4103	本年利润		贷		
4104	利润分配		贷		
410401	未分配利润		贷		
5001	生产成本		借		17 165.00
500101	直接材料	项目核算	借		10 000.00
500102	直接人工		借		
500103	制造费用		借		6 000.00
500104	折旧费		借		1 165.00
500105	其他		借		
5101	制造费用		借		
510101	工资		借		
510102	福利费		借		
510103	办公费	部门核算	借		
510104	差旅费	部门核算	借		
510105	招待费	部门核算	借		
510106	折旧费	部门核算	借		
510107	其他	部门核算	借		

科目编码	科目名称	辅助核算	余额方向	货币计量	期初余额/元
6001	主营业务收入		收		
6011	利息收入		收		
6051	其他业务收入		收		
6061	汇兑损益		支		
6111	投资收益		收		
6301	营业外收入		收		
6401	主营业务成本		支		
6402	其他业务成本		支		
6403	营业税金及附加		支		
6411	利息支出		支		
6421	手续费及佣金支出		支		
6601	销售费用		支		
660101	工资		支		
660102	福利费		支		
660103	办公费	部门核算	支		
660104	差旅费	部门核算	支		
660105	招待费	部门核算	支		
660106	折旧费	部门核算	支		
660107	其他	部门核算	支		
6602	管理费用		支		
660201	工资		支		
660202	福利费		支		
660203	办公费	部门核算	支		
660204	差旅费	部门核算	支		
660205	招待费	部门核算	支		
660206	折旧费	部门核算	支		
660207	其他	部门核算	支		
6603	财务费用		支		
6701	资产减值损失		支		
6711	营业外支出		支		
6801	所得税费用		支		

（2）指定"库存现金"为现金总账科目，"银行存款"为银行总账科目。

2. 工作指导

（1）增加会计科目。

①选择菜单栏"基础设置"→"财务"→"会计科目"命令，进入"会计科目"对话框，如图 3 - 5、图 3 - 6 所示。

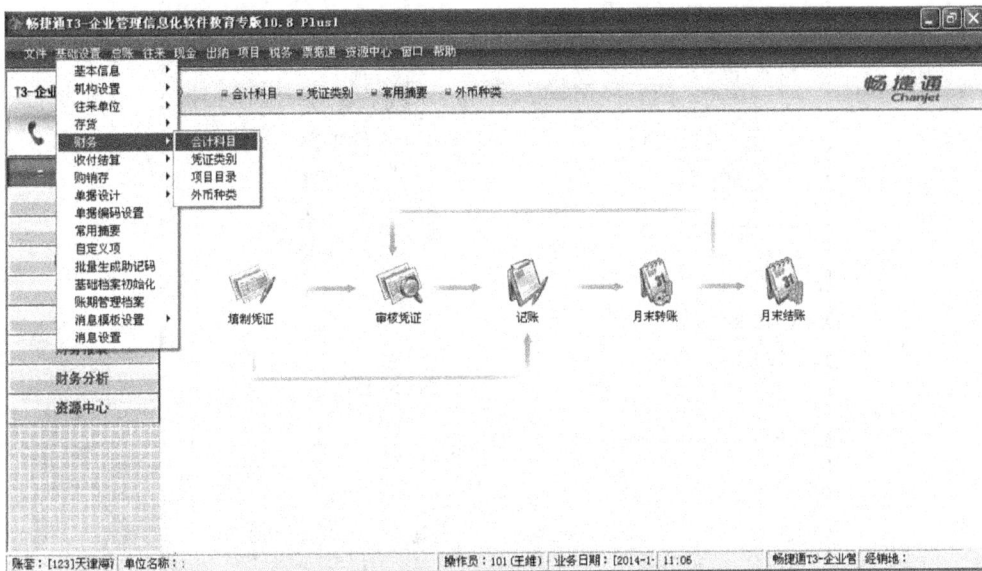

图 3 - 5　进入"会计科目"对话框

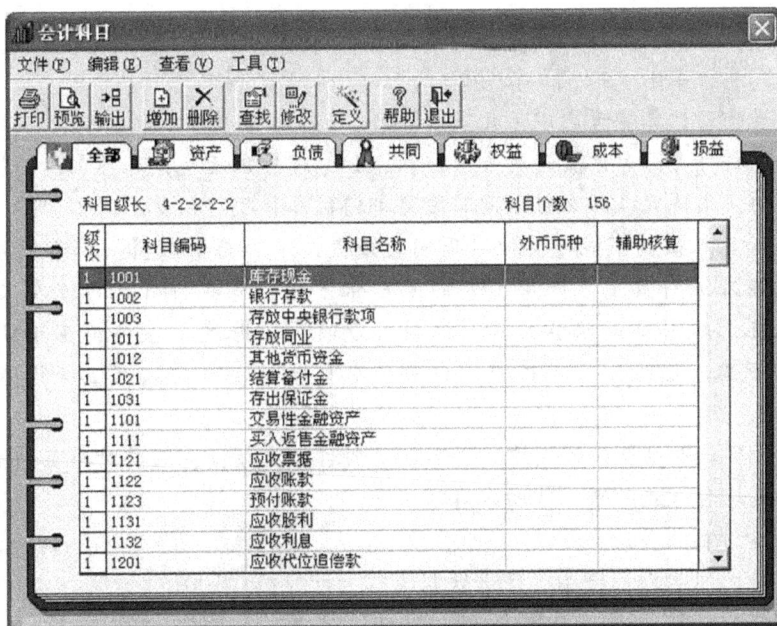

图 3 - 6　编辑"会计科目"对话框

②单击"增加"按钮，打开"会计科目_新增"对话框。

③输入明细科目相关资料。输入科目编码"100201"、科目中文名称"工行存款"；选择"日记账""银行账"，单击"确定"按钮，如图3-7所示。

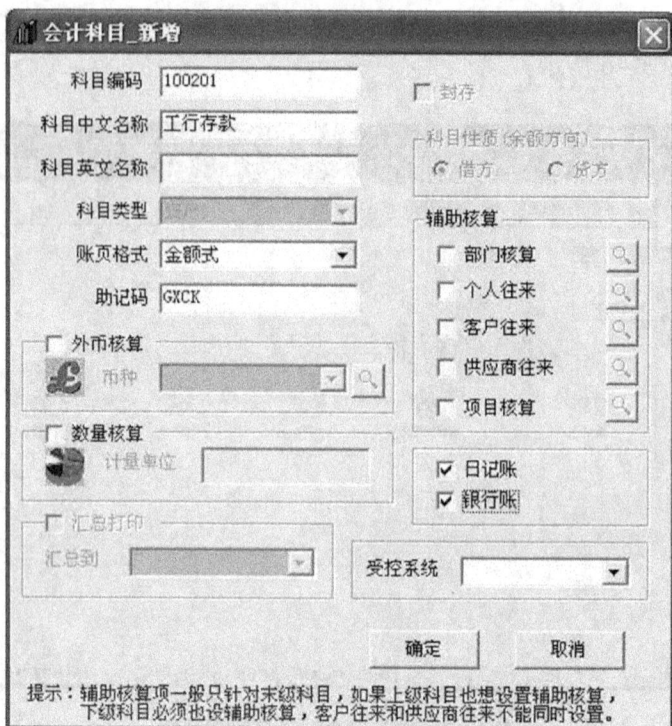

图3-7 增加会计科目

④继续输入实验资料中其他明细科目的相关资料。

⑤全部输完后，单击"取消"按钮。

注意：设置辅助核算要考虑以下几点：

第一，一个科目可同时设置两种专项核算，如管理费用既想核算各部门的使用情况，也想了解各项目的使用情况，那么可以同时设置部门核算和项目核算。

第二，个人往来核算不能与其他专项同时设置，客户与供应商核算不能同时设置。辅助账类必须设在末级科目上，但为了查询或出账方便，有些科目也可以在末级和上级设账类。但若只在上级科目设账类，其末级科目没有设该账类，系统将不承认，也就是说当上级科目设有某账类时，其末级科目中必设有该账类，否则只在上级设账类，系统将不予处理。

第三，在设置辅助核算时须慎重，因为如果科目已有数据，而要对科目的辅助核算进行修改，那么很可能会造成总账与辅助账对账不平。

（2）修改会计科目。

①在"会计科目"对话框中，单击要修改的会计科目"1001"。

②单击"修改"按钮进入"会计科目_修改"对话框。双击要修改的科目，也可以进入"会计科目_修改"对话框，如图3-8所示。

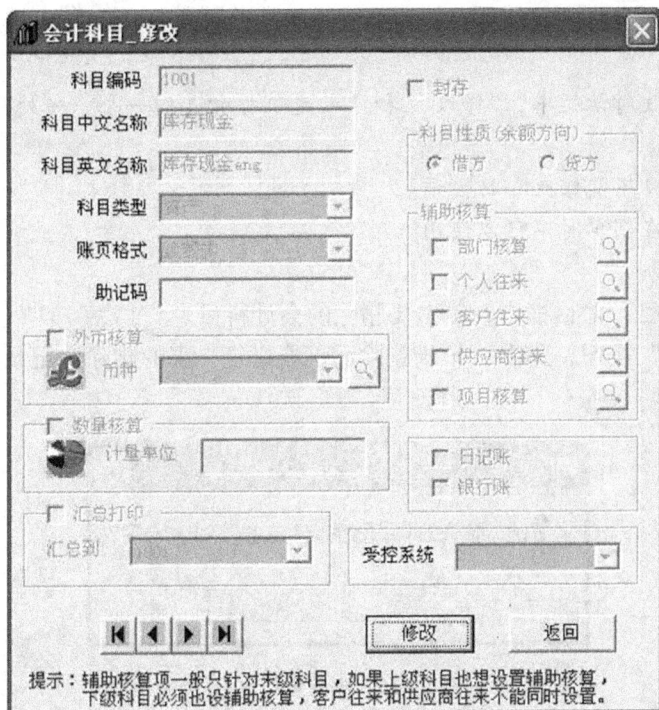

图 3-8 修改会计科目之一

③单击"修改"按钮，选中"日记账"复选框，单击"确定"按钮，如图 3-9 所示。

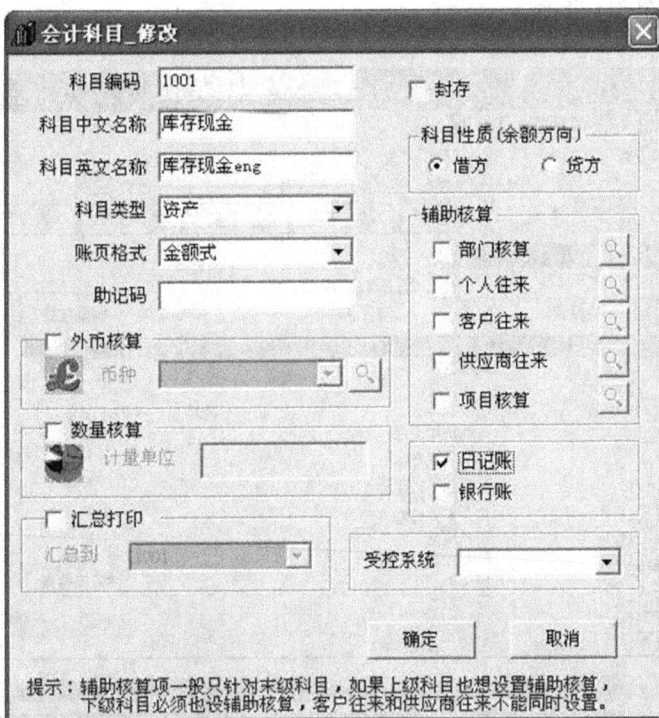

图 3-9 修改会计科目之二

④按实验资料内容修改其他科目的辅助核算属性，修改完成后，单击"返回"按钮。

注意：

在会计科目修改对话框中，"修改"和"确定"按钮是同一个，当处于编辑状态时，显示为"确定"按钮。

已有数据的科目不能修改科目性质。

被封存的科目在制单时不可以使用。

（3）删除会计科目。

①在"会计科目"对话框中，单击要删除的会计科目。

②单击"删除"按钮，弹出"记录删除后不能修复！真的删除此记录吗？"提示框，如图3-10所示。

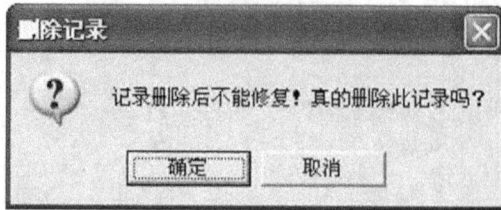

图3-10 删除会计科目

③单击"确定"按钮，即可删除该科目。

（4）指定会计科目。

①在"会计科目"对话框中，执行菜单栏"编辑"→"指定科目"命令，进入"指定科目"对话框，如图3-11所示。

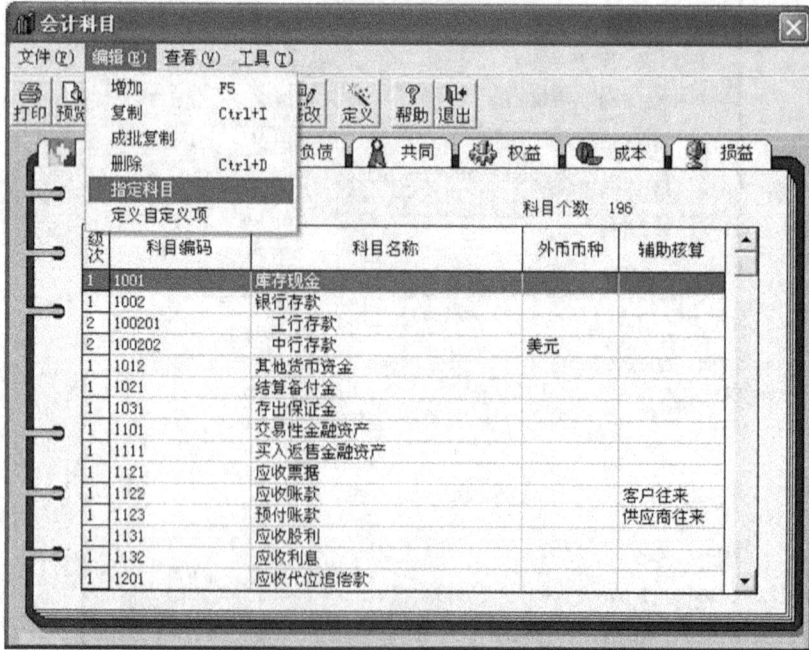

图3-11 进入"指定科目"对话框

②单击"现金总账科目",选择"1001 现金",单击">"按钮,由"待选科目"选入"已选科目",如图 3 - 12 所示。

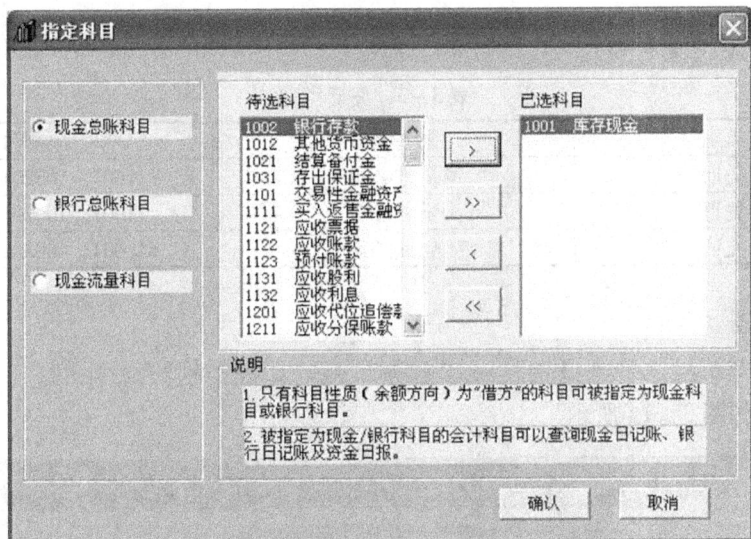

图 3 - 12　指定会计科目之一

③单击"银行总账科目",选择"1002 银行存款",单击">"按钮,由"待选科目"选入"已选科目",如图 3 - 13 所示。

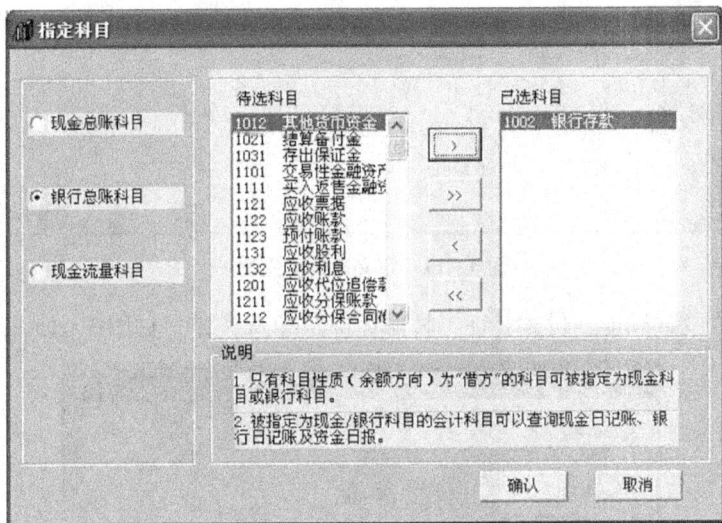

图 3 - 13　指定会计科目之二

④单击"确认"按钮。

注意：在指定"现金科目""银行科目"之前,应在建立"现金""银行存款"会计科目时选中"日记账"复选框。

任务3 设置凭证类别

1. 工作资料（表3-3）

表3-3 凭证类别

凭证类别	限制类型	限制科目
收款凭证	借方必有	1001，100201，100202
付款凭证	贷方必有	1001，100201，100202
转账凭证	凭证必无	1001，100201，100202

2. 工作指导

（1）执行菜单栏"基础设置"→"财务"→"凭证类别"命令，打开"凭证类别预置"对话框，如图3-14所示。

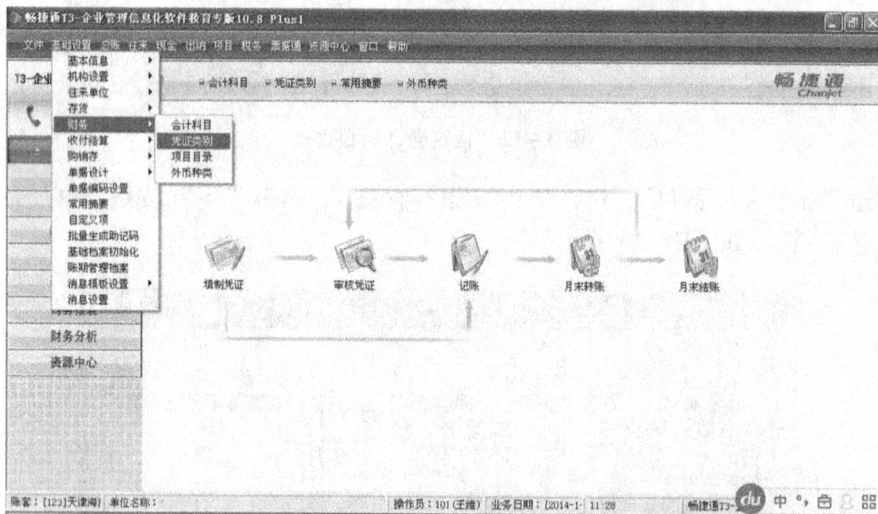

图3-14 定义凭证类别之一

（2）单击"收款凭证 付款凭证 转账凭证"单选按钮，如图3-15所示。

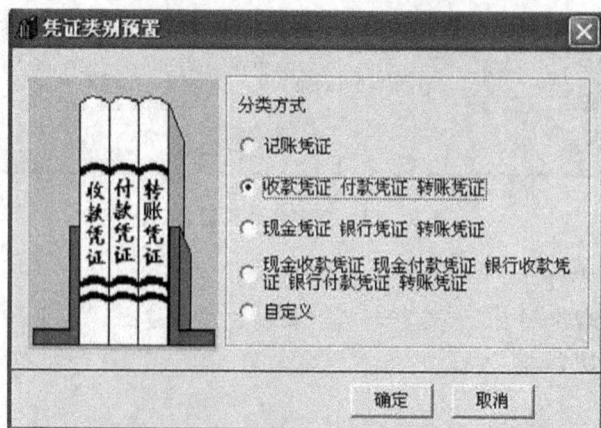

图3-15 定义凭证类别之二

（3）单击"确定"按钮，进入"凭证类别"对话框。

（4）单击收款凭证"限制类型"的下三角按钮，选择"借方必有"；在"限制科目"栏以英文状态输入"1001，100201，100202"；付款凭证的"限制类型"选择"贷方必有"，"限制科目"输入"1001，100201，100202"；转账凭证的"限制类型"选择"凭证必无"，"限制科目"输入"1001，100201，100202"，如图3–16所示。

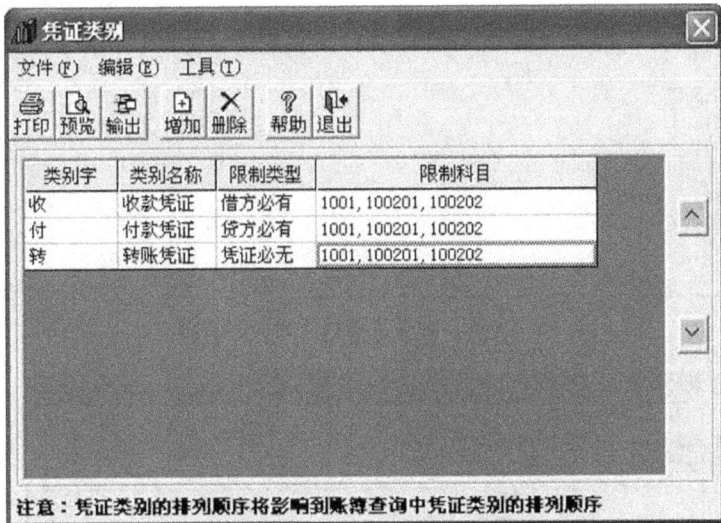

图3–16　设置凭证的限制类型与限制科目

（5）设置完后，单击"退出"按钮。

任务4　设置项目目录

1. 工作资料（表3–4）

表3–4　项目设置

项目设置步骤	设置内容		
项目大类	生产管理项目		
核算科目	直接材料（500101）		
项目分类	1. 自行开发项目 2. 委托开发项目		
项目名称	101 普通白纸	是否结算：否	所属分类码：1
	102 打印纸	是否结算：否	所属分类码：1

2. 工作指导

（1）定义项目大类。

①执行菜单栏"基础设置"→"财务"→"项目目录"命令，进入"项目档案"对话框，如图3–17、图3–18所示。

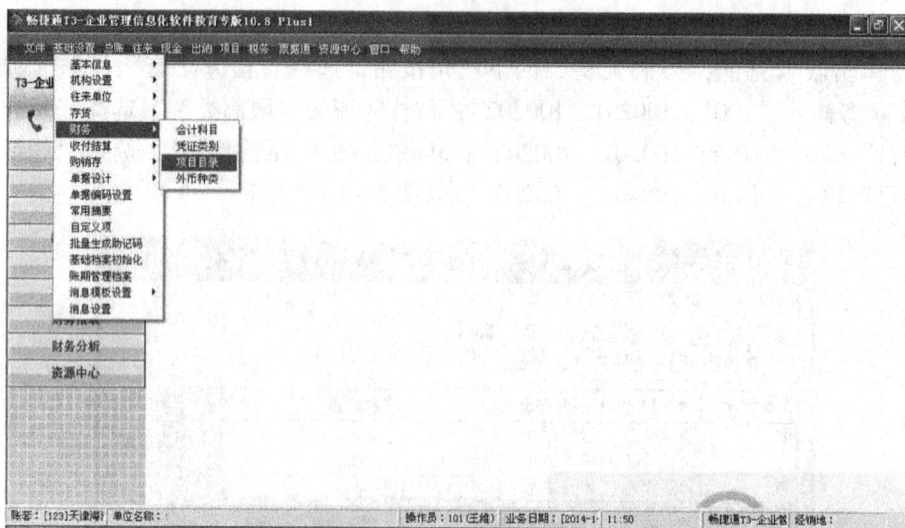

图 3 – 17 进入"项目档案"对话框

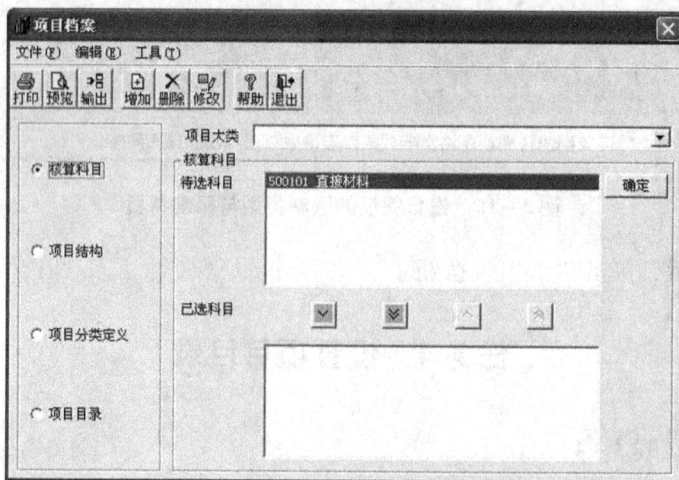

图 3 – 18 "项目档案"对话框

②单击"增加"按钮，打开"项目大类定义_增加"对话框。在"新项目大类名称"中输入"生产管理项目"，如图 3 – 19 所示。

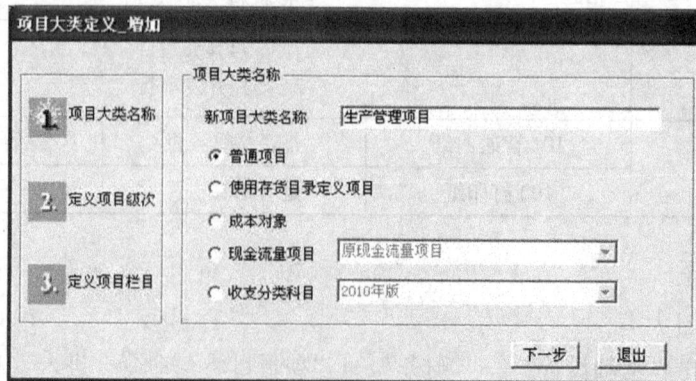

图 3 – 19 定义项目大类之一

③单击"下一步"按钮，其他设置均采用系统默认值。最后单击"完成"按钮，返回"项目档案"对话框，如图 3 – 20、图 3 – 21 所示。

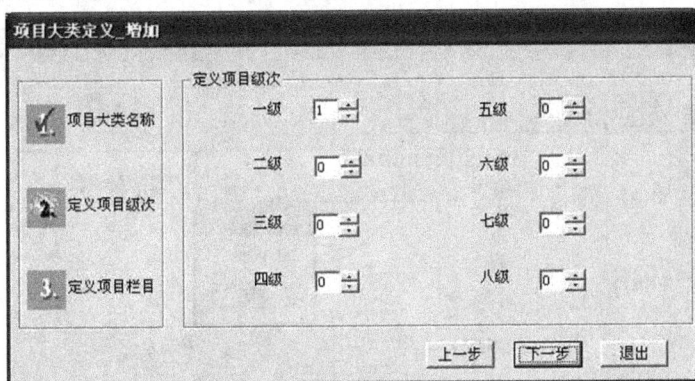

图 3 – 20　定义项目大类之二

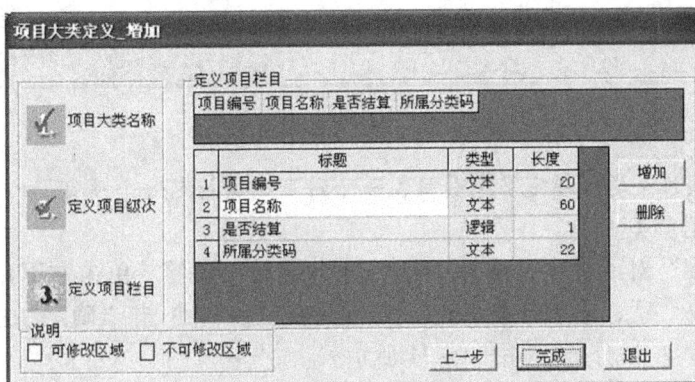

图 3 – 21　定义项目大类之三

注意：项目大类的名称是该类项目的总称，而不是会计科目名称。

（2）定义核算科目。

①在"项目档案"对话框中，选择"核算科目"页签；选择项目大类"生产管理项目"，如图 3 – 22 所示。

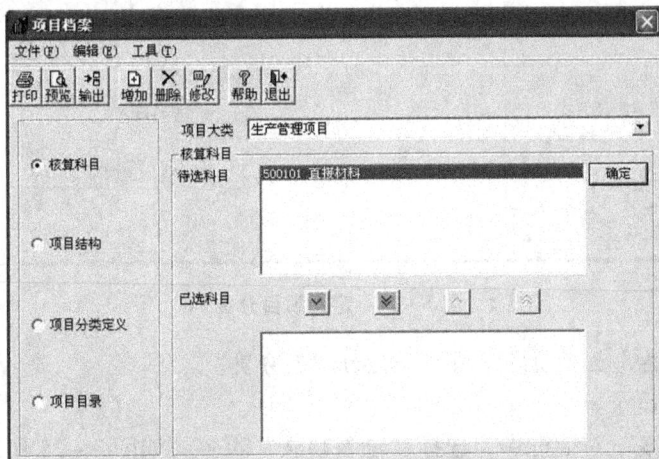

图 3 – 22　定义核算科目之一

②选择要参加核算的科目"500101 直接材料"，单击"√"按钮，单击"确定"按钮，如图 3 - 23 所示。

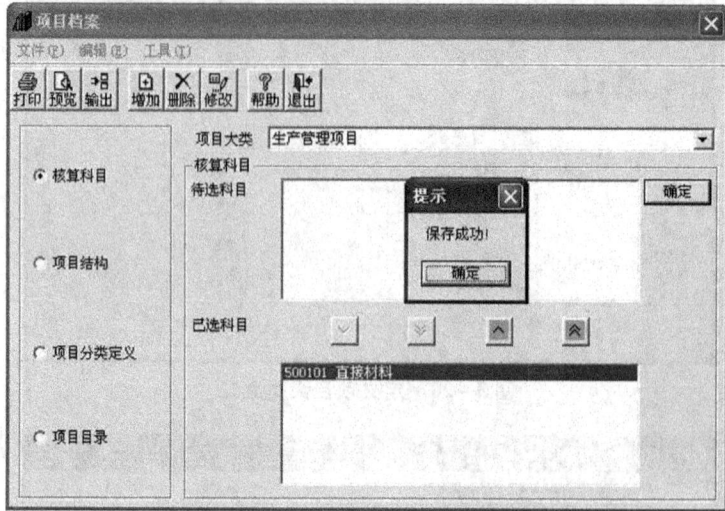

图 3 - 23　定义核算科目之二

注意：一个项目大类可指定多个科目，一个科目只能指定一个项目。

（3）定义项目分类。

在"项目档案"对话框中，选择"项目分类定义"页签。单击右下角的"增加"按钮，输入分类编码"1"；输入分类名称"自行开发项目"，单击"确定"按钮。同理定义"2 委托开发项目"项目分类，如图 3 - 24 所示。

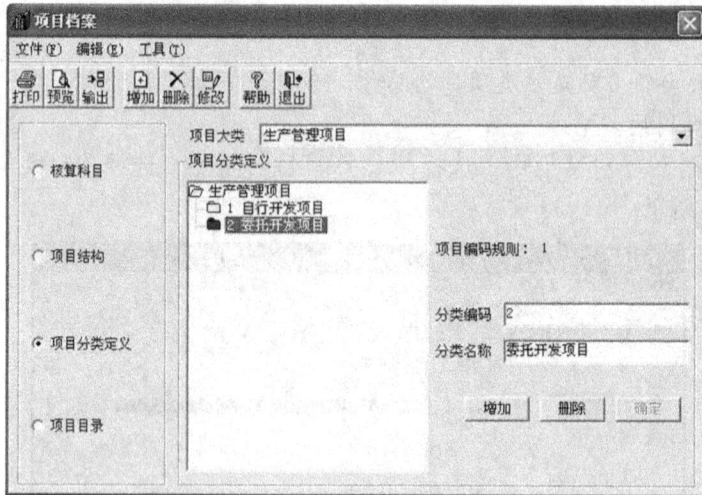

图 3 - 24　定义项目分类

注意：若无分类，也必须定义项目分类为"无分类"。

（4）定义项目目录。

①在"项目档案"对话框中，选择"项目目录"页签，如图 3 - 25 所示。

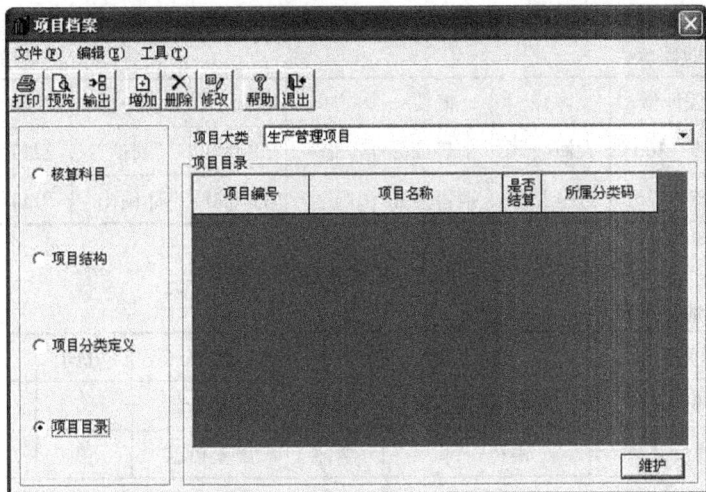

图 3 - 25 定义项目目录之一

②单击"维护"按钮，进入"项目目录维护"对话框。单击"增加"按钮，输入项目编号"101"；输入项目名称"普通白纸"；选择所属分类码"1"。同理，继续增加"102 打印纸"项目档案，录入后单击"增加"按钮，按"ESC"键退出编辑状态。设置完成后，单击"退出"按钮，如图 3 - 26 所示。

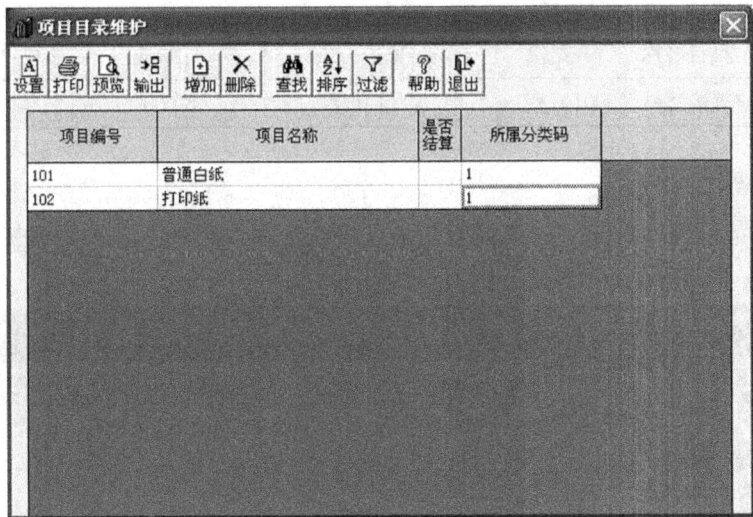

图 3 - 26 定义项目目录之二

注意：标识结算后的项目将不能再使用。

任务 5 期初余额录入

1. 工作资料

（1）总账期初余额表，如表 3 - 2 "会计科目及期初余额表"所示。

（2）辅助期初余额表如表 3 - 5～表 3 - 8 所示。

表3-5 应收账款期初余额表

会计科目：1122 应收账款   余额：借157 600 元

日期	凭证号	客户	摘要	方向	金额/元	业务员	票号	票据日期
2013-12-10	转-100	大海公司	销售商品	借	58 000	刘挺	Z111	2013-12-10
2013-12-25	转-123	万全学校	销售商品	借	99 600	孙硕山	P111	2013-12-25

表3-6 其他应收款期初余额表

会计科目：1221 其他应收款   余额：借3 800 元

日期	凭证号	部门	个人	摘要	方向	期初余额/元
2013-12-26	付-123	总经理办公室	白杨	出差借款	借	2 000.00
2013-12-27	付-124	销售一部	李萍	出差借款	借	1 800.00

表3-7 应付账款期初余额表

会计科目：2202 应付账款   余额：贷276 850 元

日期	凭证号	供应商	摘要	方向	金额/元	业务员	票号	票据日期
2013-11-20	转-45	万科	购买商品	贷	276 850	丁纳	C000	2013-11-20

表3-8 生产成本/直接材料期初余额表

会计科目：500101 生产成本/直接材料   单元：元   余额：借10 000 元

科目名称	普通白纸	打印纸	合计
生产成本/直接材料（500101）	4 000	6 000	10 000

2. 工作指导

（1）选择菜单栏"总账"→"设置"→"期初余额"命令，进入"期初余额录入"对话框，如图3-27所示。

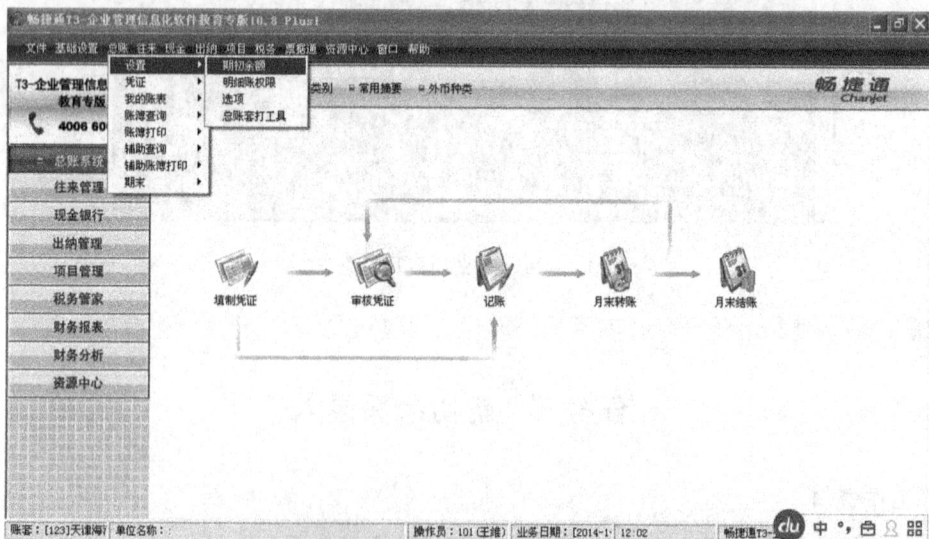

图3-27 期初余额录入之一

方法一：直接输入总账科目，输入"1001 现金"科目的期初余额 12 543，单击回车键确认。同理输入与"现金"结构相同没有明细科目的其他科目的期初余额。

方法二：通过末级科目自动生成总账科目，输入"100201 工行存款"期初余额 335 329，单击回车键确认。此时，"1002 银行存款"的期初余额会自动生成 335 329。同理输入与"银行存款"结构相同有明细科目但没有辅助核算的其他科目的期初余额，如图 3 - 28 所示。

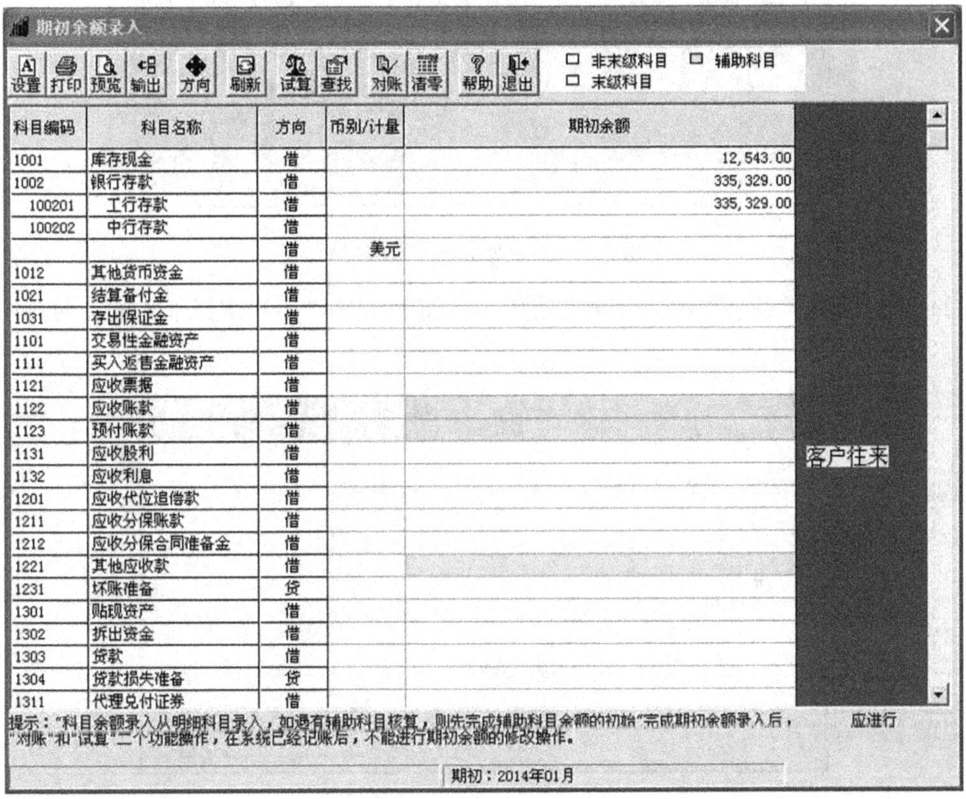

图 3 - 28　期初余额录入之二

方法三：带有辅助核算的科目，通过输入辅助账的期初余额生成。双击带有"客户往来"辅助核算的"1122 应收账款"进入"客户往来期初"对话框，单击"增加"按钮，填入日期"2013 - 12 - 10"，选择凭证号"转 - 100"，选择客户"大海公司"，录入摘要"销售商品"，选择方向"借"，输入金额"58 000"，业务员"孙硕山"，票号"Z111"，票据日期"2013 - 12 - 10"。然后，按照以上方法输入第二条辅助项后退出，应收账款总账将会自动生成期初余额 157 600。同理输入其他带有辅助核算项的科目，如图 3 - 29 所示。

注意：当不想输入某项内容可是系统提示必须输入时，可按 ESC 键取消输入，此操作在本软件中很多地方适用。

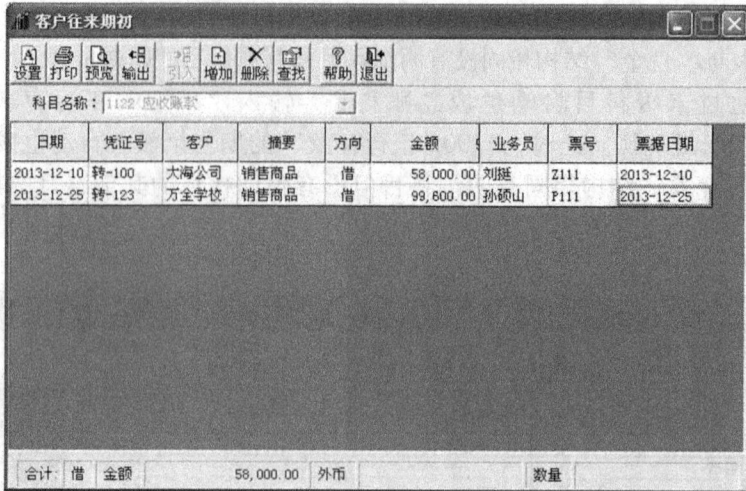

图3-29 辅助账期初余额录入

（2）输完所有科目余额后，单击"试算"按钮，打开"期初试算平衡表"对话框，如图3-30所示。

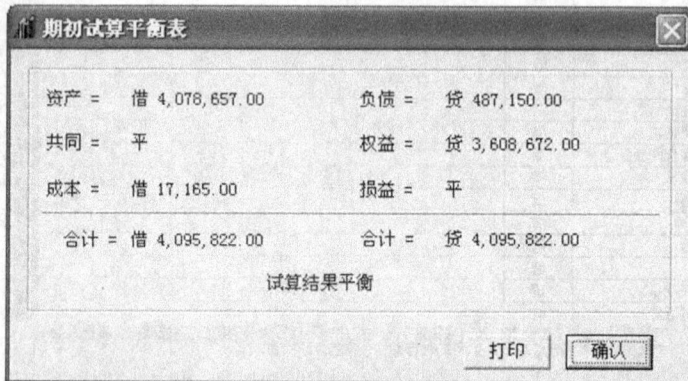

图3-30 试算平衡

（3）单击"确认"按钮。

项目2 总账系统日常业务处理

任务1 凭证管理

1. 工作资料

1月经济业务如下：

（1）2日，销售一部李萍购买了300元的广告纸，以现金支付。

借：销售费用/其他（660107）   300

　　贷：库存现金（1001）   300

（2）3 日，财务部赵江从工行提取现金 20 000 元，作为备用金（现金支票号 XJ001）。

借：库存现金（1001）　　　　　　　　　　　　　20 000

　　贷：银行存款/工行存款（100201）　　　　　　　　　　20 000

（3）7 日，收到远大集团投资资金 100 000 美元，汇率 1∶6.049（转账支票号 ZZW001）。

借：银行存款/中行存款（100202）　　　　　　　604 900

　　贷：实收资本（4001）　　　　　　　　　　　　　604 900

（4）8 日，供应部丁纳采购原纸 50 吨，每吨 5 000 元，材料直接入库，货款以银行存款支付（转账支票号 ZZR001）。

借：原材料/生产用原材料（140301）　　　　　　250 000

　　应交税费/应交增值税/进项税额（22210101）　42 500

　　贷：银行存款/工行存款（100201）　　　　　　　292 500

（5）12 日，销售二部孙硕山收到湖北万全学校转来一张转账支票，金额 99 600 元，用以偿还前欠货款（转账支票号 ZZR002）。

借：银行存款/工行存款（100201）　　　　　　　99 600

　　贷：应收账款（1122）　　　　　　　　　　　　　99 600

（6）14 日，总经理办公室白杨出差归来，报销差旅费 2 000 元，交回现金 200 元。

借：管理费用/差旅费（660204）　　　　　　　　1 800

　　库存现金（1001）　　　　　　　　　　　　　200

　　贷：其他应收款（1221）　　　　　　　　　　　　2 000

（7）16 日，总经理办公室支付业务招待费 1 200 元（转账支票号 ZZR003）。

借：管理费用/招待费（660205）　　　　　　　　1 200

　　贷：银行存款/工行存款（100201）　　　　　　　1 200

（8）21 日，生产部领用原纸 5 吨，单价 5 000 元，用于生产普通白纸。

借：生产成本/直接材料（500101）　　　　　　　25 000

　　贷：原材料/生产用原材料（140301）　　　　　　25 000

（9）25 日，销售三部刘挺向大海公司销售普通白纸 200 箱，每箱 500 元，货款尚未收到，增值税率 17%。

借：应收账款（1122）　　　　　　　　　　　　117 000

　　贷：主营业务收入（6001）　　　　　　　　　　100 000

　　　应交税金/应交增值税/销项税（22210105）　　17 000

2. 工作指导

引入上一个项目的备份数据，以总账会计"103 方伟"的身份进入总账系统，操作日期是 2014 年 1 月 31 日，按照上述资料完成总账系统日常业务处理内容。

（1）增加凭证。

①增加一张凭证（业务 1）。

选择菜单栏"总账"→"凭证"→"填制凭证"命令，进入"填制凭证"对话框；单击"增加"按钮，增加一张空白凭证；选择凭证类型"付款凭证"；输入制单日期"2014.01.02"；输入摘要"购买广告纸"；输入科目名称"660107"，借方金额"300"，按回车键；摘要自动带到下一行，输入科目名称"1001"，贷方金额"300"；单击"保存"按钮，弹出"凭证已成功保存！"信息提示框，单击"确定"按钮，如图3－31所示。

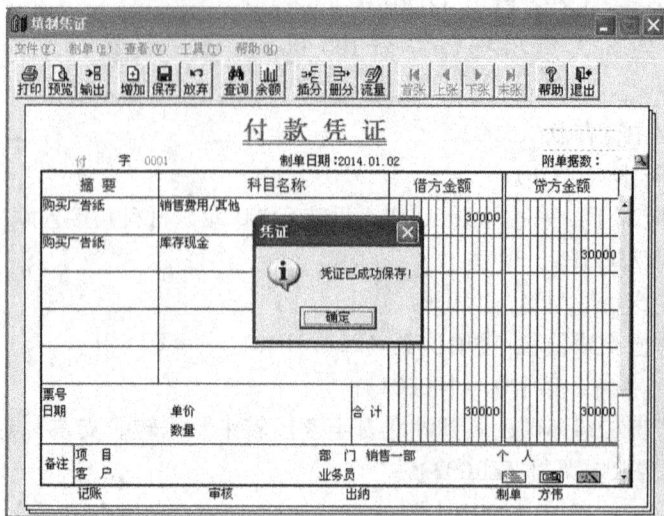

图3－31　填制凭证

注意：采用序时控制时，凭证日期应大于等于启用日期，不能超过业务日期。凭证一旦保存，其凭证类别、凭证编号就不能修改。正文中不同行的摘要可以相同也可以不同，但不能为空。每行摘要将随相应的会计科目在明细账、日记账中出现。科目编码必须是末级的科目编码。金额不能为"零"；红字以"－"号表示。可按"＝"键取当前凭证借贷方金额的差额到当前光标位置。

②增加一张带有银行科目凭证（业务2）。

在填制凭证过程中，输完银行科目"100201"，弹出"辅助项"对话框。输入结算方式"201"，票号"XJ001"，发生日期"2014.01.03"，单击"确认"按钮，如图3－32所示。

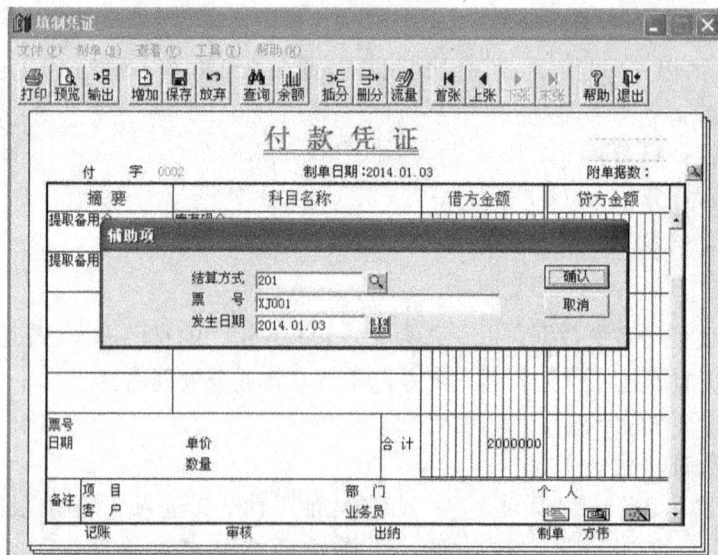

图3－32　辅助项

凭证输完后，单击"保存"按钮，若此张支票未登记，则弹出"凭证"对话框，如图 3 - 33 所示。

单击"是"按钮，弹出"票号登记"对话框。输入领用日期"2014.01.03"，领用部门"财务部"，姓名"赵江"，限额"20 000"，用途"备用金"，单击"确定"按钮，如图 3 - 34 所示。

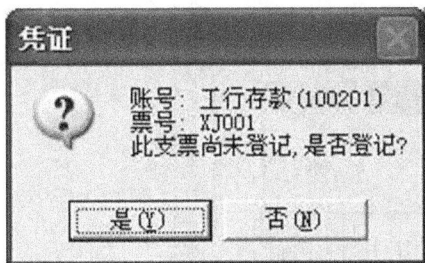

图 3 - 33　确认支票是否登记

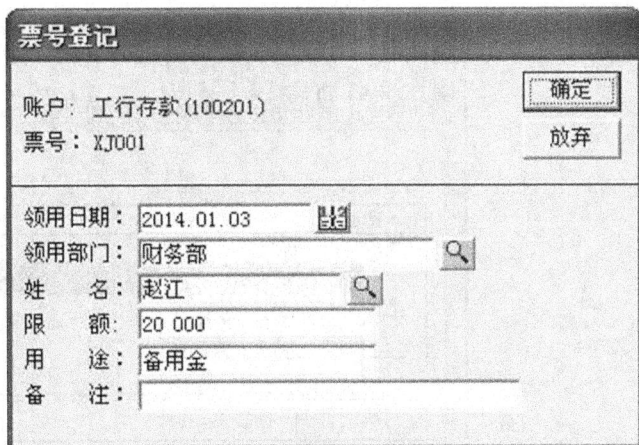

图 3 - 34　票号登记

③增加一张带有外币科目的凭证（业务 3）。

在填制凭证过程中，输完外币科目"100202"，弹出"辅助项"对话框。输入结算方式"202"，票号"ZZW001"，发生日期"2014.01.07"，单击"确认"按钮。输入外币金额"100 000"，根据自动显示的外币汇率"6.049"，自动算出并显示本币金额"604 900"。全输完后，单击"保存"按钮，如图 3 - 35 所示。

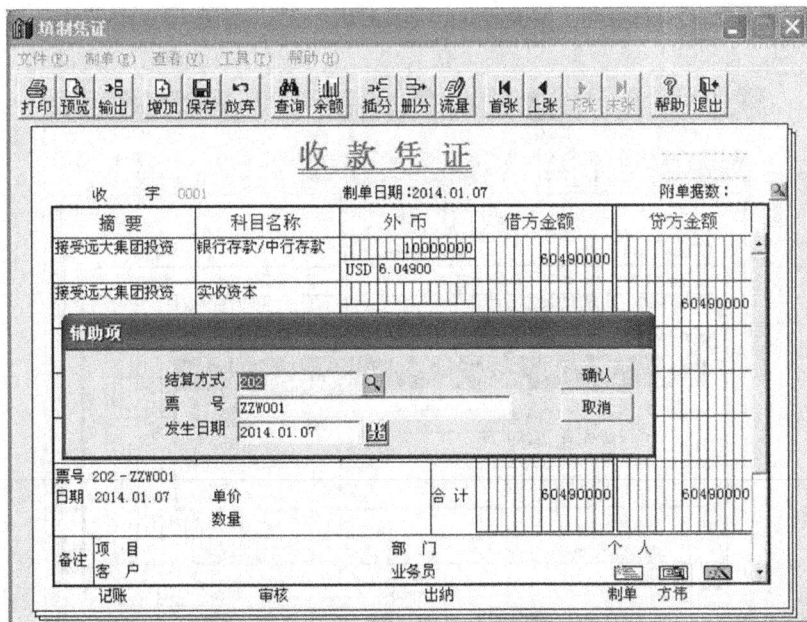

图 3 - 35　外币科目凭证

注意：汇率栏中的内容是固定的，不能输入或修改。如使用变动汇率，汇率栏中显示最近一次汇率，可以直接在汇率栏中修改。

④增加一张带数量核算的凭证（业务4）。

在填制凭证过程中，输完数量科目"140301"，弹出"辅助项"对话框。输入数量"50"，单价"5 000"，单击"确认"按钮，如图3-36所示。

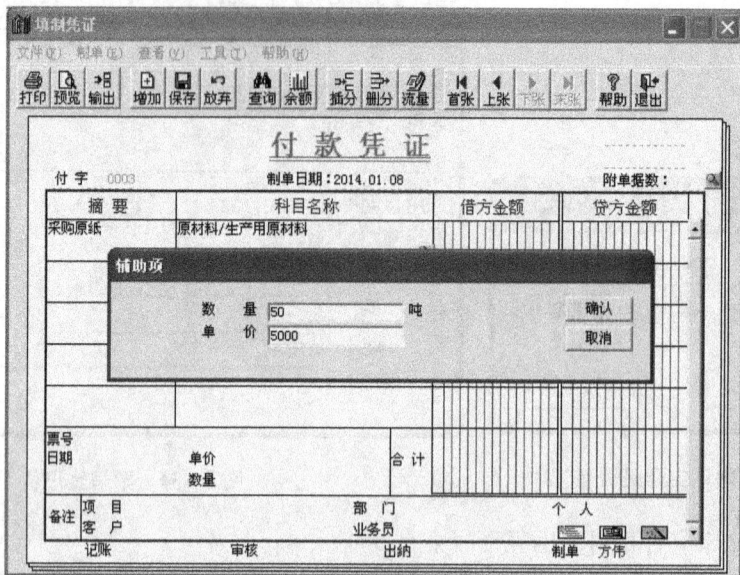

图3-36 数量核算科目凭证

⑤增加一张带有客户往来辅助核算项的凭证（业务5）。

在填制凭证的过程中，输完客户往来科目"1122"，弹出"辅助项"对话框。输入客户"万全学校"，业务员"孙硕山"，发生日期"2014.01.12"，单击"确认"按钮，如图3-37所示。

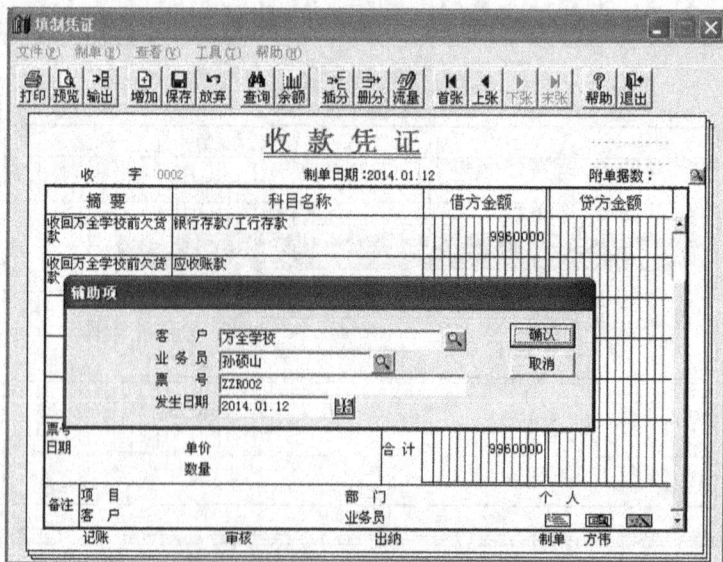

图3-37 客户往来科目凭证

注意：增加带有供应商辅助核算项目的凭证，与带有客户往来辅助核算项的凭证制作方法相同。

⑥此业务应填制一张收款凭证和一张转账凭证（业务6）。

在填制凭证过程中，输完部门核算科目"660204"，弹出"辅助项"对话框。选择输入部门"总经理办公室"，单击"确认"按钮，如图3－38所示。

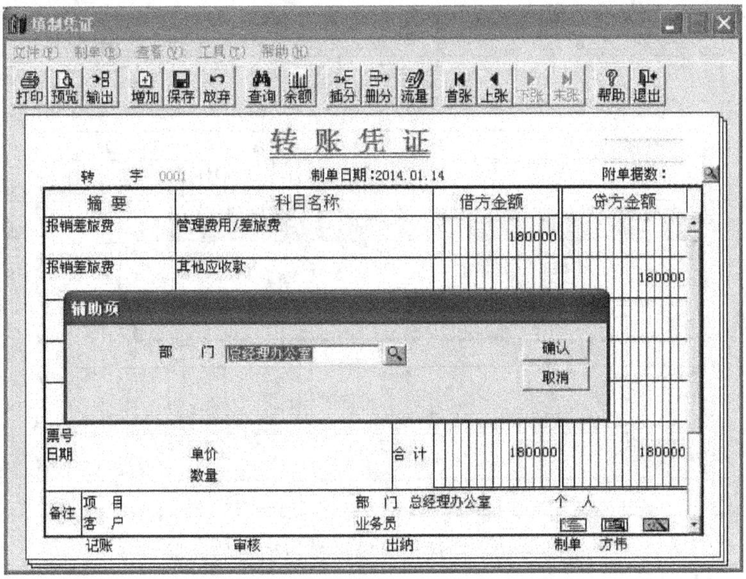

图3－38 部门核算辅助核算项目的凭证

在填制凭证过程中，输完个人往来科目"1221"，弹出"辅助项"对话框。选择输入部门"总经理办公室"，个人"白杨"，发生日期"2014.01.14"，单击"确认"按钮，如图3－39所示。

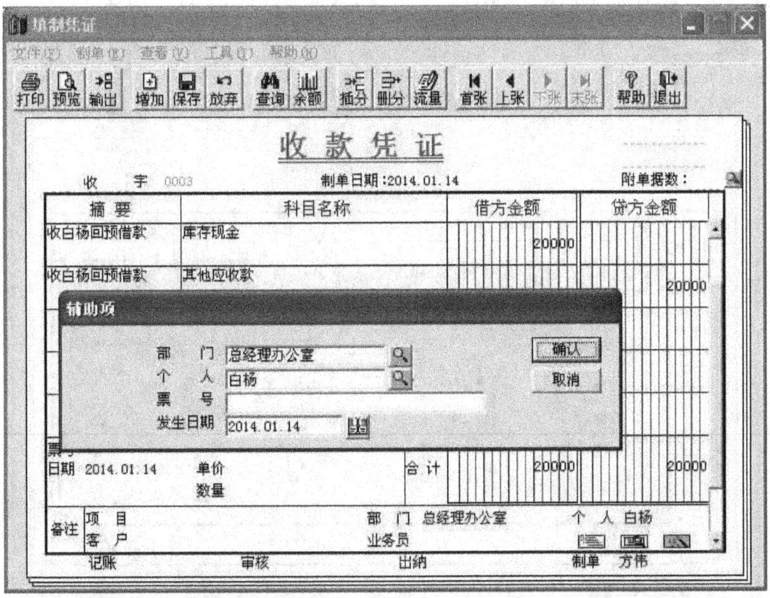

图3－39 个人往来辅助核算项目的凭证

⑦增加一张带有部门辅助核算项目的凭证（业务7），操作方法同业务6。

⑧增加一张带有项目核算辅助核算项目的凭证（业务8）。

在填制凭证过程中，输完项目核算科目"500101"，弹出"辅助项"对话框。选择输入项目名称"普通白纸"，单击"确认"按钮，如图3-40所示。

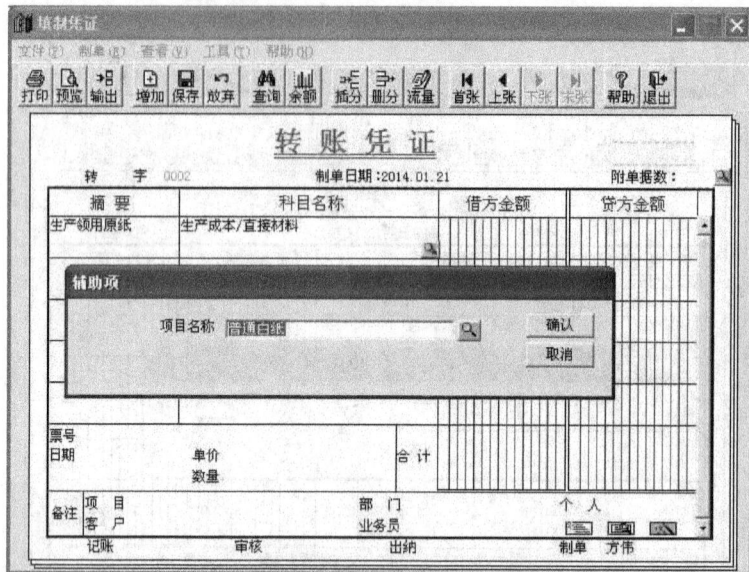

图3-40　项目核算辅助核算项目的凭证

⑨增加一张其他业务凭证（业务9）。

本业务的操作可参照前面的操作来完成，在此不再重复。

（2）修改凭证。

①选择"凭证"→"填制凭证"命令，进入"填制凭证"对话框。

②单击"查询"按钮，输入查询条件，找到要修改的凭证，如图3-41所示。

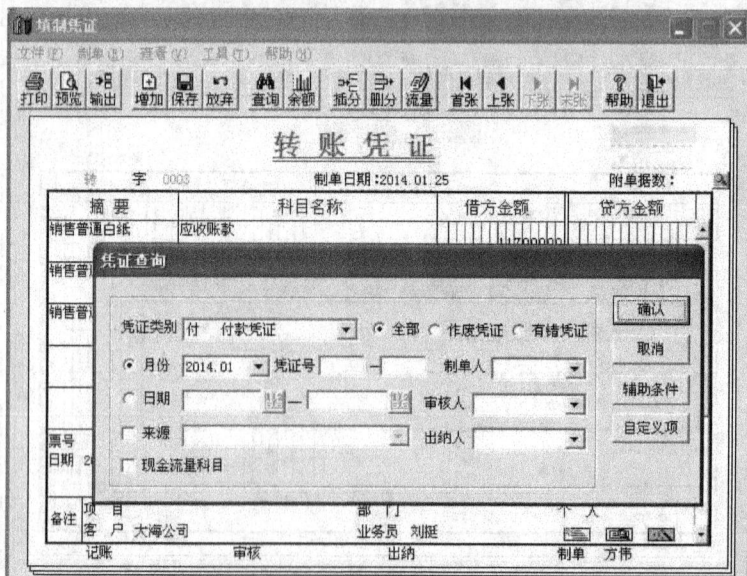

图3-41　查询要修改的凭证

③对于凭证的一般信息，将光标放在要修改的地方，直接修改；如果要修改凭证的辅助项信息，首先选中辅助核算科目行，然后将光标置于备注栏辅助项，鼠标变成"笔形"时双击，弹出"辅助项"对话框，在对话框中修改相关信息。

④单击"保存"按钮，保存相关信息。

注意

未经审核的错误凭证可通过"填制凭证"功能直接修改；已审核的凭证应先取消审核后，再进行修改。

若已采用制单序时控制，则在修改制单日期时，不能在上一张凭证的制单日期之前。

选择"不允许修改或作废他人填制的凭证"权限控制，则不能修改或作废他人填制的凭证。

如果涉及银行科目的分录已录入支票信息，并对该支票做过报销处理，修改操作将不影响"支票登记簿"中的内容。

外部系统传过来的凭证不能在总账系统中进行修改，只能在生成该凭证的系统中进行修改。

（3）删除凭证。

①作废凭证。

先查询到要作废的凭证，再在"填制凭证"对话框中，选择菜单栏"制单"→"作废/恢复"命令。凭证的左上角显示"作废"，表示该凭证已作废，如图 3-42 所示。

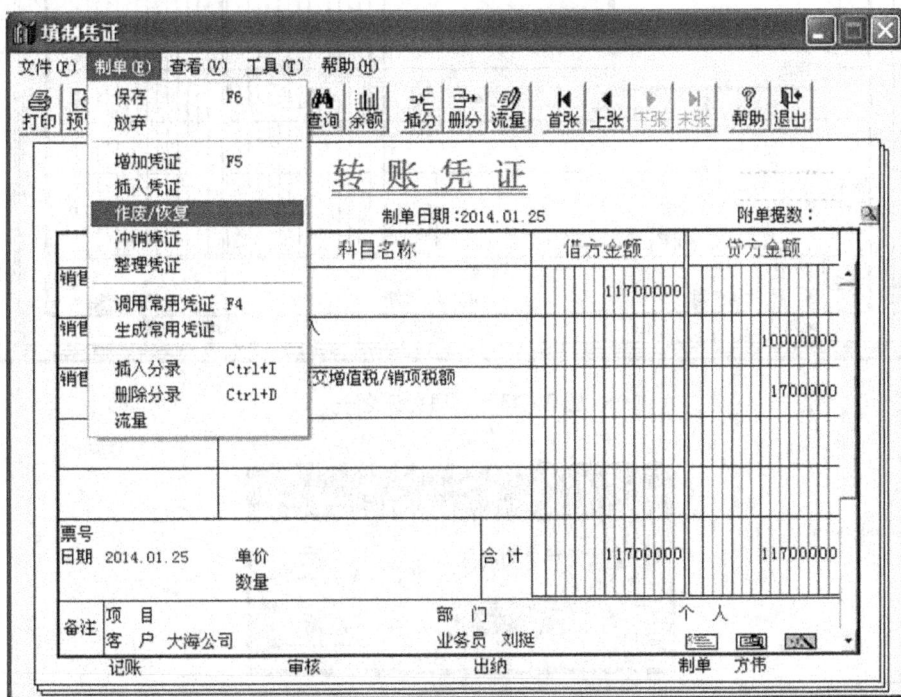

图 3-42 作废凭证

注意：

作废凭证仍保留凭证内容及编号，只在凭证左上角显示"作废"字样。

作废凭证不能修改，也不能审核。

在记账时，已作废的凭证应参与记账，否则月末无法结账，但不对作废凭证作数据处理，相当于一张空凭证。

账簿查询时，查不到作废凭证的数据。

若当前凭证已作废，可执行菜单栏"制单"→"作废/恢复"命令，取消作废标志，并将当前凭证恢复为有效凭证。

②整理凭证。

在"填制凭证"对话框中，选择菜单栏"制单"→"整理凭证"命令，打开"请选择凭证期间"对话框，选择要整理的月份，如图3-43、图3-44所示。

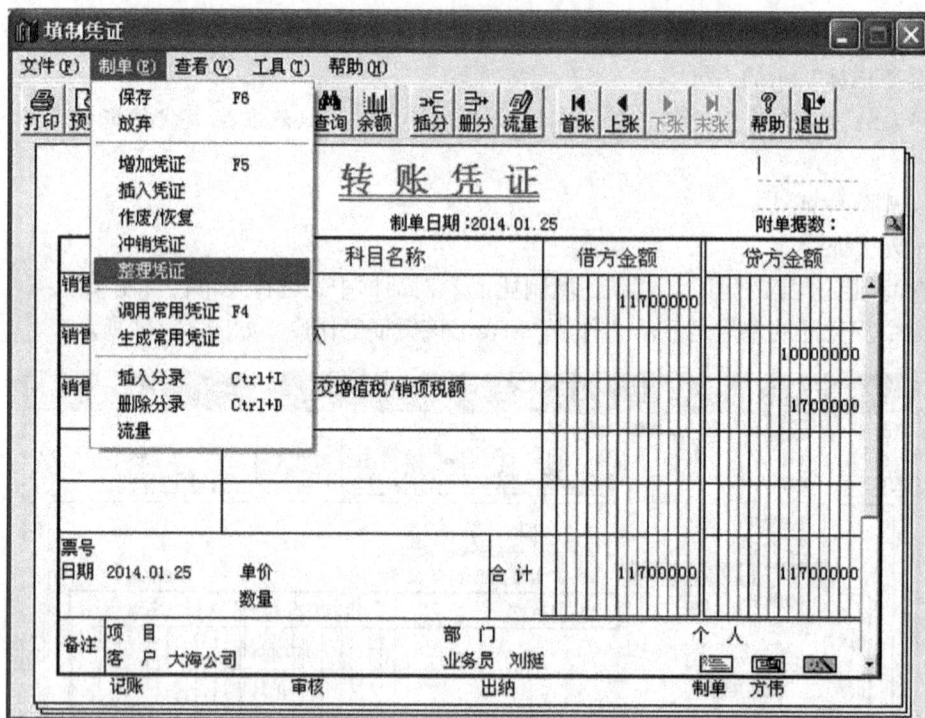

图3-43 整理凭证之一

图3-44 整理凭证之二

单击"确定"按钮，打开"作废凭证表"对话框。在需要删除的作废凭证"删除?"栏内双击，显示"Y"标记，单击"确定"按钮，系统将这些凭证从数据库中删除并对剩下的凭证重新排号，如图3-45所示。

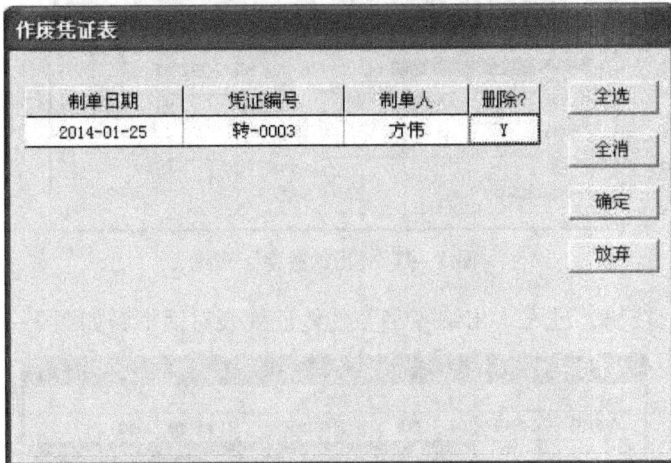

图 3 - 45　整理凭证之三

任务 2　出纳签字

重新注册，用出纳"102 赵江"登录，密码"2"，账套"[123] 天津海河有限公司"，会计年度"2014"，操作日期"2014 - 01 - 31"，如图 3 - 46 所示。

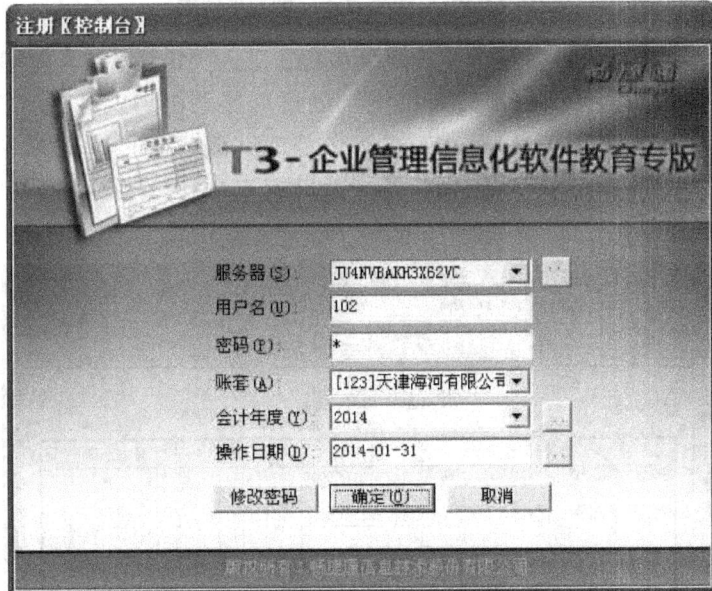

图 3 - 46　更换操作员

选择菜单栏"总账"→"凭证"→"出纳签字"命令，打开"出纳签字"查询条件对话框。输入查询条件，选择"全部"单选按钮，输入月份"2014.01"，如图 3 - 47 所示。

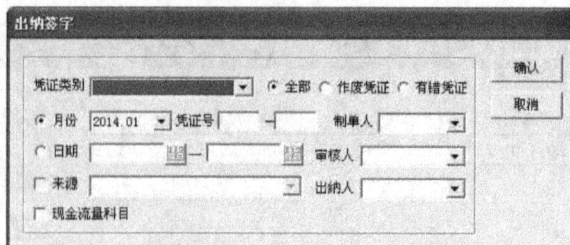

图3-47 "出纳签字"查询

单击"确认"按钮，进入"出纳签字"的凭证列表对话框，如图3-48所示。

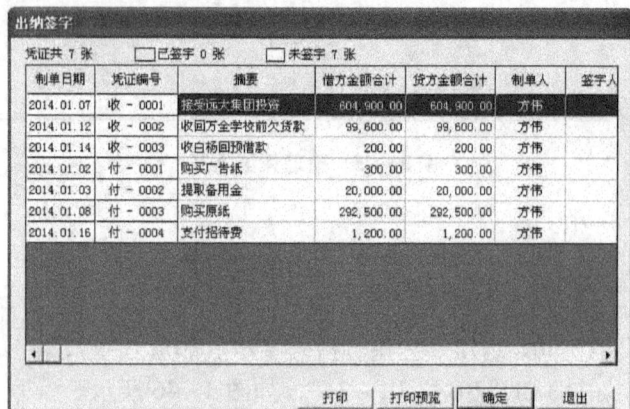

图3-48 "出纳签字"的凭证列表

双击某一要签字的凭证或者单击"确定"按钮，进入"出纳签字"的签字对话框。

单击"签字"按钮，凭证底部的"出纳"处自动签上出纳人姓名。单击"下张"按钮，对其他凭证签字，或者选择"出纳"菜单→"成批出纳签字"命令，所有出纳凭证将一起完成出纳签字，然后显示"成批出纳签字结果表"，单击"确定"，最后单击"退出"按钮，如图3-49、图3-50、图3-51所示。

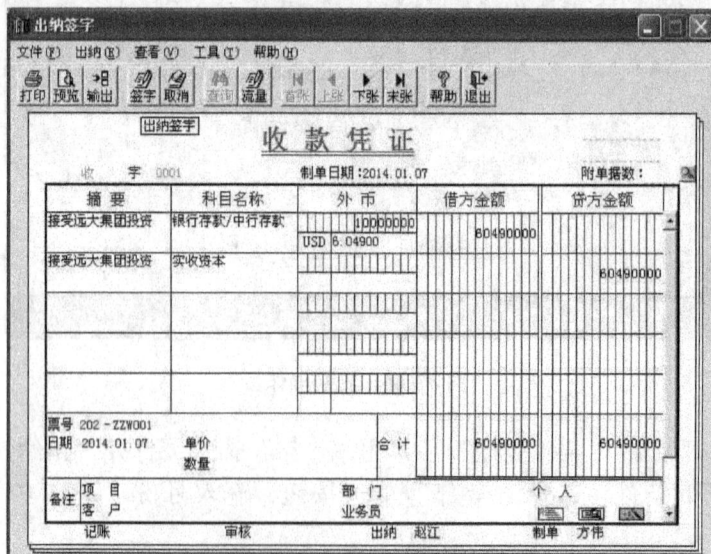

图3-49 单张出纳签字

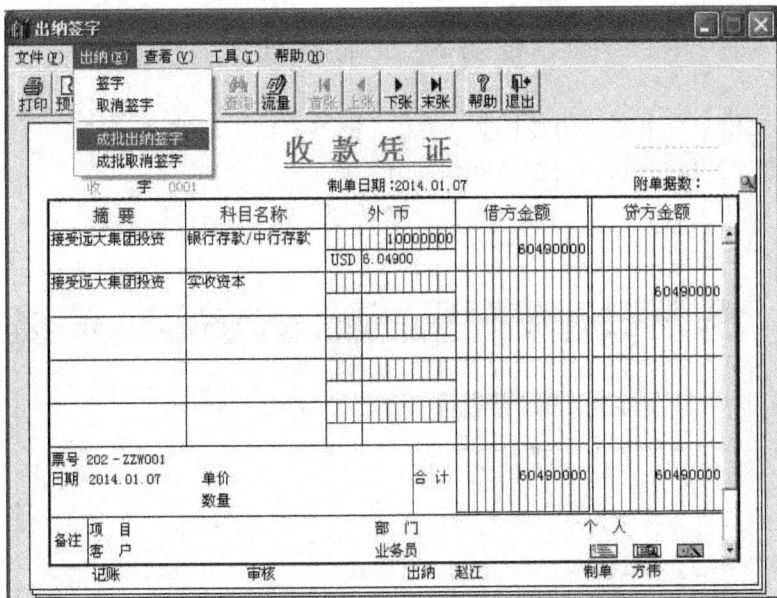

图 3 – 50 成批出纳签字之一

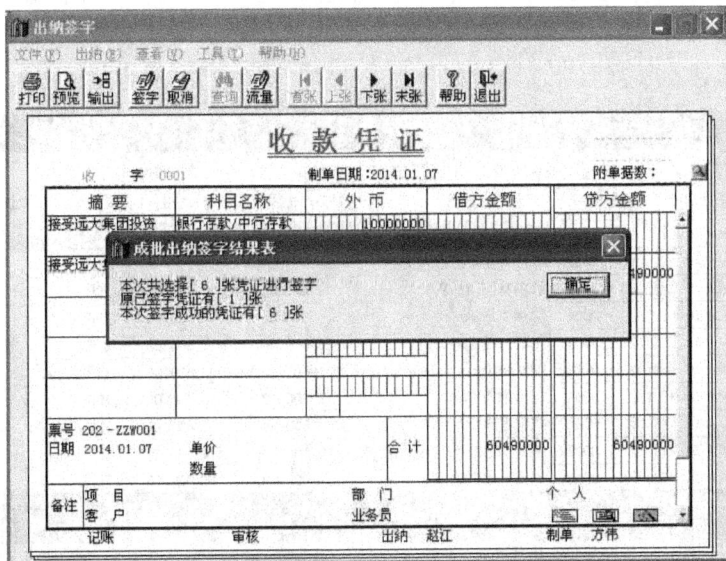

图 3 – 51 成批出纳签字之二

注意:

涉及指定为库存现金科目和银行科目的凭证才需出纳签字。

凭证一经签字,就不能被修改、删除,只有取消签字后才可以修改或删除,取消签字只能由出纳自己进行。

凭证签字并非审核凭证的必要步骤。若在设置总账参数时,不选择"出纳凭证必须经由出纳签字",则可以不执行"出纳签字"功能。

任务3　审核凭证

重新注册，用账套主管"101 王维"登录，密码"1"，账套"〔123〕天津海河有限公司"，会计年度"2014"，操作日期"2014-01-31"。

选择菜单栏"总账"→"凭证"→"审核凭证"命令，打开"凭证审核"查询条件对话框，如图3-52所示。

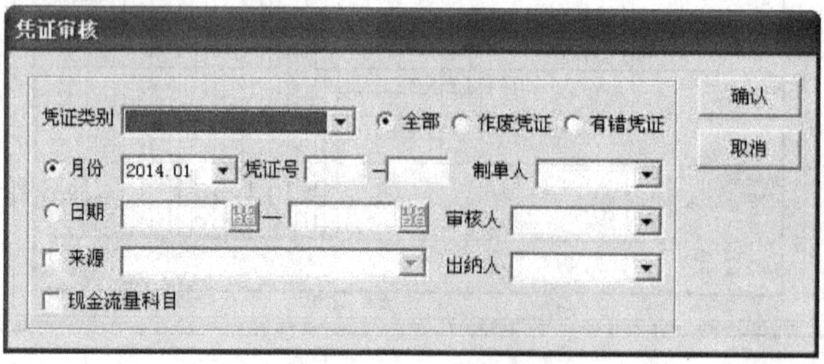

图3-52　"凭证审核"查询

输入查询条件，单击"确认"按钮，进入"凭证审核"的凭证列表对话框，如图3-53所示。

凭证共 10 张　□已审核 0 张　□未审核 10 张

制单日期	凭证编号	摘要	借方金额合计	贷方金额合计	制单人	审核人
2014.01.07	收-0001	接受远大集团投资	604,900.00	604,900.00	方伟	
2014.01.12	收-0002	收回万全学校前欠货款	99,600.00	99,600.00	方伟	
2014.01.14	收-0003	收白杨回预借款	200.00	200.00	方伟	
2014.01.02	付-0001	购买广告纸	300.00	300.00	方伟	
2014.01.03	付-0002	提取备用金	20,000.00	20,000.00	方伟	
2014.01.08	付-0003	购买原纸	292,500.00	292,500.00	方伟	
2014.01.16	付-0004	支付招待费	1,200.00	1,200.00	方伟	
2014.01.14	转-0001	报销差旅费	1,800.00	1,800.00	方伟	
2014.01.21	转-0002	生产领用原纸	25,000.00	25,000.00	方伟	
2014.01.25	转-0003	销售普通白纸	117,000.00	117,000.00	方伟	

对照式审核　取消审核　打印　打印预览　确定　退出

图3-53　"凭证审核"列表

双击要审核的凭证或单击"确定"按钮，进入"凭证审核"对话框。检查要审核的凭证，无误后，单击"审核"按钮，凭证底部的审核处自动签上审核人姓名，单击"下张"按钮，对其他凭证签字。或者选择"审核"→"成批审核凭证"，所有凭证将一起完成审核，然后显示"成批审核结果表"，单击"确定"，最后单击"退出"按钮，如图3-54、图3-55所示。

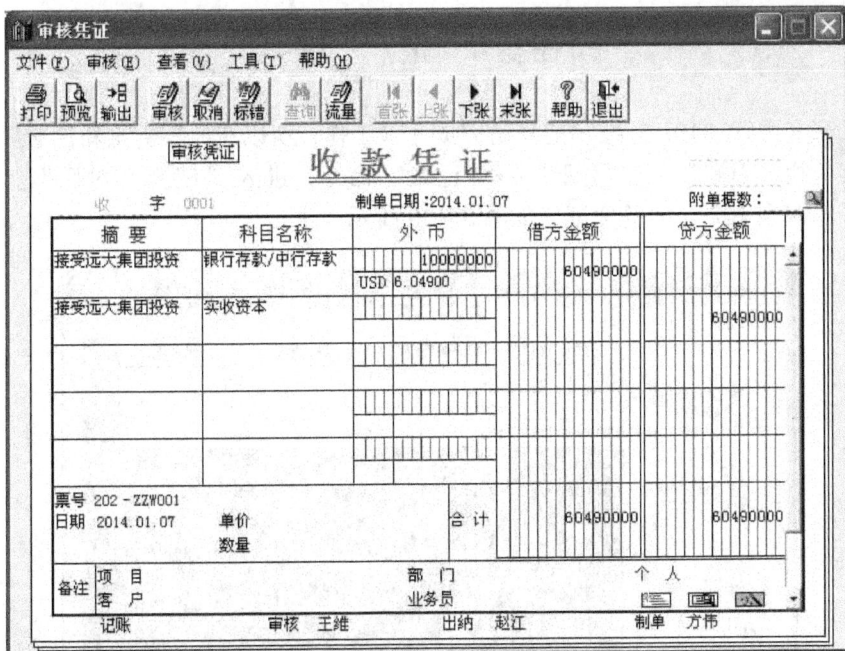

图 3 - 54　单张凭证审核

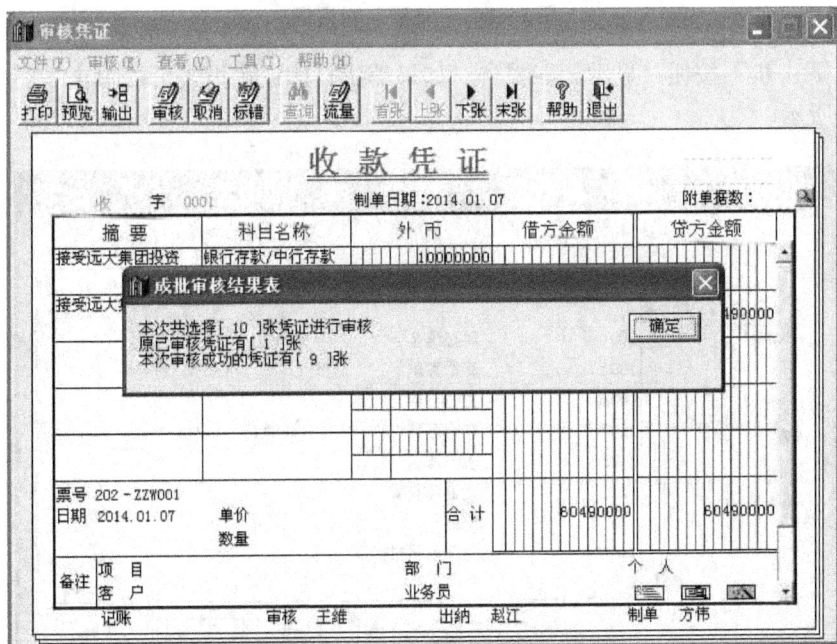

图 3 - 55　成批凭证审核

注意：

作废凭证不能被审核，也不能被标错。

审核人和制单人不能是同一个人，凭证一经审核，就不能被修改、删除，只有取消审核签字后才可修改或删除，已标记作废的凭证不能被审核，需先取消作废标记后才能审核。

任务4 记 账

仍然以账套主管"101 王维"的身份完成此项工作，所以在此不需重新注册。

选择菜单栏"总账"→"凭证"→"记账"命令，进入"记账"对话框。单击"全选"按钮，选择所有要记账的凭证，如图3-56所示。

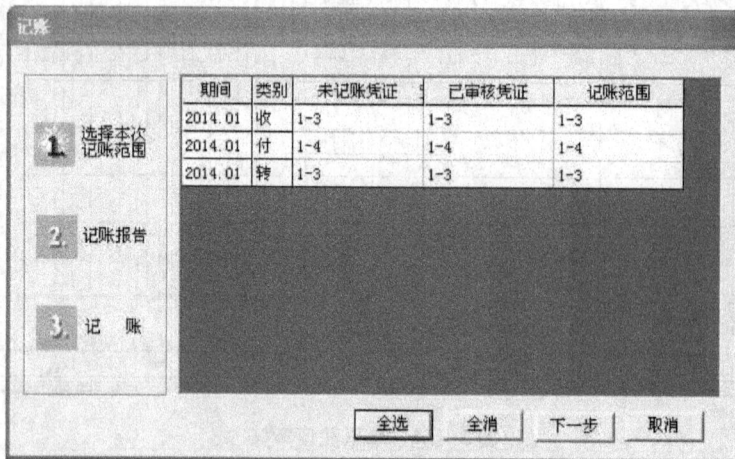

图3-56 "记账"对话框

单击"下一步"按钮，显示记账报告。如果需要打印记账报告，可单击"打印"按钮，如图3-57所示。

图3-57 记账报告

如果不打印记账报告，单击"下一步"按钮，单击"记账"按钮，如图3-58所示。

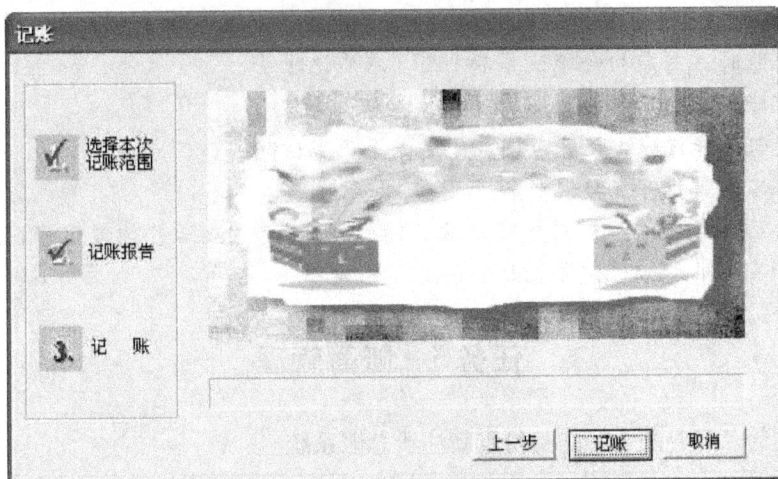

图 3-58　记账

打开"期初试算平衡表"对话框，单击"确认"按钮，如图 3-59 所示。

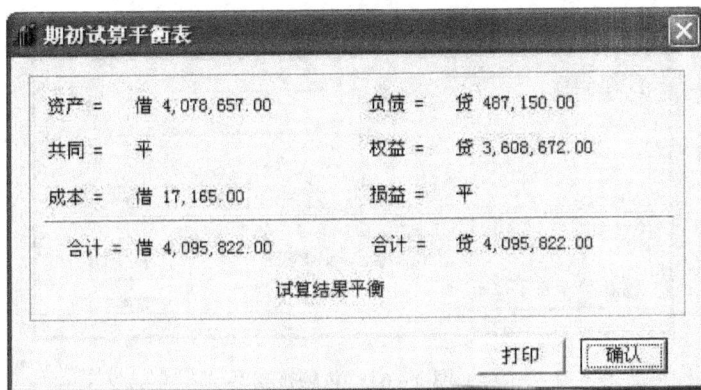

图 3-59　期初试算平衡表

系统开始登录有关总账和明细账、辅助账。登记完成后，弹出"记账完毕！"信息提示对话框。单击"确定"按钮，记账完毕，如图 3-60 所示。

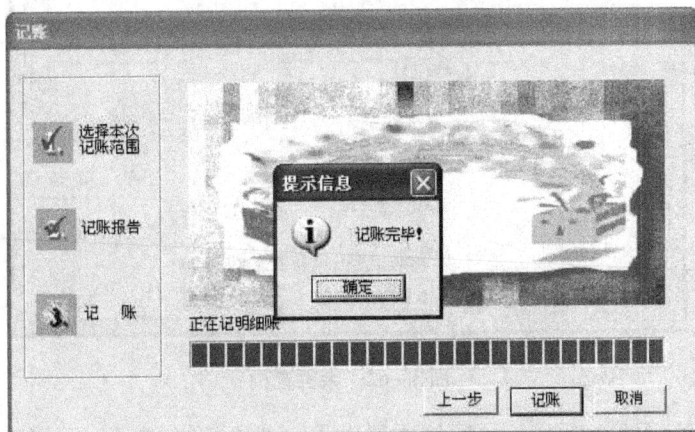

图 3-60　记账完毕

注意：

第一次记账时，若期初余额试算不平衡，不能记账。

上月未记账，本月不能记账。

未审核凭证不能记账，记账范围应小于等于已审核范围。

作废凭证不需审核可直接记账。

如果需要反记账操作，在对账窗口按"Ctrl + H"键，激活"恢复记账前状态"功能。只有账套主管有权限进行"恢复记账前状态"的操作。

任务5 账簿管理

以账套主管"101 王维"的身份重新注册总账系统。

1. 查询基本会计核算账簿

（1）选择菜单栏"总账"→"账簿查询"→"总账"命令，查询总账，如图3－61所示。

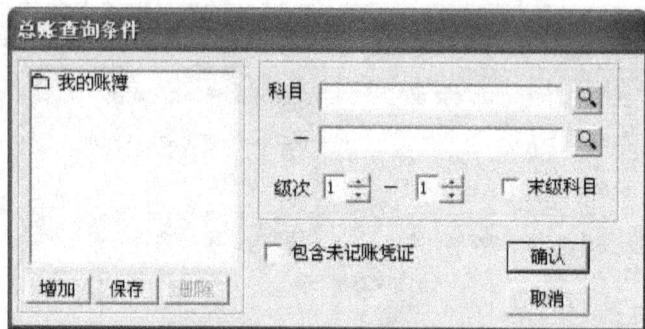

图 3－61 总账查询

（2）选择菜单栏"总账"→"账簿查询"→"余额表"命令，查询发生额及余额表，如图3－62所示。

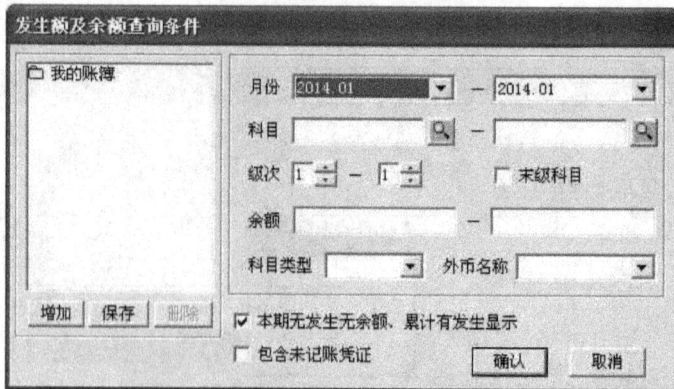

图 3－62 余额查询

（3）选择菜单栏"总账"→"账簿查询"→"明细账"命令，查询月份综合明细账，如图3－63所示。

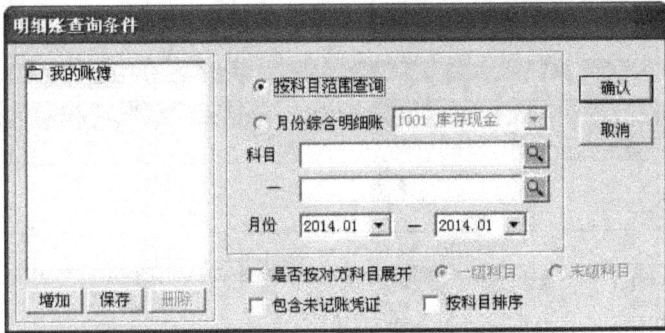

图 3 – 63　明细账查询

（4）选择菜单栏"总账"→"账簿查询"→"多栏账"命令，查询本月管理费用的多栏账。进入"多栏账"对话框，单击"增加"按钮，进入"多栏账定义"对话框。在此对话框中选择"核算科目"为"管理费用"，定义多栏账名称为"管理费用多栏账"，单击"自动编制"按钮进行"栏目定义"，系统会按照管理费用的明细科目自动生成栏目，单击"确定"按钮，如图 3 – 64 所示。

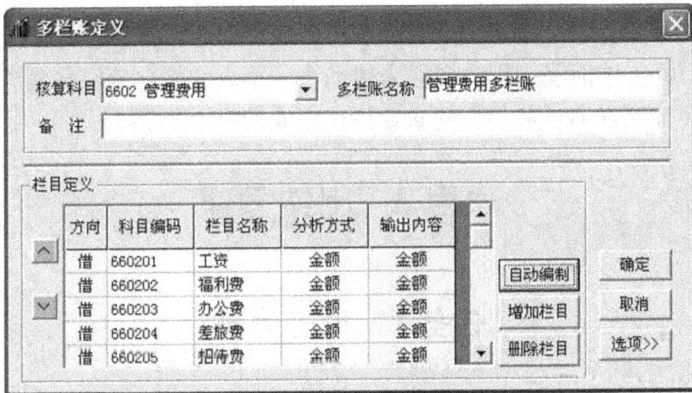

图 3 – 64　多栏账定义

在"多栏账"对话框中，单击"查询"按钮，显示"多栏账查询"对话框，如图 3 – 65所示。

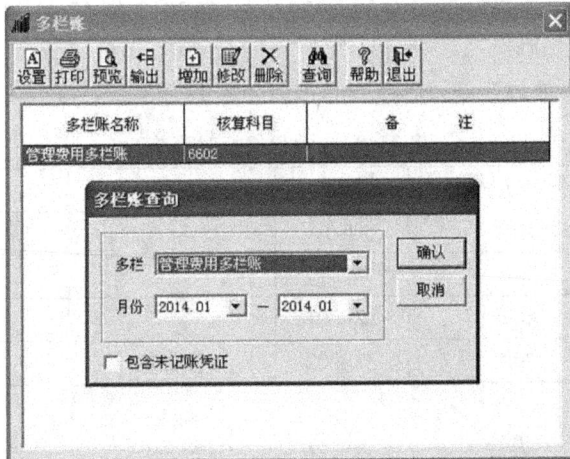

图 3 – 65　多栏账查询

单击"确认"按钮，进入可查询"管理费用"的多栏账，如图 3-66 所示。

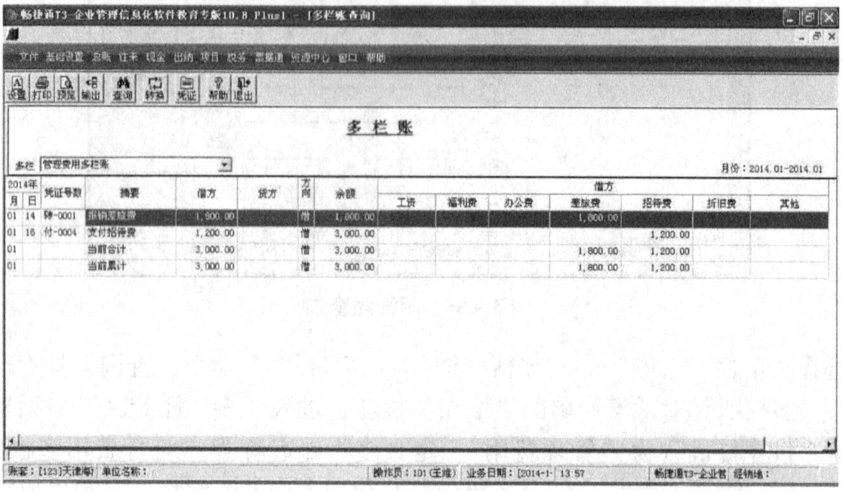

图 3-66 多栏账

2. 其他账簿的查询

部门账、客户往来辅助账、供应商往来辅助账、个人往来账等账簿的查询与基本账的查询基本相同，只要按照查询要求和查询向导逐步完成即可。

项目 3 出纳管理

任务 1 银行对账

1. 工作资料

（1）银行对账期初。

海河公司银行账的启用日期为 2014-01-01，工行人民币户企业日记账调整前余额为 335 329 元，银行对账单调整前余额为 375 329 元，有 2013 年 12 月 31 日未达账项一笔，系银行已收企业未收款 40 000 元。

（2）银行对账单，如表 3-9 所示。

表 3-9　1 月份银行对账单

日期	结算方式	票号	借方金额	贷方金额
2014.01.03	201	XJ001		20 000
2014.01.07				60 000
2014.01.10	202	ZZR001		292 500
2014.01.14	202	ZZR002	99 600	

2. 工作指导

引入上一个项目的备份数据，以出纳"102 赵江"的身份进入总账系统，操作日期是

2014 年 1 月 31 日，按照上述资料完成出纳管理工作。

（1）输入银行对账期初余额。

①选择菜单栏"现金"→"设置"→"银行期初录入"命令，打开"银行科目选择"对话框，如图 3 - 67 所示。

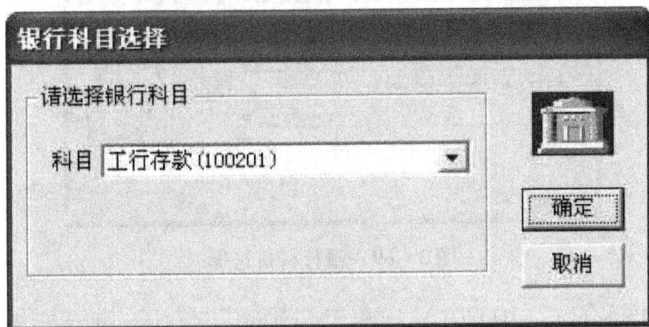

图 3 - 67　"银行科目选择"对话框

②选择科目"工行存款（100201）"，单击"确定"按钮，进入"银行对账期初"窗口。确定启用日期"2014.01.01"。输入单位日记账的调整前余额"335 329"；输入银行对账单的调整前余额"375 329"。单击"对账单期初未达项"按钮，进入"银行方期初"窗口。单击"增加"按钮，输入日期"2013.12.31"，借方金额"40 000"。单击"保存"按钮，单击"退出"按钮，如图 3 - 68 所示。

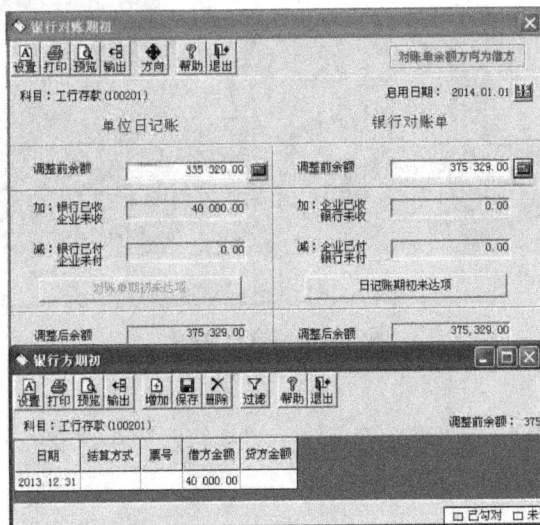

图 3 - 68　银行对账期初

注意：

第一次使用银行对账功能前，系统要求录入日记账及对账单未达账项，在开始使用银行对账之后不再使用。

录入单位日记账、银行对账单期初未达账项后，请不要随意调整启用日期，尤其是向前调，这样可能会造成启用日期后的期初数不能再参与对账。

（2）录入银行对账单。

①选择菜单栏"现金"→"现金管理"→"银行账"→"银行对账单"命令，打开"银行科目选择"对话框，如图3-69所示。

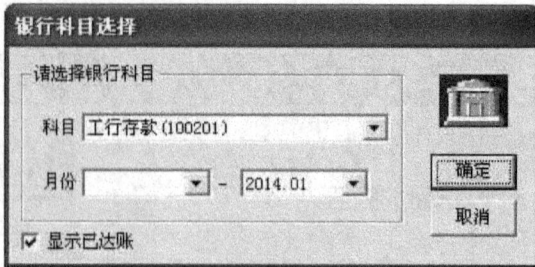

图3-69　银行科目选择

②选择科目"工行存款（100201）"，单击"确定"按钮，进入"银行对账单"窗口。单击"增加"按钮，输入银行对账单数据，单击"保存"按钮，如图3-70所示。

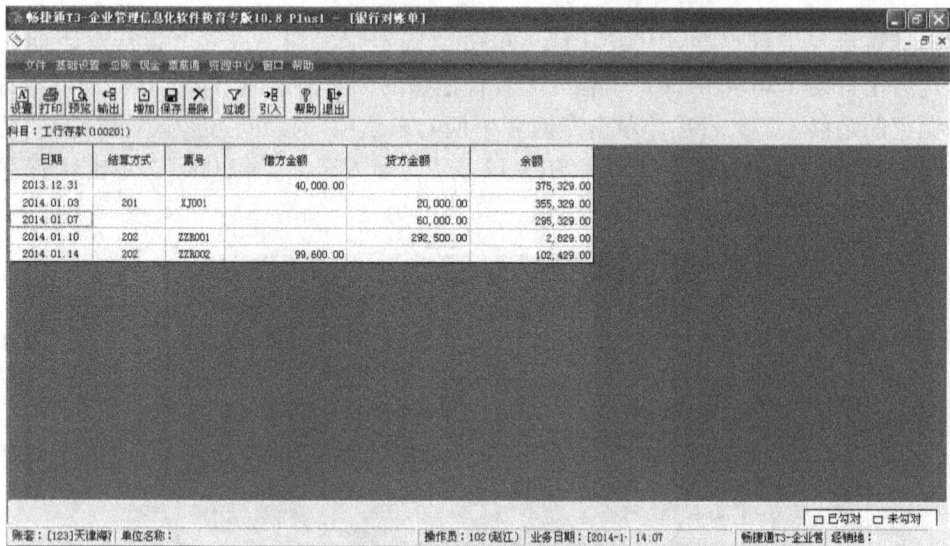

日期	结算方式	票号	借方金额	贷方金额	余额
2013.12.31			40,000.00		375,329.00
2014.01.03	201	XJ001		20,000.00	355,329.00
2014.01.07				60,000.00	295,329.00
2014.01.10	202	ZZR001		292,500.00	2,829.00
2014.01.14	202	ZZR002	99,600.00		102,429.00

图3-70　银行对账单

（3）银行对账。

①选择菜单栏"现金"→"现金管理"→"银行账"→"银行对账"命令，打开"银行科目选择"对话框，如图3-71所示。

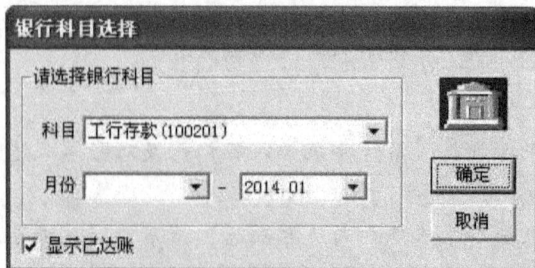

图3-71　银行科目选择

②选择科目"工行存款（100201）"，单击"确定"按钮，进入"银行对账"对话框，单击"对账"按钮，打开"自动对账"条件对话框。输入截止日期"2014.01.31"，默认系统提供的其他对账条件，如图 3 - 72 所示。

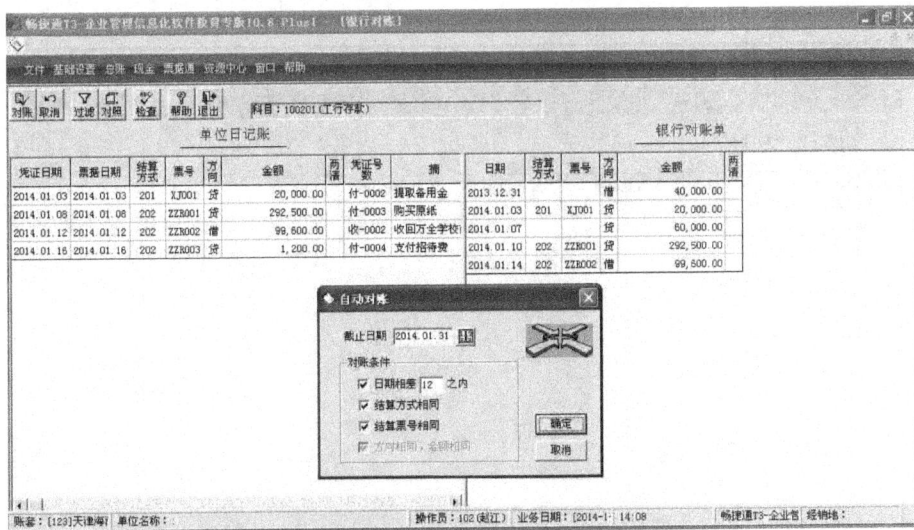

图 3 - 72 银行对账

③单击"确定"按钮，显示自动对账结果，如图 3 - 73 所示。

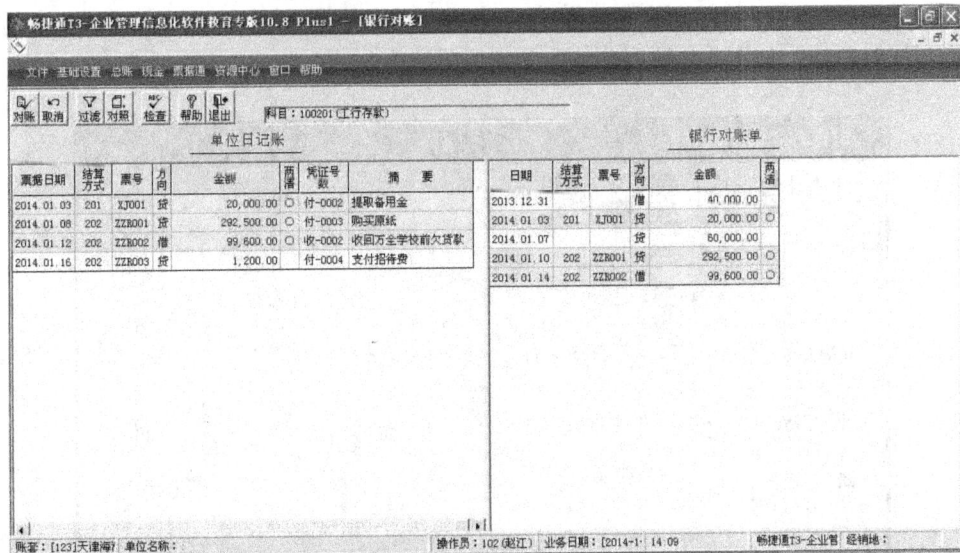

图 3 - 73 自动对账

任务 2 余额调节表查询

1. 工作资料

引入上一项目备份数据，查看余额调节表。

2. 工作指导

（1）选择菜单栏"现金"→"现金管理"→"银行账"→"余额调节表查询"命令，打开"银行存款余额调节表"窗口，如图 3 - 74 所示。

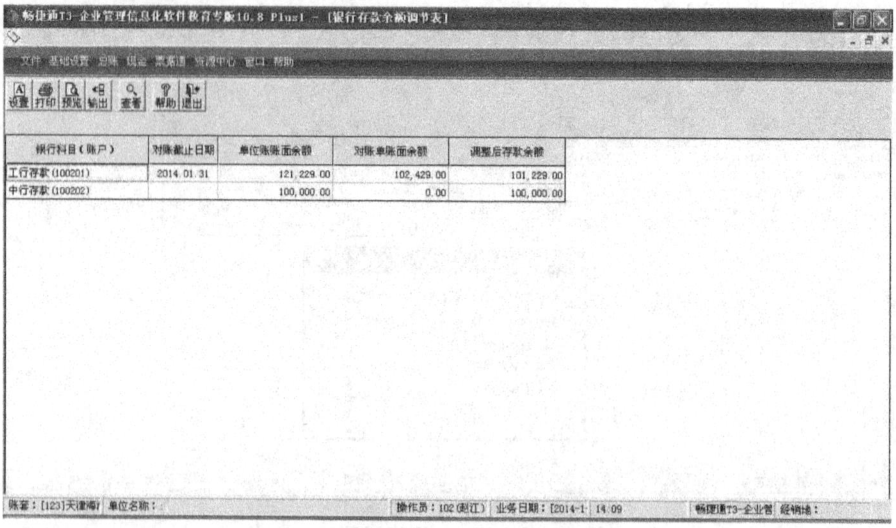

图 3 - 74　"银行存款余额调节表"窗口

（2）单击"工行存款"所在行，单击"查看"按钮，即可看到工行存款"银行存款余额调节表"对话框，如图 3 - 75 所示。

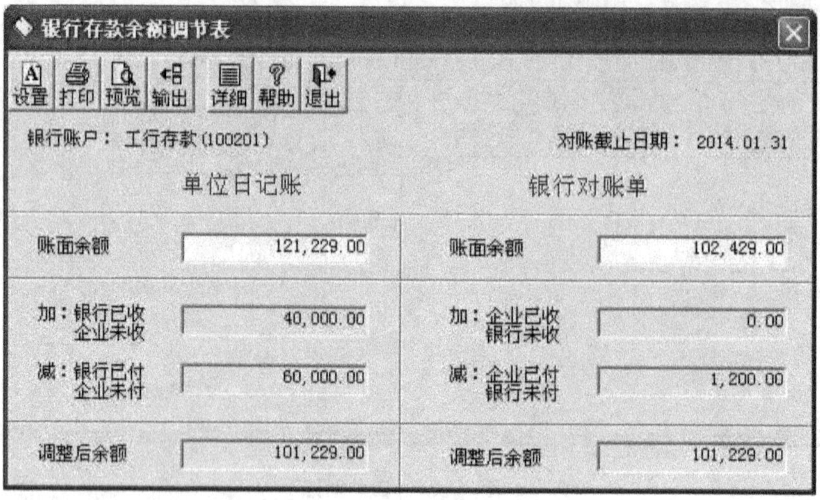

图 3 - 75　"银行存款余额调节表"对话框

（3）单击"详细"按钮，打开"余额调节表（详细）"窗口，如图 3 - 76 所示。

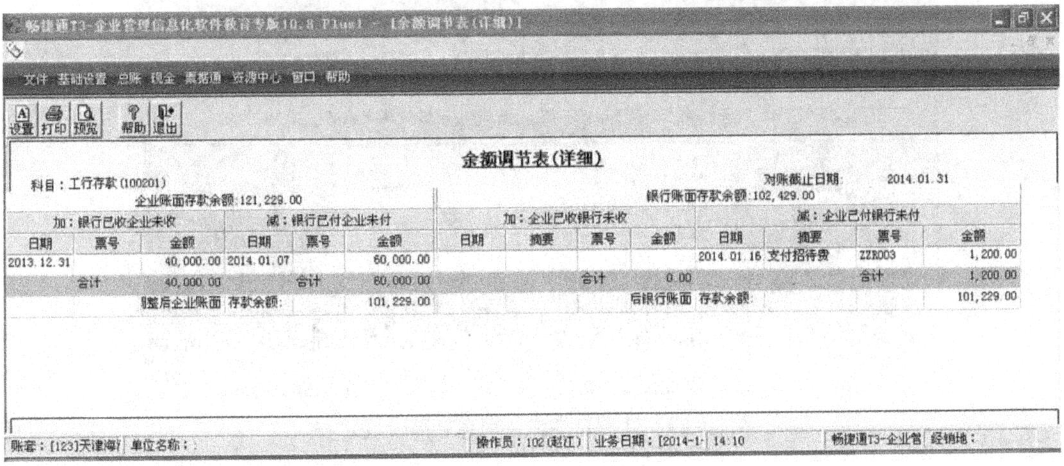

图 3-76 "余额调节表(详细)"窗口

项目 4 总账系统期末业务处理

任务 1 转账定义

1. 工作资料

(1) 自定义结转：计提短期借款利息(年利率8%)。

借：财务费用(6603)　　　取对方科目计算结果

　　贷：应付利息(2231)　短期借款科目的贷方期末余额×8%/12

(2) 结转汇兑损益(期末汇率1:6.211)。

(3) 期间损益结转。

(4) 计提企业所得税费用(企业所得税税率25%)。

(5) 结转企业所得税费用至本年利润。

2. 工作指导

引入上一个项目的备份数据，以总账会计"103方伟"身份进入总账系统，操作日期是2014年1月31日，按照上述资料完成总账系统期末业务处理工作。

(1) 转账定义——计提短期借款利息。

①选择菜单栏"总账"→"期末"→"转账定义"→"自定义转账"命令，进入"自动转账设置"对话框。单击"增加"按钮，打开"转账目录"设置对话框，输入转账序号"0001"，转账说明"计提短期借款利息"；选择凭证类别"转账凭证"，如图3-77所示。

②单击"确定"按钮，继续定义转账凭证分录信息。

③确定分录的借方信息。选择科目编码"6603"，方向为"借"，输入金额公式取对方科目计算结果"JG( )"。

④确定分录的贷方信息。单击"增行"按钮。选择科目编码"2231"，方向为"贷"，输入金额公式"QM(2001，月，贷)＊0.08/12。"

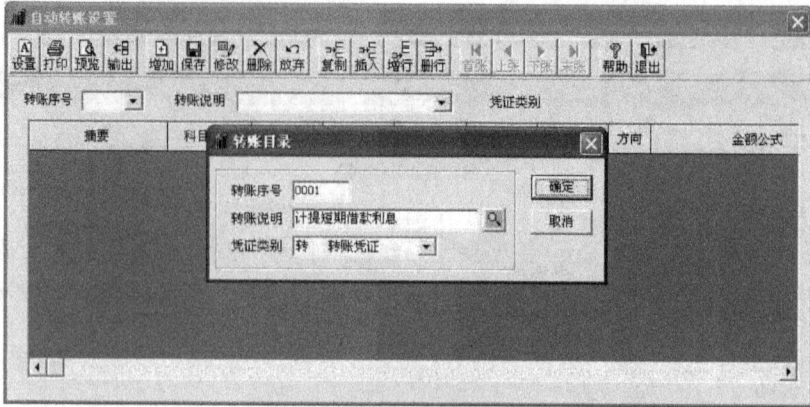

图3-77　计提短期借款利息转账设置之一

⑤单击"保存"按钮，如图3-78所示。

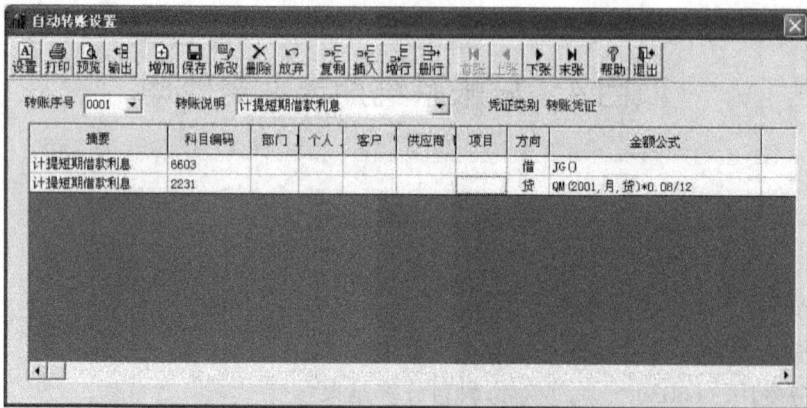

图3-78　计提短期借款利息转账设置之二

（2）转账定义——汇兑损益结转设置。

①以账套主管"101 王维"的身份进入总账系统，操作日期是2014年1月31日。打开"外币设置"对话框，将"美元"的期末调整汇率设置为6.211，如图3-79所示。

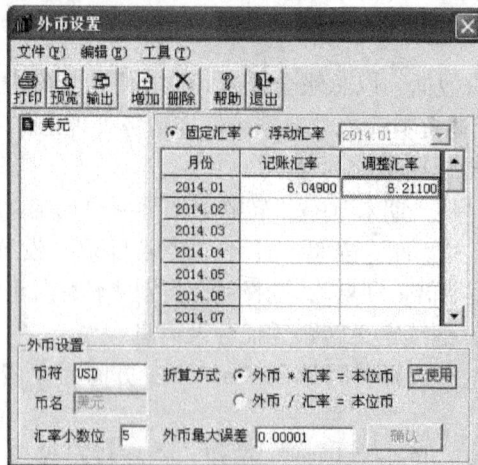

图3-79　设置期末调整汇率

②重新注册总账系统，以总账会计"103 方伟"的身份进入，操作日期是 2014 年 1 月 31 日。

③选择菜单栏"总账"→"期末"→"转账定义"→"汇兑损益"命令，进入"汇兑损益结转设置"对话框。选择凭证类别"收款凭证"，选择汇兑损益入账科目为"6603"，选择进行汇兑损益。单击"确定"按钮，如图 3 - 80 所示。

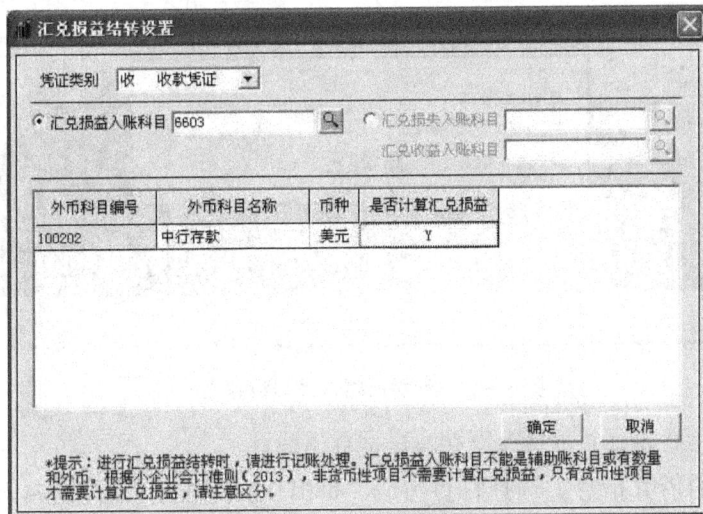

图 3 - 80　汇兑损益结转设置

（3）转账定义——期间损益结转设置。

选择菜单栏"总账"→"期末"→"转账定义"→"期间损益"命令，进入"期间损益结转设置"窗口。选择凭证类别"转账凭证"，选择本年利润科目"4103"，单击"确定"按钮，如图 3 - 81 所示。

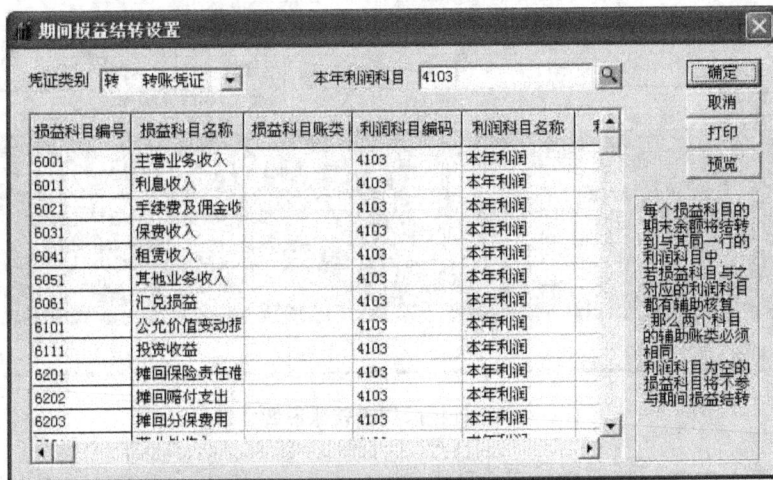

图 3 - 81　期间损益结转设置

（4）转账定义——计提所得税。

①选择菜单栏"总账"→"期末"→"转账定义"→"自定义转账"命令，进入"自

动转账设置"对话框；单击"增加"按钮，打开"转账目录"设置对话框。输入转账序号"0002"，转账说明"计提所得税费用"；选择凭证类别"转账凭证"，如图3-82所示。

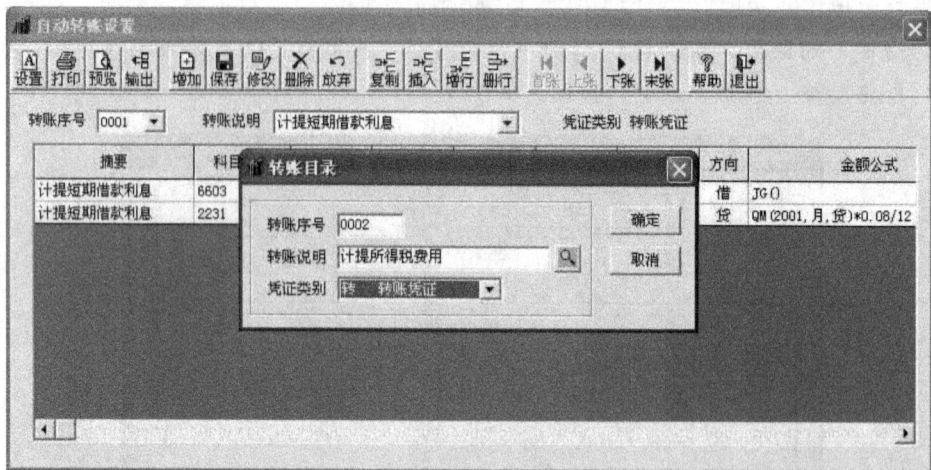

图3-82 计提所得税转账设置之一

②单击"确定"按钮，继续定义转账凭证分录信息。

③确定分录的借方信息。选择科目编码"6801"，方向为"借"，输入金额公式"JE（4103，月）＊0.25"。

④确定分录的贷方信息。单击"增行"按钮。选择科目编码"222106"，方向为"贷"，输入金额公式"CE（）"。

⑤单击"保存"按钮，如图3-83所示。

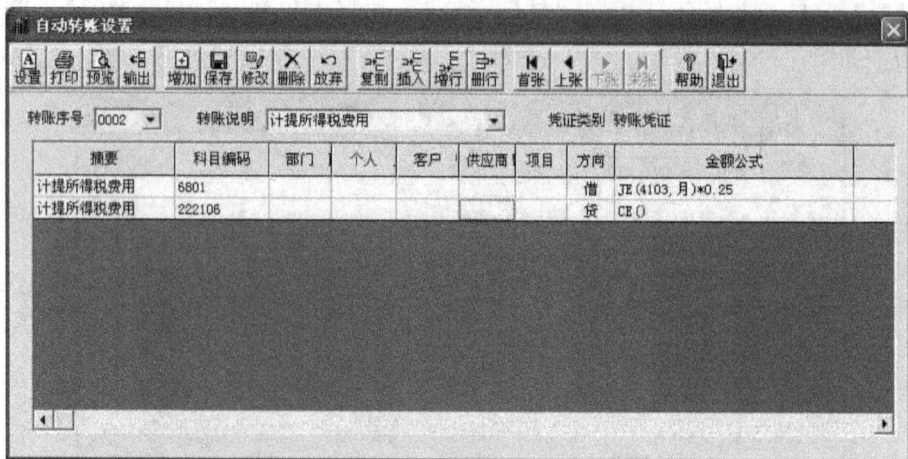

图3-83 计提所得税转账设置之二

（5）转账定义——结转所得税至本年利润。

选择菜单栏"总账"→"期末"→"转账定义"→"对应结转"命令，进入"对应结转设置"对话框。输入编号"0001"，选择凭证类别"转账凭证"，输入摘要"结转所得税至本年利润"，输入转出科目编码"6801"，单击"增行"按钮，在新增的行中输入转入科目编码"4103"，单击"保存"按钮，如图3-84所示。

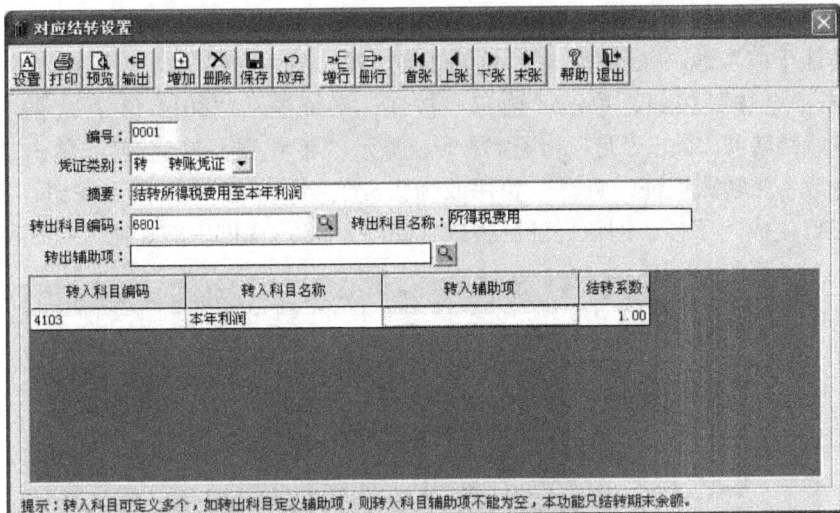

图 3-84　计提所得税转账设置之三

任务 2　转账生成

仍然以总账会计"103 方伟"的身份完成此项工作。

（1）计提短期借款利息凭证的生成。

选择菜单栏"总账"→"期末"→"转账生成"命令，进入"转账生成"窗口。单击"自定义转账"单选按钮，选择"计提短期借款利息"，单击"确定"按钮，生成转账凭证。单击"保存"按钮，系统自动将当前凭证追加到未记账凭证中，如图 3-85 所示。

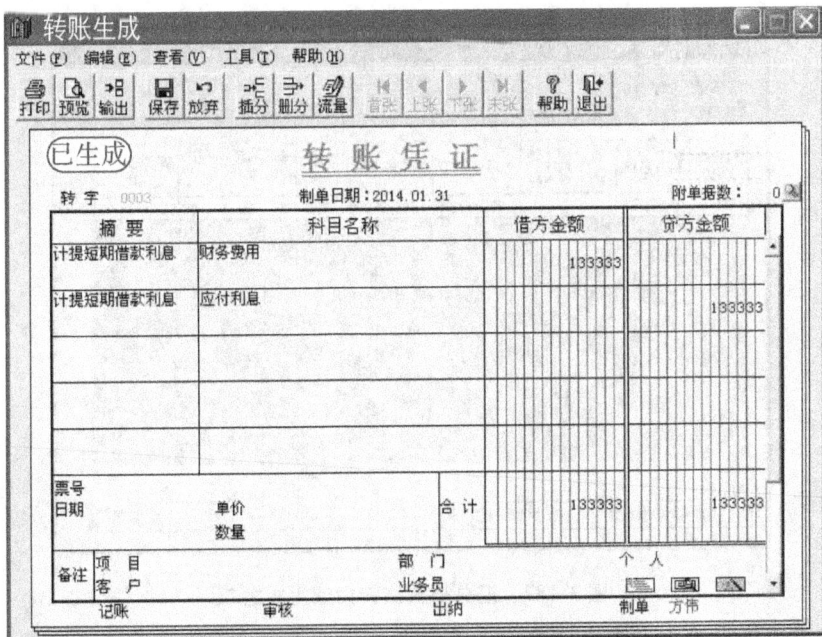

图 3-85　计提短期借款利息凭证的生成

（2）结转汇兑损益凭证生成。

在"转账生成"窗口，单击"汇兑损益结转"单选按钮，选择外币币种为"美元USD"，单击"全选"按钮，单击"确定"按钮，系统提示"2014.01 月之前有未记账凭证，是否继续结转？"单击"是"，继续结转，显示"汇兑损益试算表"，单击"确定"按钮。之后生成一张转账凭证，将财务费用改为借方红字，单击"保存"按钮，在凭证的左上角显示"已生成"字样，即该凭证已生成，如图3-86、图3-87、图3-88所示。

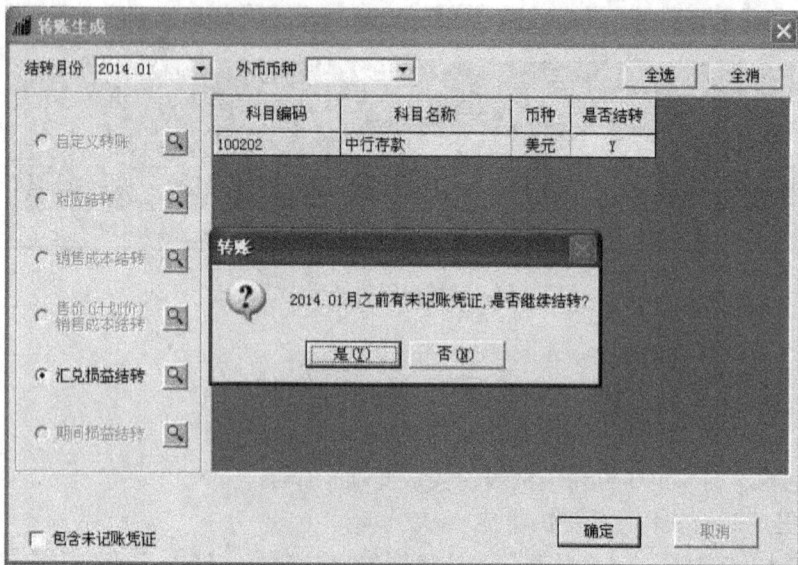

图3-86　汇兑损益结转凭证生成之一

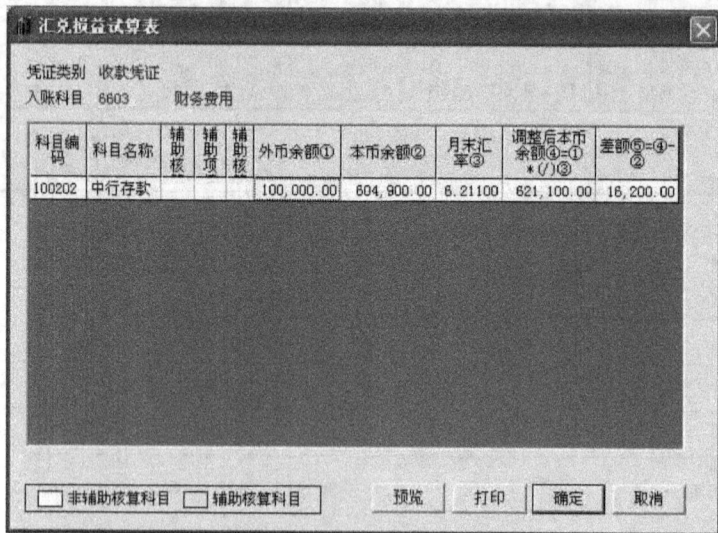

图3-87　汇兑损益结转凭证生成之二

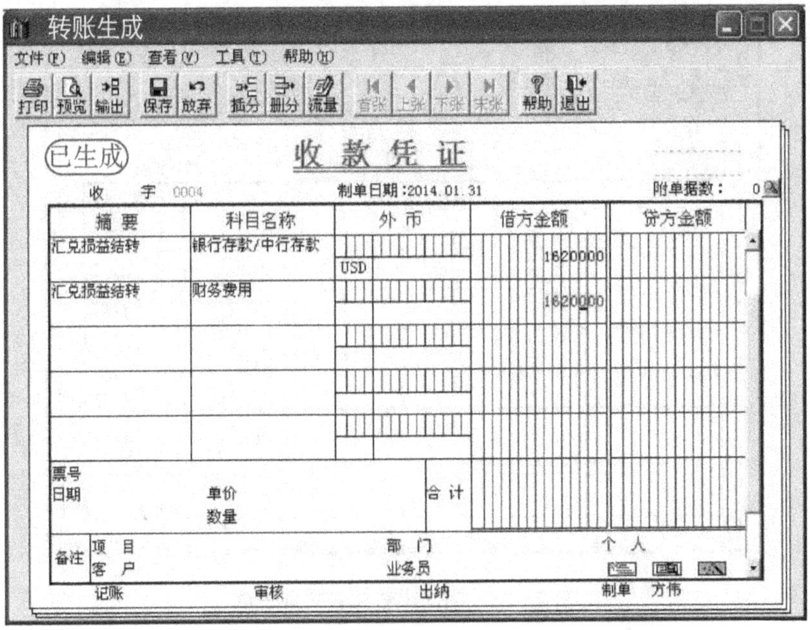

图 3-88 汇兑损益结转凭证生成之三

注意：因为汇率上升，持有外币会获得汇兑收益，系统自动贷记财务费用，需将其改为借方红字。

以出纳"102 赵江"的身份进入总账系统，操作日期是 2014 年 1 月 31 日，对上述两张转账生成凭证进行出纳签字。

再以账套主管"101 王维"的身份进入总账系统，操作日期是 2014 年 1 月 31 日，对上述两张已进行出纳签字的转账生成凭证进行审核和记账。

（3）结转期间损益凭证生成。

注意：在进行期间损益结转之前，要将之前所有凭证全部审核、记账，再进行结转。若没有进行记账操作，就需要在"转账生成"对话框中选中"包含未记账凭证"复选框，以便将未记账凭证一并结转。

重新注册总账系统，以总账会计"103 方伟"的身份进入，操作日期是 2014 年 1 月 31 日。在"转账生成"窗口单击"期间损益结转"单选按钮，选择类型"全部"（或"收入""支出"），单击"确定"按钮，生成转账凭证。单击"保存"按钮，系统自动将当前凭证追加到未记账凭证中，如图 3-89 所示。

以账套主管"101 王维"的身份进入总账系统，操作日期是 2014 年 1 月 31 日，进行审核和记账。

（4）计提所得税凭证的生成。

重新注册总账系统，以总账会计"103 方伟"的身份进入，操作日期是 2014 年 1 月 31 日。选择菜单栏"总账"→"期末"→"转账生成"命令，进入"转账生成"窗口。单击"自定义转账"单选按钮，选择"计提所得税"，单击"确定"按钮，生成转账凭证。单击"保存"按钮，系统自动将当前凭证追加到未记账凭证中，如图 3-90 所示。

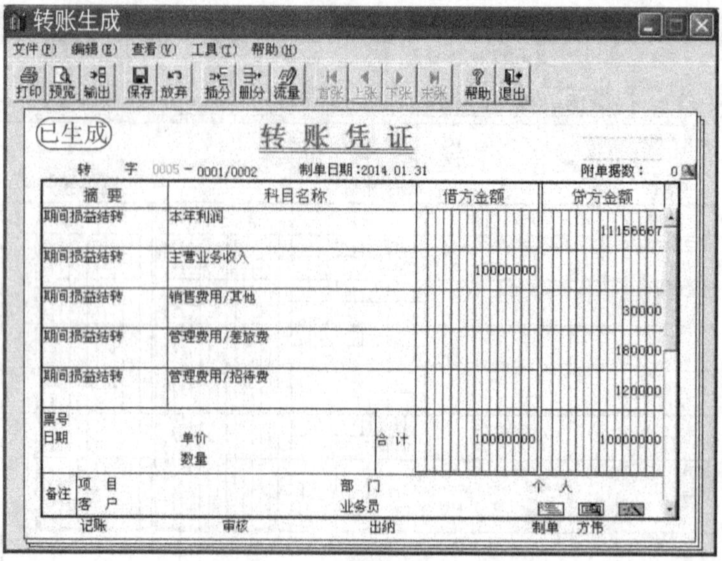

图 3－89　期间损益结转凭证生成

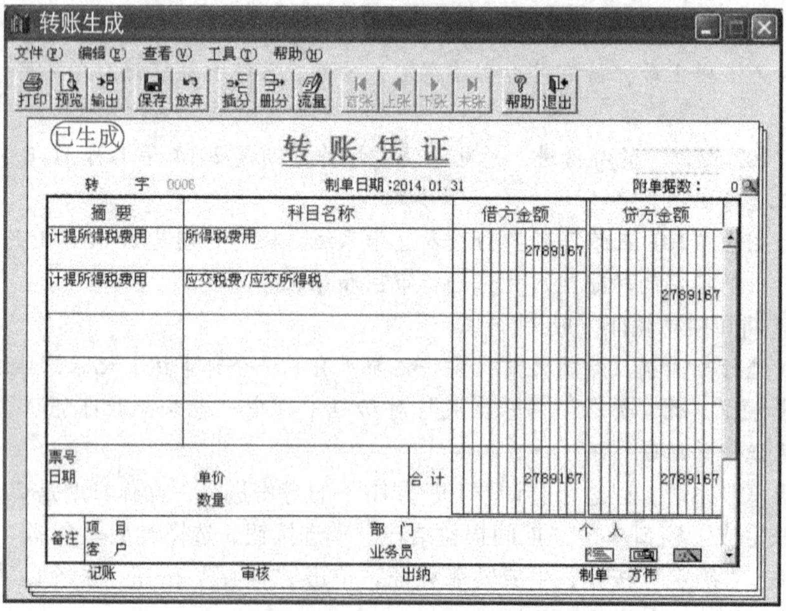

图 3－90　计提所得税结转凭证的生成

以账套主管"101 王维"的身份进入总账系统，操作日期是 2014 年 1 月 31 日，进行审核和记账。

（5）结转所得税凭证的生成。

重新注册总账系统，以总账会计"103 方伟"的身份进入，操作日期是 2014 年 1 月 31 日。选择菜单栏"总账"→"期末"→"转账生成"命令，进入"转账生成"窗口。单击"对应结转"单选按钮，单击"全选"按钮，单击"确定"按钮，生成转账凭证。单击"保存"按钮，系统自动将当前凭证追加到未记账凭证中，如图 3－91 所示。

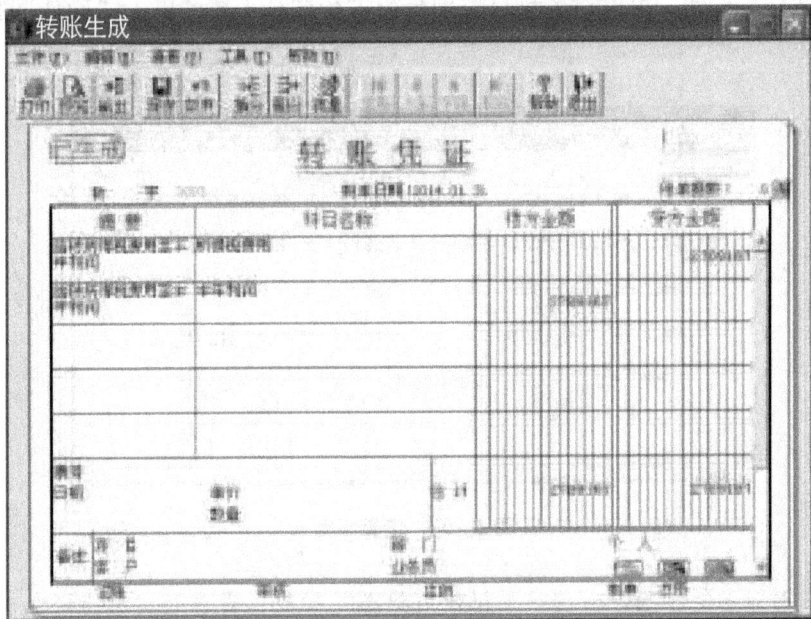

图 3 – 91 所得税结转凭证的生成

以账套主管"101 王维"的身份进入总账系统，操作日期是 2014 年 1 月 31 日，进行审核和记账。

任务 3 对 账

以"103 方伟"的身份重新注册总账系统。

选择"期末"→"对账"命令，进入"对账"窗口。将光标定位在要进行对账的月份"2014.01"，单击"选择"按钮，单击"对账"按钮，开始自动对账，并显示对账结果，如图 3 – 92 所示。

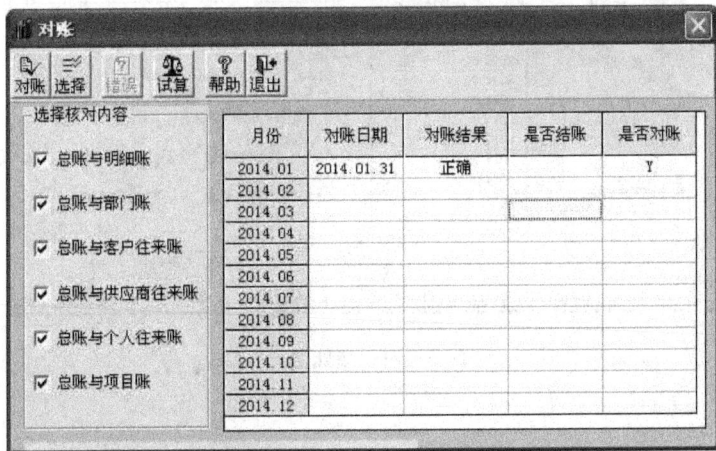

图 3 – 92 对账结果

单击"试算"按钮，可以对各科目类别余额进行试算平衡，单击"确认"按钮，如图 3 - 93 所示。

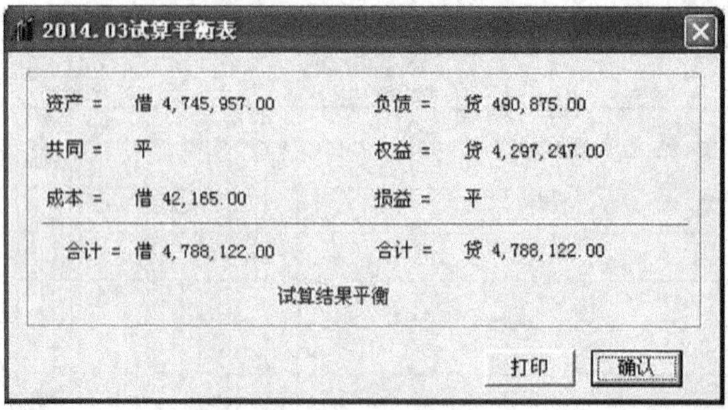

图 3 - 93 试算平衡

注意：在对账功能中隐含着"恢复记账前状态"功能，当对账出现错误或记账有误时，可以在此按"Ctrl + H"键激活"恢复记账前状态"功能，再到"凭证"菜单中调用此功能进行检查、修改，直到对账正确。

任务 4 结 账

选择"期末→结账"命令，进入"结账"对话框，单击要结账月份"2014.01"，单击"下一步"按钮，单击"对账"按钮，系统对要结账的月份进行账账核对，如图 3 - 94、图 3 - 95、图 3 - 96、图 3 - 97 所示。

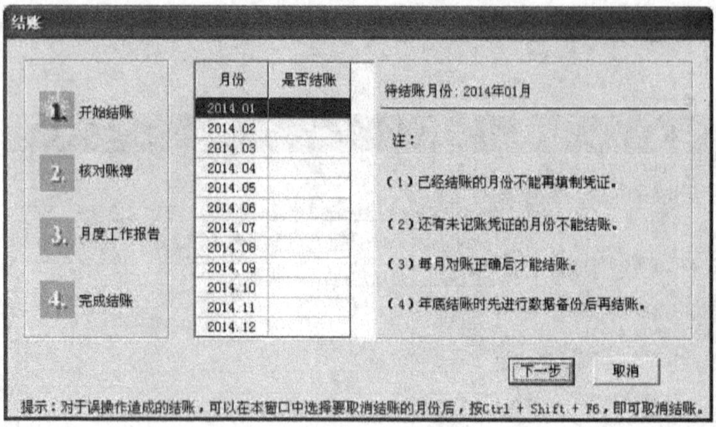

图 3 - 94 结账之一

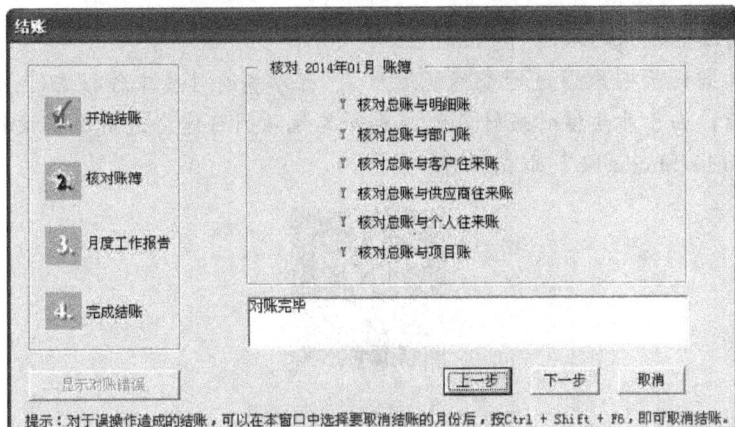

图 3 – 95　结账之二

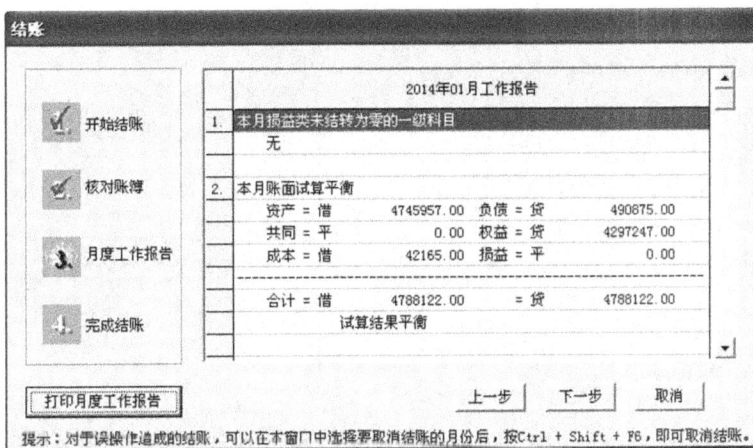

图 3 – 96　结账之三

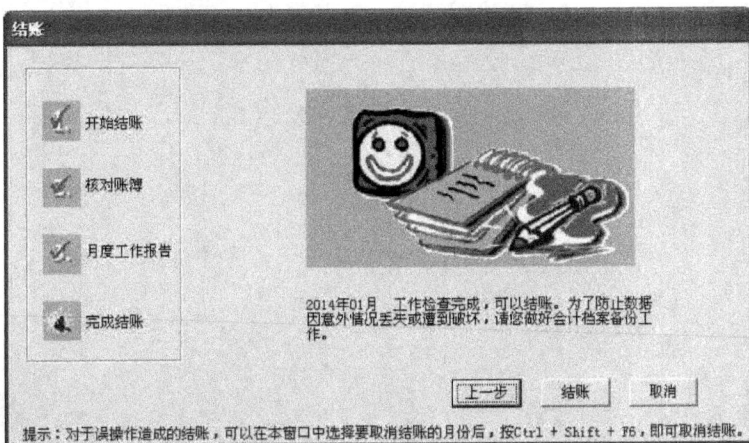

图 3 – 97　结账之四

注意：

结账只能有结账权限的人进行。

进入结账，若提示"未通过检查不能结账"，可以查看月度工作报告仔细查找原因。

当结完账后，由于非法操作或计算机病毒等其他原因可能会造成数据被损坏，这时可以使用功能键"Ctrl + Shift + F6"取消结账。

模块 3　总账系统自测题

财务报表

项目1 利用报表模板功能生成财务报表

任务1 模板生成资产负债表

1. 工作资料

利用模板生成天津海河有限公司2014年1月31日的资产负债表。

2. 工作指导

（1）引入已完成签字、审核、记账、结账的账套，以"101账套主管"登录"信息门户"（T3控制台），在T3控制台主界面左侧单击"财务报表"按钮进入报表系统，然后关闭"日积月累"对话框。

（2）单击"新建"按钮或菜单"文件"→"新建"，新建一个空白的报表文件，如图4-1所示。

（3）选择菜单"格式"→"报表模板"，出现"报表模板"窗口。将所在行业设置为"一般企业（2007年新会计准则）"，将财务报表设置为"资产负债表"，单击"确认"按钮。系统提示是否覆盖报表格式时，单击"确定"按钮即可。此时，会自动显示资产负债表格式。

（4）因为默认的"未分配利润"项目公式未包含"本年利润"科目，因此需做如下修改：双击"未分配利润"期末余额栏，出现公式编辑框，请将公式修改为：QM（"4104"，月,,,年,,）+QM（"4103",月,,,年,,），如图4-2所示。

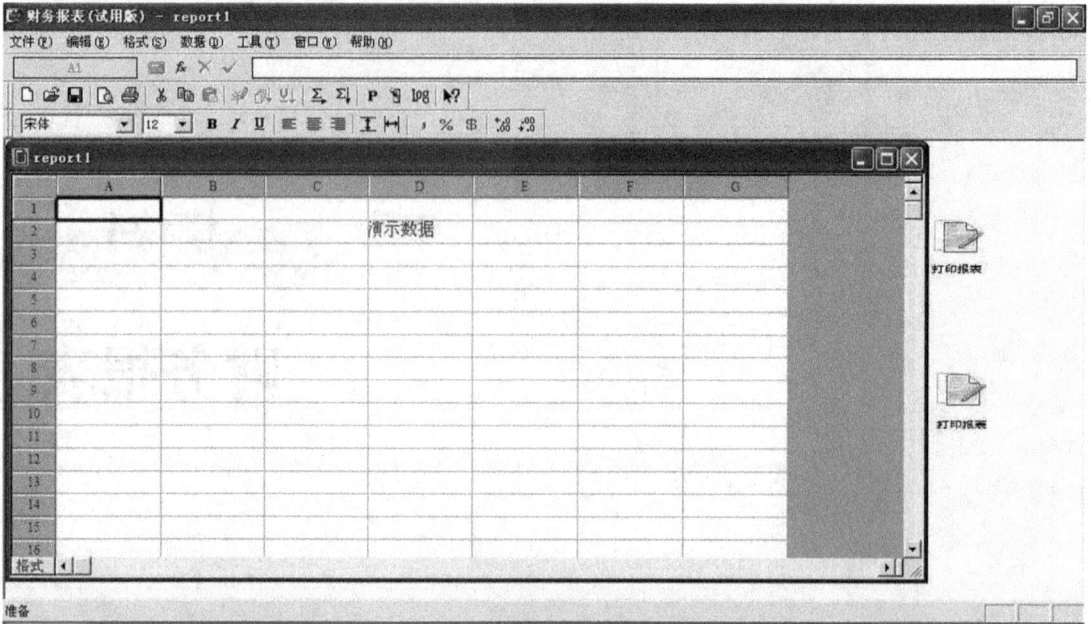

图4-1 新建空白的报表

图4-2 修改公式

（5）单击屏幕左下角红字按钮"格式"，切换至数据状态。出现"是否全表重算"提示，单击"否"（待录入关键字后再重算）。

（6）选择菜单"数据"→"关键字"→"录入"命令，出现"录入关键字"窗口，如图4-3所示。

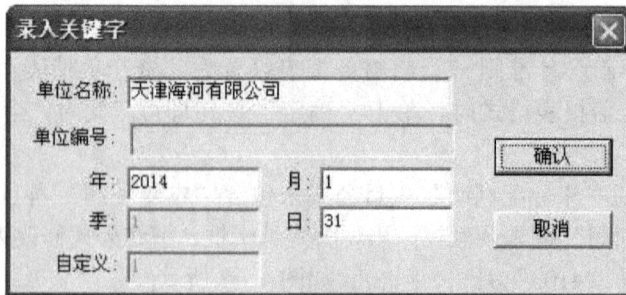

图4-3 录入关键字

录入单位名称，检查年、月、日分别为2014、1、31，单击“确认”按钮。系统询问是否重算表页时，单击“是”按钮，即可生成2014年1月31日的资产负债表，如图4－4所示。

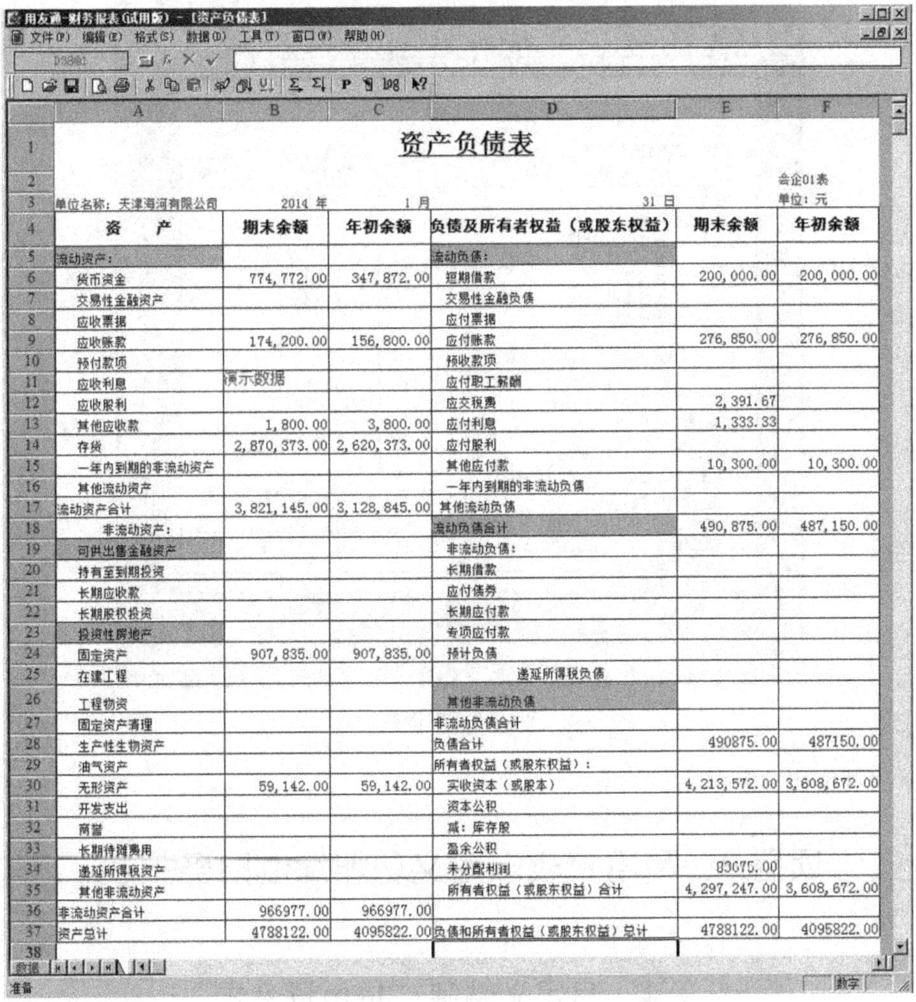

资产负债表

会企01表

单位名称：天津海河有限公司　2014 年　1 月　31 日　单位：元

资　　产	期末余额	年初余额	负债及所有者权益（或股东权益）	期末余额	年初余额
流动资产：			流动负债：		
货币资金	774,772.00	347,872.00	短期借款	200,000.00	200,000.00
交易性金融资产			交易性金融负债		
应收票据			应付票据		
应收账款	174,200.00	156,800.00	应付账款	276,850.00	276,850.00
预付款项			预收款项		
应收利息	演示数据		应付职工薪酬		
应收股利			应交税费	2,391.67	
其他应收款	1,800.00	3,800.00	应付利息	1,333.33	
存货	2,870,373.00	2,620,373.00	应付股利		
一年内到期的非流动资产			其他应付款	10,300.00	10,300.00
其他流动资产			一年内到期的非流动负债		
流动资产合计	3,821,145.00	3,128,845.00	其他流动负债		
非流动资产：			流动负债合计	490,875.00	487,150.00
可供出售金融资产			非流动负债：		
持有至到期投资			长期借款		
长期应收款			应付债券		
长期股权投资			长期应付款		
投资性房地产			专项应付款		
固定资产	907,835.00	907,835.00	预计负债		
在建工程			递延所得税负债		
工程物资			其他非流动负债		
固定资产清理			非流动负债合计		
生产性生物资产			负债合计	490875.00	487150.00
油气资产			所有者权益（或股东权益）：		
无形资产	59,142.00	59,142.00	实收资本（或股本）	4,213,572.00	3,608,672.00
开发支出			资本公积		
商誉			减：库存股		
长期待摊费用			盈余公积		
递延所得税资产			未分配利润	83675.00	
其他非流动资产			所有者权益（或股东权益）合计	4,297,247.00	3,608,672.00
非流动资产合计	966977.00	966977.00			
资产总计	4788122.00	4095822.00	负债和所有者权益（或股东权益）总计	4788122.00	4095822.00

图4－4　资产负债表

（7）单击“保存”按钮或菜单“文件”→“保存”，将资产负债表命名保存。

任务2　模板生成利润表

1. 工作资料

利用模板生成天津海河有限公司2014年1月的利润表。

2. 工作指导

（1）按任务1中（1）、（2）进行操作，出现报表模板窗口时，将财务报表设置为“利润表”。

（2）切换至数据状态，进行关键字录入，确认年、月分别设置为2014、1，单击“确认”按钮。系统询问是否重算表页时，单击“是”按钮，即可生成2014年1月份的利润表，如图4－5所示。

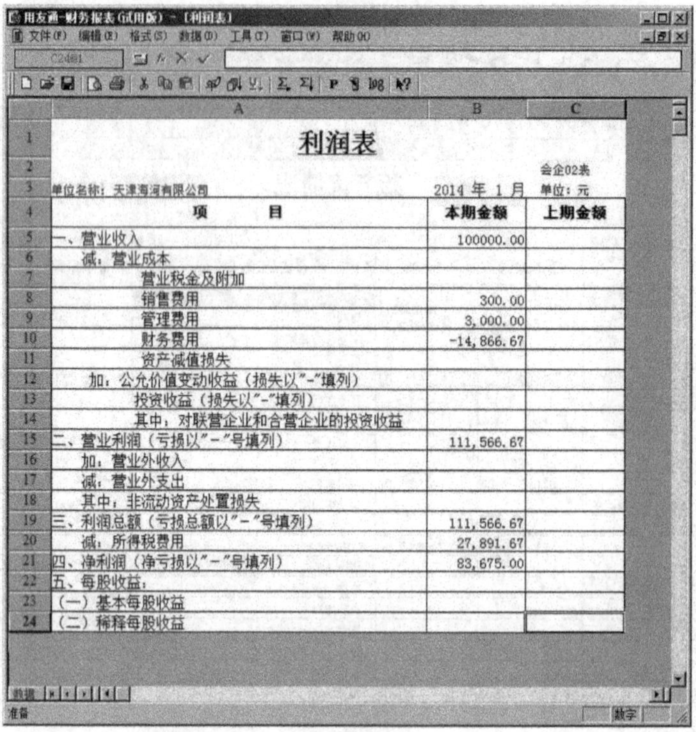

利润表

会企02表

单位名称：天津海河有限公司　　2014 年 1 月　　单位：元

项　　目	本期金额	上期金额
一、营业收入	100000.00	
减：营业成本		
营业税金及附加		
销售费用	300.00	
管理费用	3,000.00	
财务费用	-14,866.67	
资产减值损失		
加：公允价值变动收益（损失以”-”填列）		
投资收益（损失以”-”填列）		
其中：对联营企业和合营企业的投资收益		
二、营业利润（亏损以”－”号填列）	111,566.67	
加：营业外收入		
减：营业外支出		
其中：非流动资产处置损失		
三、利润总额（亏损总额以”－”号填列）	111,566.67	
减：所得税费用	27,891.67	
四、净利润（净亏损以”－”号填列）	83,675.00	
五、每股收益：		
（一）基本每股收益		
（二）稀释每股收益		

图4－5　利润表

（3）将利润表命名保存后关闭。

项目2　利用报表自定义功能编制财务报表

任务1　自定义编制“货币资金表”

1. 工作资料

自定义编制天津海河有限公司2014年1月的“货币资金表”，如表4－1所示。

表4－1　货币资金表

年　　月

项目	期初余额	本期收入	本期支出	期末金额
库存现金				
工行存款				
中行存款人民币				
中行存款美元				
合计				

2. 工作指导

（1）单击"新建"按钮或菜单"文件"→"新建"，新建一个空白的报表文件。

（2）选择菜单"格式"→"表尺寸"，按表 4-1 的格式，将报表设置为 8 行 5 列，如图 4-6 所示。

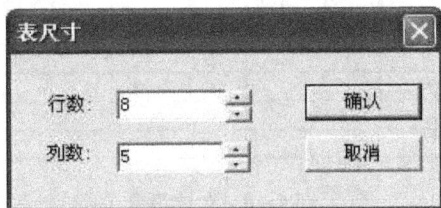

图 4-6　表尺寸

（3）选中 A1：E1 区域，选择菜单"格式"→"组合单元"进行"整体组合"或"按行组合"。

（4）按表 4-1 的内容（除第 2 行）进行文字录入。

（5）将第 2 行"整体组合"后，选择菜单"数据"→"关键字"→"设置"，分别设置"年"关键字和"月"关键字；然后选择"数据"→"关键字"→"偏移"，输入年月关键字的偏移量（向左侧偏移需设置负数），直至显示位置合适为止（年：-180，月：-150）。

（6）选中 A3：E8 区域，选择菜单"格式"→"区域画线"选"网线"确认。

（7）单元公式可在公式编辑框中直接录入或根据函数向导进行设置。以 B4 单元格为例：

选"fx"或按"="，出现"定义公式"窗口；

单击"函数向导"，选择"账务函数"后在"函数名"里选择"期初（QC）"；

单击"下一步"，再单击"参照"，出现"账务函数"窗口，如图 4-7 所示。

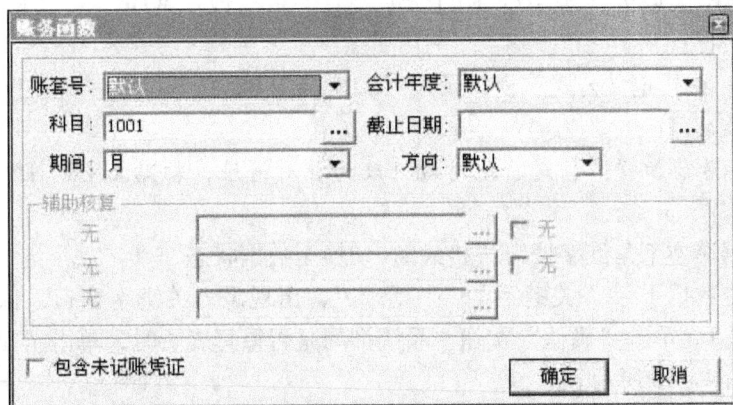

图 4-7　账务函数

确认科目栏为"1001 库存现金"，单击"确定"，再"确定""确认"后返回。B4 单元格会出现"公式单元"字样，如图 4-8 所示。

图4-8 公式设置

双击"公式单元"栏可显示完成的公式设置，如图4-9所示。

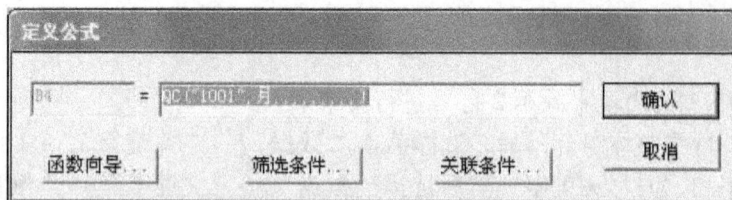

图4-9 库存现金期初余额公式

C4 单元格的公式设置：在上述过程的"函数名"里选择"发生（FS）"；"账务函数"窗口的"方向栏"选"借"，其他相同；

复制 C4 单元格公式至 D4 单元格，将"借"改"贷"；

复制 B4 单元格公式至 E4 单元格，将"QC"改"QM"；

复制 B4：E4 区域公式至 B5：E5 区域，将"1001"改"100201"；

复制 B5：E5 区域公式至 B6：E6 区域，将"100201"改"100202"；

复制 B6：E6 区域公式至 B7：E7 区域，将"QC"改"WQC"、"FS"改"WFS"、"QM"改"WQM"；

B8 单元格，在"定义公式"窗口录入"？B4 +？B5 +？B6"，"确认"后复制粘贴至其他单元格。

注意：列标号前加"？"，是将绝对地址改为相对地址，粘贴至C8、D8、E8后列标号会自行改变。

（8）单击屏幕左下角红字按钮"格式"，切换至数据状态。

选择菜单"数据"→"关键字"→"录入"，出现录入关键字窗口，依次将年、月分别设置为2014、1，单击"确认"按钮。系统询问是否重算表页时，单击"是"按钮，即可生成报表，如图4-10所示。

（9）该表公式设置是否无误、数据是否准确，可以利用总账账簿资料进行核对。

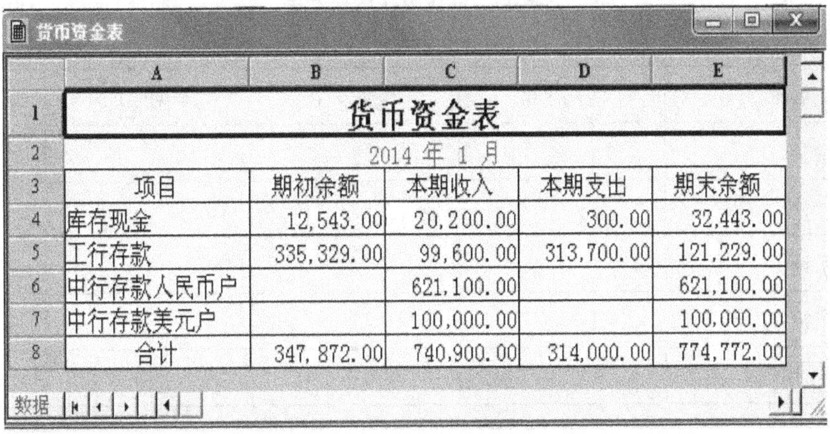

	A	B	C	D	E
1	货币资金表				
2	2014 年 1 月				
3	项目	期初余额	本期收入	本期支出	期末余额
4	库存现金	12,543.00	20,200.00	300.00	32,443.00
5	工行存款	335,329.00	99,600.00	313,700.00	121,229.00
6	中行存款人民币户		621,100.00		621,100.00
7	中行存款美元户		100,000.00		100,000.00
8	合计	347,872.00	740,900.00	314,000.00	774,772.00

图 4－10　货币资金表

选择“总账”→“账簿查询”→“余额表”，在“查询条件”的科目里输入“1001—1002”，选中“末级科目”，单击“确认”，出现指定条件的“发生额及余额表”，如图 4－11 所示。

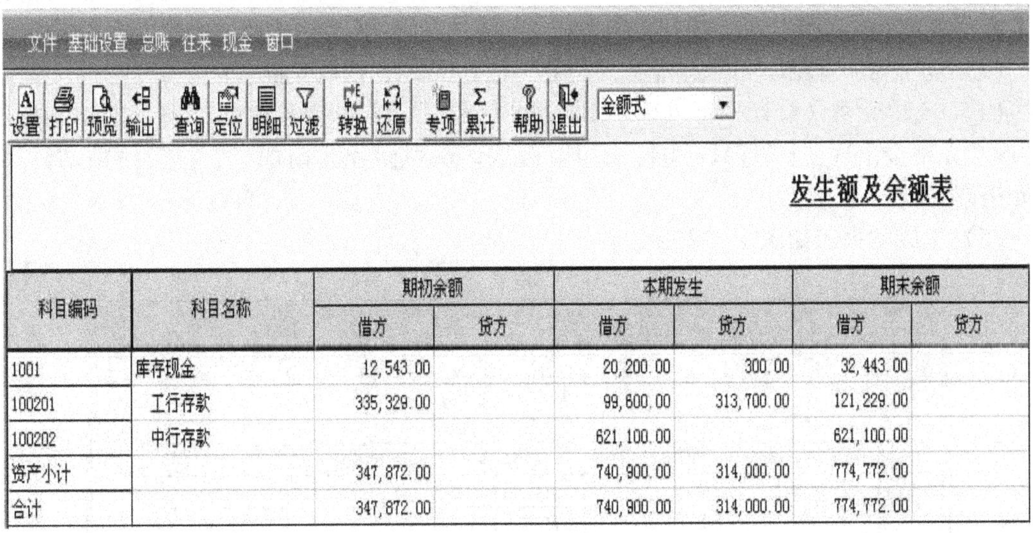

发生额及余额表

科目编码	科目名称	期初余额		本期发生		期末余额	
		借方	贷方	借方	贷方	借方	贷方
1001	库存现金	12,543.00		20,200.00	300.00	32,443.00	
100201	工行存款	335,329.00		99,600.00	313,700.00	121,229.00	
100202	中行存款			621,100.00		621,100.00	
资产小计		347,872.00		740,900.00	314,000.00	774,772.00	
合计		347,872.00		740,900.00	314,000.00	774,772.00	

图 4－11　发生额及余额表

（10）核对后保存报表，关闭报表文件。

任务 2　自定义编制“应收账款变动表”

1. 工作资料

自定义编制天津海河有限公司 2014 年 1 月的“应收账款变动表”，如表 4－2 所示。

表4－2　应收账款变动表

年　月

客户名称	期初余额	本期发生	本期收回	期末金额
万全学校				
大海公司				
沈阳证券				
山东机械				
合计				

2. 工作指导

报表创建方法同表4－1的创建，区别点为：

（1）第2行可以不组合将关键字设置在C2单元格里，偏移量设置年：－180，月：－150。

（2）“账务函数”窗口里的科目栏设置科目“1122 应收账款”，在出现的“辅助核算”栏选择“客户编码001”。

（3）复制第4行粘贴到第5行后，“001”改“002”，依此类推。

（4）B8单元格（合计）可以选中B4：B8区域后，点击工具栏的“向下求和”按钮，在B8单元格会出现“PTOTAL（B4：B7）”公式，在列标号B前加“?”，复制粘贴至其他单元格即可。

（5）生成的报表如图4－12所示。

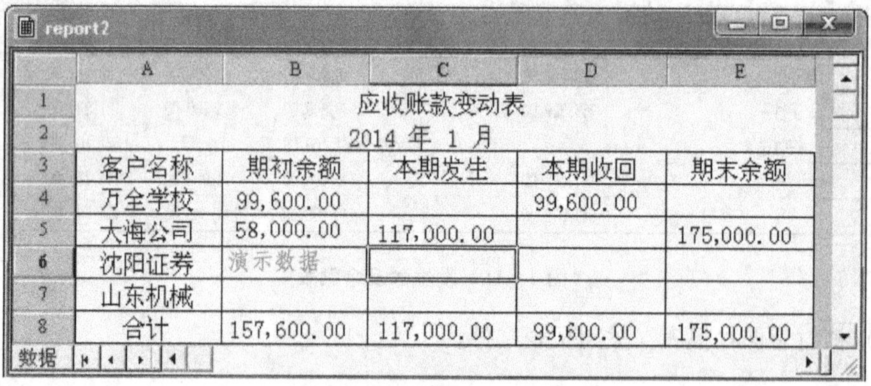
report2

	A	B	C	D	E
1	应收账款变动表				
2	2014 年 1 月				
3	客户名称	期初余额	本期发生	本期收回	期末余额
4	万全学校	99,600.00		99,600.00	
5	大海公司	58,000.00	117,000.00		175,000.00
6	沈阳证券	演示数据			
7	山东机械				
8	合计	157,600.00	117,000.00	99,600.00	175,000.00

数据

图4－12　应收账款变动表

（6）选择“总账”→“账簿查询”→“余额表”，在“查询条件”的科目里输入“1122—1122”，单击“确认”，出现指定条件的“发生额余额表”，双击应收账款行出现客户明细，如图4－13所示。

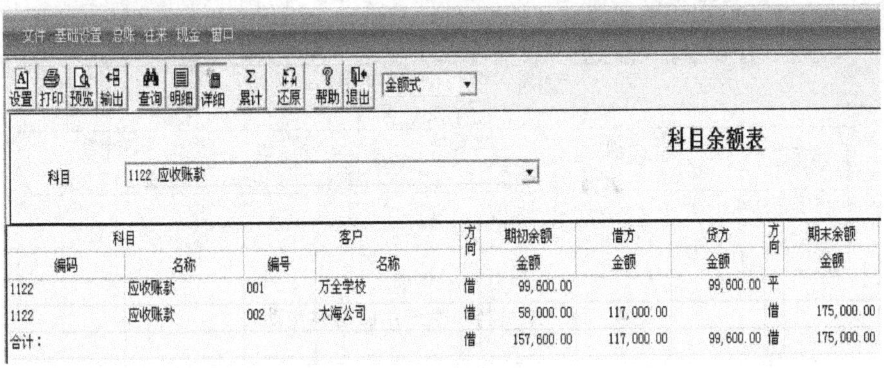

图 4 - 13 发生额余额表

（7）核对后保存报表，关闭报表文件。

任务 3 自定义编制"原材料—生产用原材料"变动表

1. 工作资料

自定义编制天津海河有限公司 2014 年 1 月份的"原材料—生产用原材料"变动表，如表 4 - 3 所示。

表 4 - 3 "原材料—生产用原材料"变动表

年 月

商品名称	期初余额		本期购进		本期发出		期末余额	
	数量	金额	数量	金额	数量	金额	数量	金额
生产用原材料								

2. 工作指导

方法同任务 1，区别点为：

（1）"表尺寸"为 5 行 9 列。

（2）可以将关键字设置在 E2 单元格里，偏移量设置年：-40，月：-10。

（3）选中 A3：A4 区域，在"格式"菜单下单击"组合单元"进行"整体组合"后再单击"单元属性"，在"对齐"页签里将水平和垂直都"居中"。

（4）数量栏在"函数名"里选择"数量期初（SQC）"；"账务函数"窗口里的科目栏设置科目"140301 原材料 - 生产用原材料"。

（5）数量栏"SQC""SFS"复制到金额栏后去掉"S"改"QC""FS"，期初栏复制到期末栏后"C"改"M"，购进栏复制到发出栏后"借"改"贷"。"数据"状态下"数据"→"关键字"→"录入"后，生成的报表如图 4 - 14 所示。

（6）选择"总账"→"账簿查询"→"余额表"，在起始和结束科目里都输入"140301"，如图 4 - 15 所示。

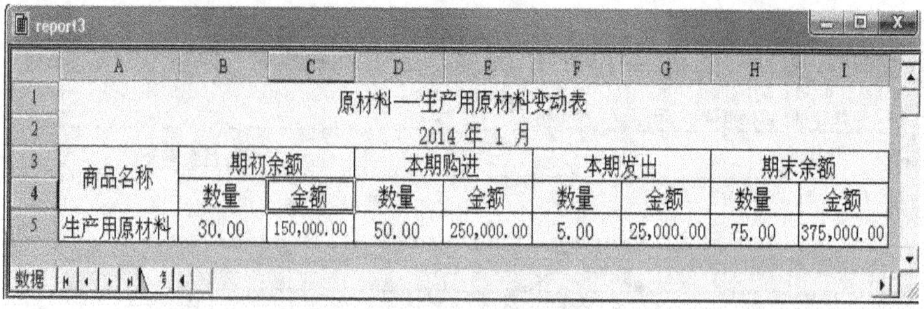

图 4 – 14　原材料—生产用原材料变动表

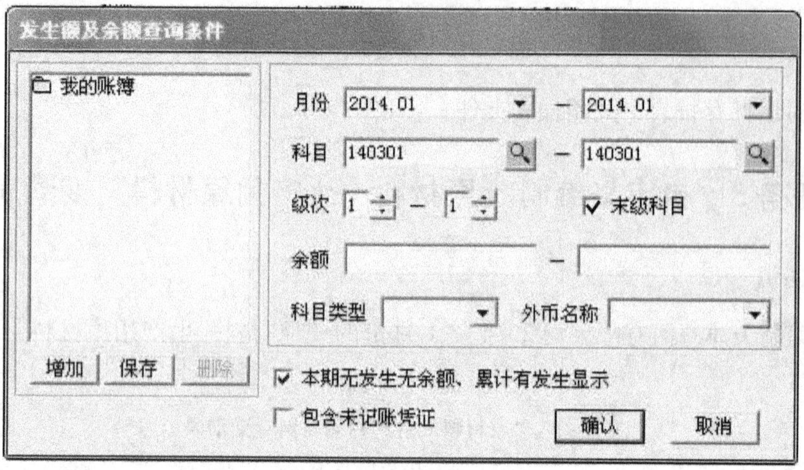

商品名称	期初余额		本期购进		本期发出		期末余额	
	数量	金额	数量	金额	数量	金额	数量	金额
生产用原材料	30.00	150,000.00	50.00	250,000.00	5.00	25,000.00	75.00	375,000.00

图 4 – 15　录入查询条件

然后单击"确认"，在"发生额及余额表"里打开"金额式"下拉列表选择"数量金额式"，如图 4 – 16 所示。

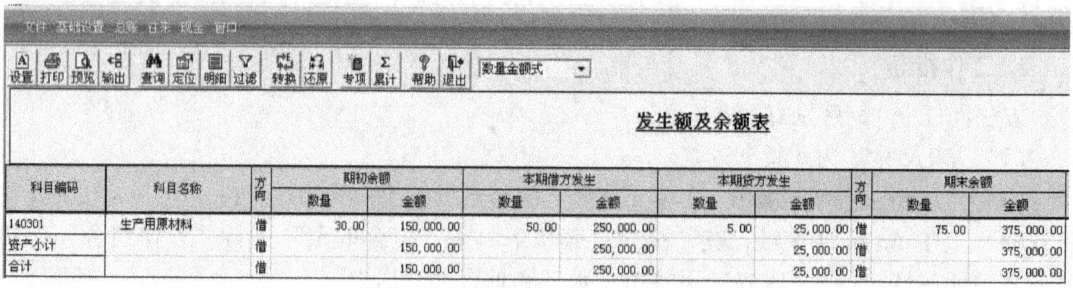

科目编码	科目名称	方向	期初余额		本期借方发生		本期贷方发生		方向	期末余额	
			数量	金额	数量	金额	数量	金额		数量	金额
140301	生产用原材料	借	30.00	150,000.00	50.00	250,000.00	5.00	25,000.00	借	75.00	375,000.00
资产小计		借		150,000.00		250,000.00		25,000.00	借		375,000.00
合计		借		150,000.00		250,000.00		25,000.00	借		375,000.00

图 4 – 16　生产用原材料发生额及余额表

（7）核对后保存报表，关闭报表文件。

模块4　财务报表自测题

工资管理子系统

项目1　工资管理子系统初始化

任务1　建立工资管理账套

1. 工作资料

天津海河有限公司决定开始使用畅捷通 T3 系列管理软件进行工资核算，具体资料如下：

（1）由账套主管"102 王维"启用工资管理子系统，启用日期为"2014 年 1 月 1 日"。

（2）由财务部"103 方伟"建立工资账套的参数：将工资账套的工资类别设置为单个；核算币别为人民币；扣税设置为"从工资中代扣个人所得税"；不进行扣零设置；人员编码长度为 3 位。

2. 工作指导

（1）引入数据。

开始工资管理子系统工作之前要恢复总账系统 2014 年 1 月尚未进行期末处理的账套的数据，再以财务部"102 王维"的身份登录系统完成工资管理子系统的操作。

在系统管理中，以"admin"身份登录系统管理，进入"账套"菜单下的"恢复"命令，选择存储路径下的"准备账套"文件夹中的"UF2KAct. Lst"文件，将系统恢复到完成总账系统初始化的操作状态。

（2）启动工资管理。

①单击"开始"→"程序"→"畅捷通 T3 系列管理软件"→"畅捷通 T3"→"系统管理"命令，打开"系统管理"窗口。

②在"系统管理"窗口中，选择"系统"→"注册"命令，打开"注册〖控制台〗"对话框，如图 5 - 1 所示。

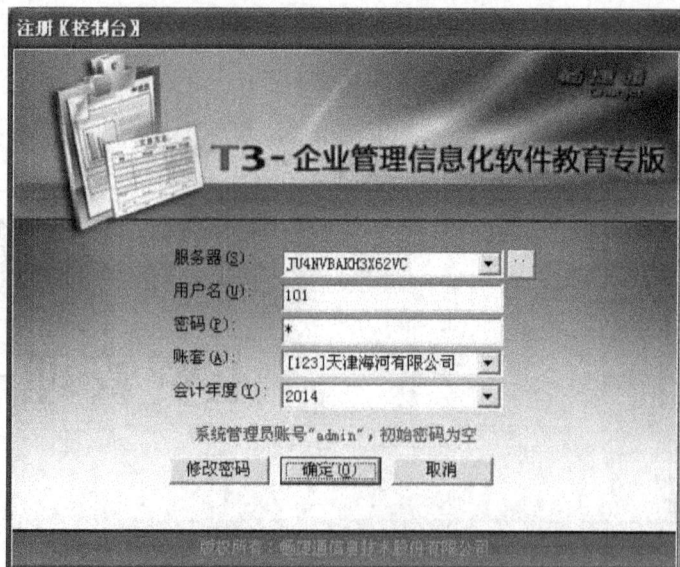

图5-1　"注册〖控制台〗"对话框

　　③在"用户名"输入框中输入"101"，在"密码"输入框中输入口令"1"，在"账套"下拉列表中选择账套"［123］天津海河有限公司"选项，单击"确定"按钮，打开"畅捷通 T3-企业管理信息化软件教育专版〖系统管理〗"窗口。

　　④单击"账套"菜单，选择"账套"→"启用"命令，打开"系统启用"对话框。

　　⑤在"系统启用"对话框中，选中系统编码"WA工资管理"的复选框，弹出"日历"对话框，设置启用日期为"2014-01-01"，如图5-2所示。

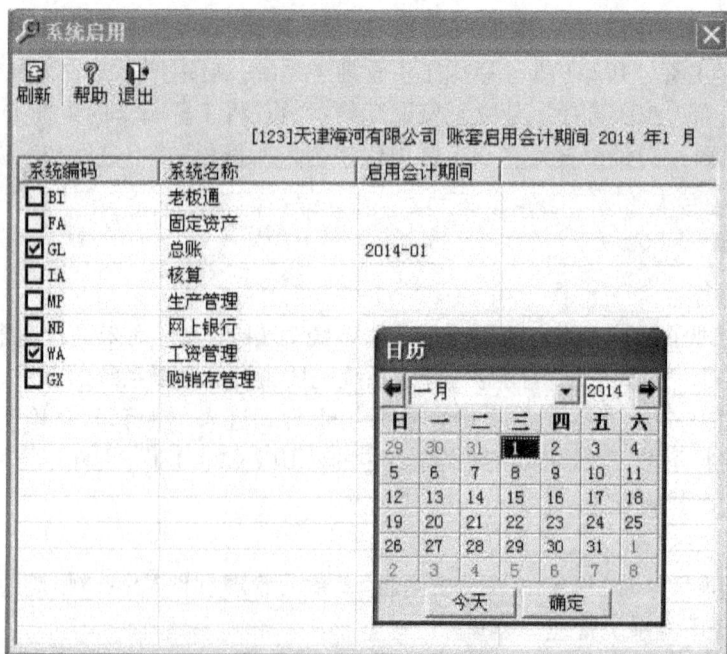

图5-2　"系统启用"对话框

⑥单击"确定"按钮,弹出提示信息"确实要启用当前系统吗?"单击"是"按钮,完成对工资管理系统的启用设置,再单击"退出"按钮。

(3) 建立工资账套。

①选择"开始"→"程序"→"畅捷通 T3 系列管理软件"→"畅捷通 T3"→"畅捷通 T3 – 企业管理信息化软件教育专版"命令,打开"注册〖控制台〗"对话框。

②在"用户名"输入框中输入"103",在"密码"输入框中输入口令"3",在"账套"下拉列表中选择账套"〔123〕天津海河有限公司"选项,在操作日期输入框中输入"2014 – 01 – 01",最后单击"确定"按钮,打开"畅捷通 T3 – 企业管理信息化软件教育专版"窗口。

③单击导航栏中的"工资管理"按钮,打开"建立工资套—参数设置"对话框,选择本账套所需处理的工资类别个数"单个"按钮,在"请选择币别名称"下拉列表框中选择"人民币 RMB",设置完成界面如图 5 – 3 所示。单击"下一步"按钮,进入建账向导二"扣税设置"对话框。

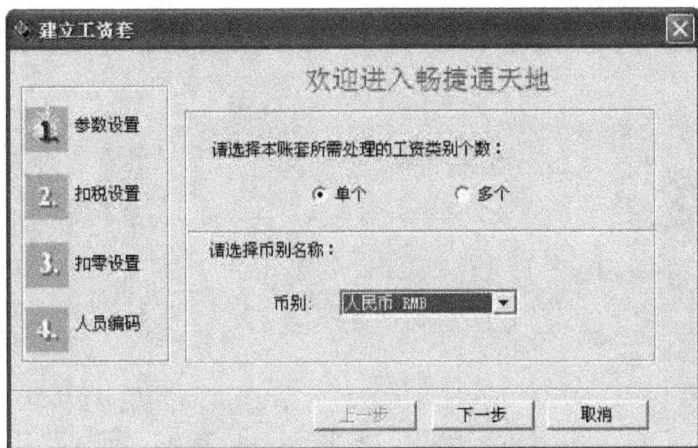

图 5 – 3　建立工资套——参数设置

注意:如果单位中所有人员的工资是统一管理的,每位员工的工资项目和工资计算公式相同,则可以选择"单个"工资类别。

如果单位每月多次发放工资,或者有不同类别的人员,则应该选择"多个"工资类别。

④在"建立工资套"对话框第二步"扣税设置"中,选中"是否从工资中代扣个人所得税"复选框,设置完成界面如图 5 – 4 所示。单击"下一步"按钮,进入建账向导三"扣零设置"对话框。

注意:选择代扣个人所得税后,系统将自动生成工资项目"代扣税"并自动进行代扣税金的计算。

⑤在建账向导第三步"扣零设置"中,不做任何操作,如图 5 – 5 所示。单击"下一步"按钮,进入建账向导四"人员编码"对话框。

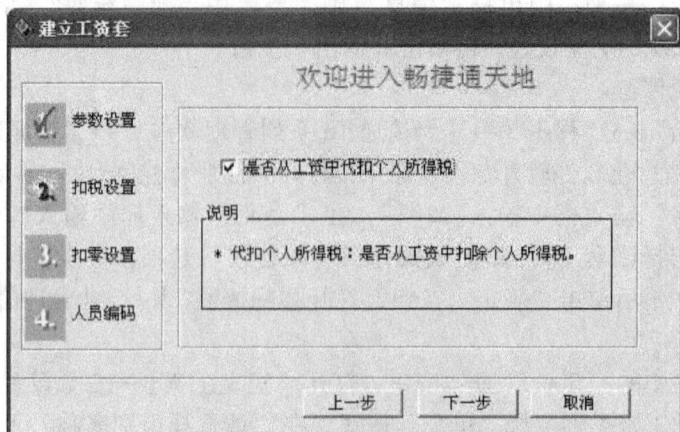

图5-4　建立工资套——扣税设置

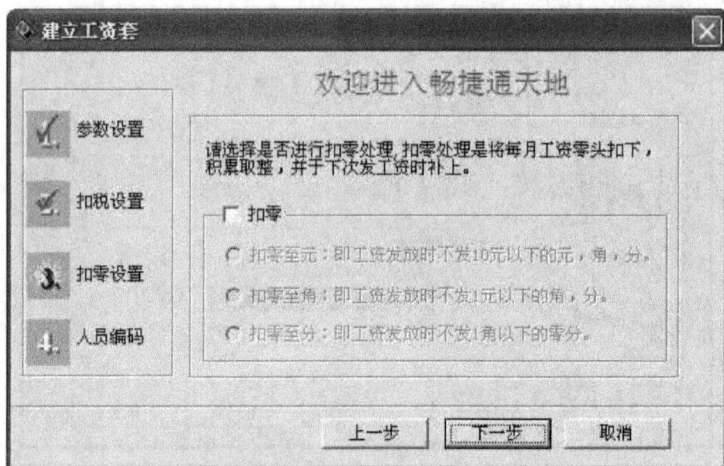

图5-5　建立工资套——扣零设置

注意：扣零处理是指每次发放工资时将零头扣下，积累取整，在下次工资发放时补上，系统在计算工资时将依据扣零类型进行口令计算。

用户一旦选择了"扣零处理"，系统将自动在固定工资项目中增加"本月扣零"和"上月扣零"两个项目。

由于现在各单位的工资由银行代发，所以很少进行扣零处理。

⑥在建账向导第四步"人员编码"中，将"人员编码长度"设置为"3"位，将账套的启用日期设置为"2014-01-01"，设置完成界面如图5-6所示。

⑦如果对于建账过程中的内容需要修改，可以单击"上一步"进行修改；如不需要修改，单击"完成"按钮，弹出系统提示信息"是否以2014-01-01为当前工资类别的启用日期"对话框，单击"是"按钮，完成工资账套的设置，进入工资管理系统界面。

注意：工资账套与企业核算的总账是不同的概念，企业核算的总账在系统管理里建立，是针对整个畅捷通T3系列管理软件而言的，而工资账套只针对畅捷通T3系列管理软件中的工资管理子系统。工资账套是企业核算的总账账套中的一部分。

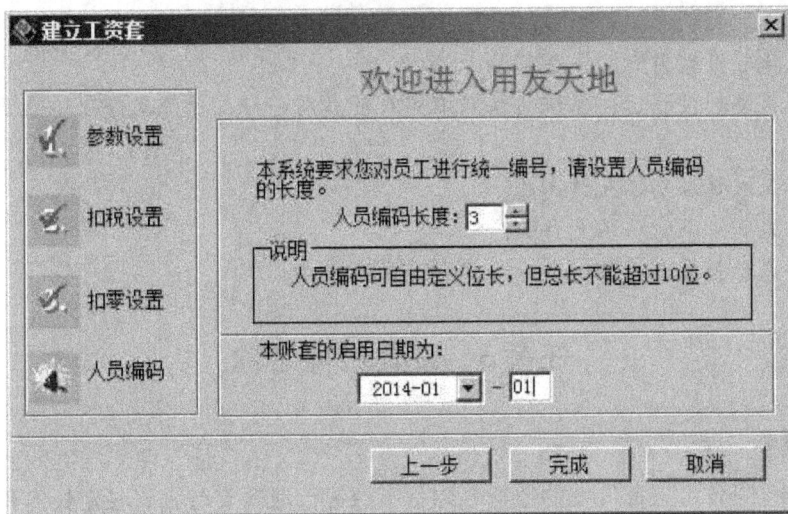

图 5 – 6　建立工资套——人员编码

只有主管人员可以修改工资参数。

建账完毕后，部分工资账套参数可以通过"工资"→"设置"→"选项"命令进行修改。

任务 2　设置人员类别

1. 工作资料

天津海河有限公司的人员类别包括：管理人员、财务人员、销售人员、生产人员。

2. 工作指导

（1）在"畅捷通 T3 – 企业管理信息化软件教育专版"窗口，选择"工资"→"设置"→"人员类别设置"命令，进入"类别设置"对话框。

（2）在"类别"输入框中选中"无类别"，输入"管理人员"，单击"增加"按钮。

（3）依以上操作方法，继续输入"财务人员"等其他类别进行设置，完成所有人员类别的设置，如图 5 – 7 所示。

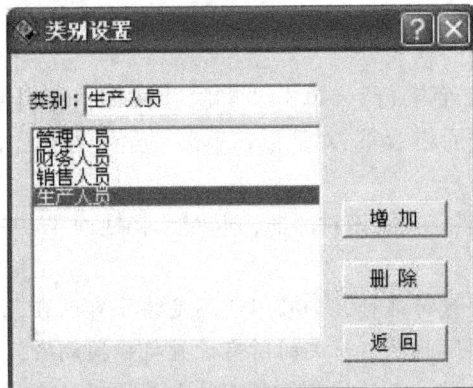

图 5 – 7　类别设置

（4）全部人员类别增加完毕后，单击"返回"按钮，关闭该对话框，返回"畅捷通 T3 - 企业管理信息化软件教育专版"窗口。

注意：人员类别设置后，系统将按照不同人员类别进行工资费用分配，便于会计分录自动生成。

已经使用的人员类别不允许删除。

人员类别只剩一个时将不允许删除。

人员类别名称长度不得超过 10 个汉字或 20 位字符。

任务3　设置银行名称

1. 工作资料

天津海河有限公司工资代发的银行名称：工商银行河西支行，账号定长为 8 位。

2. 工作指导

（1）在"畅捷通 T3 - 企业管理信息化软件教育专版"窗口，选择"工资"→"设置"→"银行名称设置"命令，进入"银行名称设置"对话框。

（2）单击"增加"按钮，在银行名称编辑栏中输入"工商银行河西支行"，选中"账号定长"复选框，将账套长度设置为"8"，如图 5-8 所示。

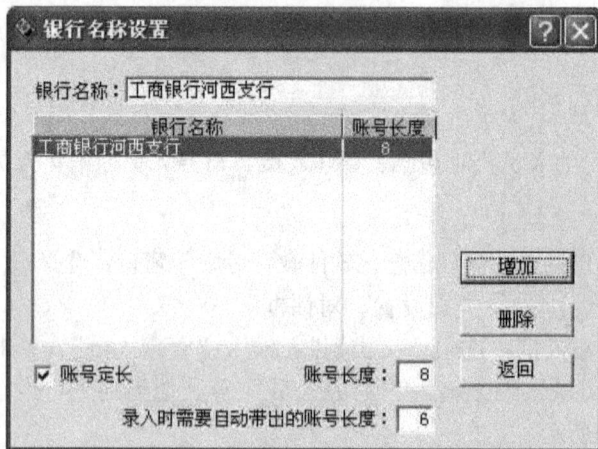

图 5-8　银行名称设置

（3）单击列表中的"工商银行"，单击"删除"按钮，弹出系统提示"删除银行将相关文件及设置一并删除。是否继续？"对话框，单击"是"按钮。用同样的方法删除建设银行和农业银行信息。

（4）单击"返回"按钮，关闭该对话框，返回"畅捷通 T3 - 企业管理信息化软件教育专版"窗口。

注意：系统预置了三个银行名称，如果不能满足需要可以在此基础上进行增加或者删除操作；删除银行名称时，则同此银行有关的所有设置将一同删除，包括银行的代发文件格式的设置、磁盘输出格式的设置，以及同此银行有关人员的银行名称和账号等。

任务4　设置工资项目

1. 工作资料

天津海河有限公司的工资项目设置如表 5 – 1 所示。

表 5 – 1　工资项目表

项目名称	类型	长度	小数位数	增减项
基本工资	数字型	10	2	增项
岗位工资	数字型	10	2	增项
工龄工资	数字型	10	2	增项
奖金	数字型	8	2	增项
加班费	数字型	8	2	增项
应发合计	数字型	10	2	增项
事假扣款	数字型	8	2	减项
代扣税	数字型	8	2	减项
扣款合计	数字型	10	2	减项
实发合计	数字型	10	2	增项
事假天数	数字型	8	2	其他
加班天数	数字型	8	2	其他
工龄	数字型	8	2	其他

2. 工作指导

(1) 在"畅捷通 T3 – 企业管理信息化软件教育专版"窗口，选择"工资"→"设置"→"工资项目设置"命令，进入"工资项目设置"对话框。

(2) 单击"增加"按钮，工资项目列表中增加一个空行；单击右侧的"名称参照"下拉列表框，从下拉列表框中选择"基本工资"选项；如果不使用系统提供的名称参照，也可以直接输入"基本工资"，如图 5 – 9 所示。

(3) 双击"类型"栏，单击下拉列表，从下拉列表中选择"数字"选项；"长度"采用系统默认值"8"，单击"▲"向上三角按钮，将长度设置为"10"；双击"小数"栏，单击"▲"向上三角按钮，将小数位设置为"2"；双击"增减项"栏，选择"增项"选项。

(4) 单击"增加"按钮，依据工作资料表 5 – 1 所示工资项目，参照以上步骤继续进行设置。

注意：工资系统提供常用工资项目供单位使用，可选择输入。对于未提供的工资项目，可以双击"工资项目名称"一栏直接输入；或者先从"名称参照"中选择一个项目，然后单击"重命名"按钮修改为需要的项目。

工资项目名称必须唯一，一旦被使用将不允许删除，且数据类型也不允许修改。

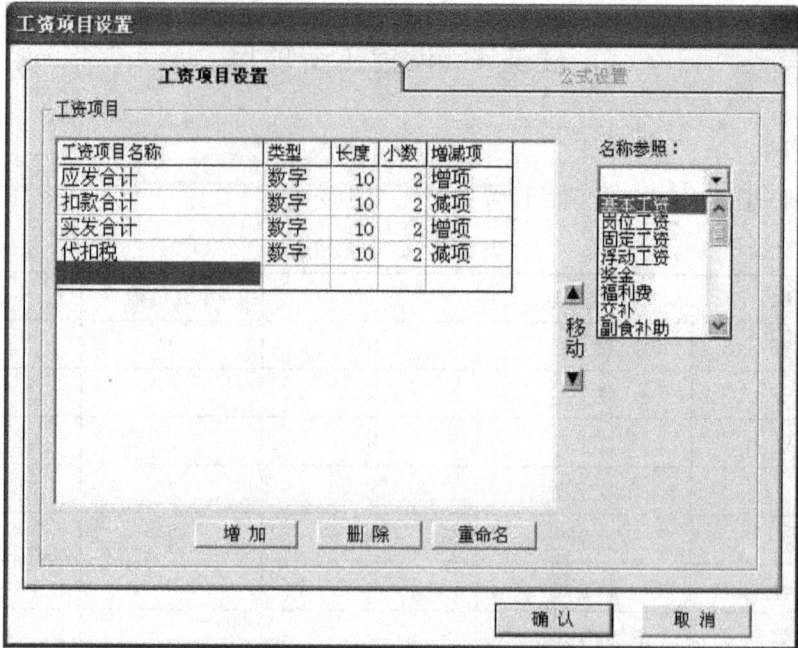

图 5-9　工资项目设置一

系统自带的工资项目不允许修改。

　　工资项目的增项，是指在计算工资时增加工资总额的项目；减项是指在计算工资时减少工资总额的项目；其他项则不直接参与工资总额的计算，但间接影响工资项目的金额。

　　（5）所有项目设置完成后，单击"▲"或"▼"按钮，调整工资项目的顺序，将每个工资项目移动到合适的位置，如图 5-10 所示。

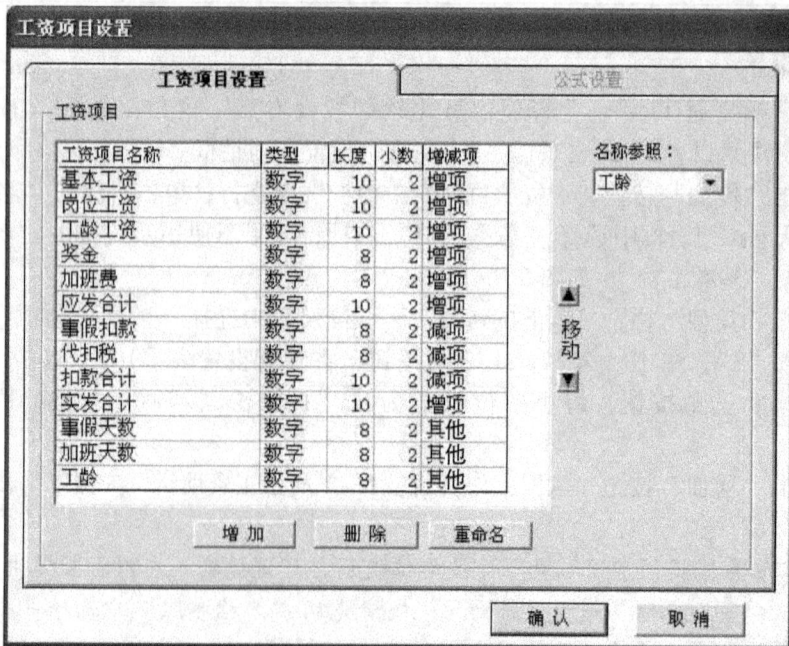

图 5-10　工资项目设置二

（6）单击"确认"按钮，关闭该对话框，返回"畅捷通 T3 – 企业管理信息化软件教育专版"窗口。

任务5　设置人员档案

1. 工作资料

天津海河有限公司人员档案如表5 – 2 所示。

表5 – 2　人员档案表

人员编号	人员姓名	部门名称	人员类别	账号	中方人员	是否计税
101	白杨	总经理办公室	管理人员	66668881	是	是
102	王维	财务部	财务人员	66668882	是	是
103	赵江	财务部	财务人员	66668883	是	是
104	方伟	财务部	财务人员	66668884	是	是
201	李萍	销售一部	销售人员	66668885	是	是
202	孙硕山	销售二部	销售人员	66668886	是	是
203	刘挺	销售三部	销售人员	66668887	是	是
301	丁纳	供应部	管理人员	66668889	是	是
401	高鹏	技术部	生产人员	66668810	是	是
402	顾小文	生产车间	生产人员	66668811	是	是

2. 工作指导

（1）在"畅捷通 T3 – 企业管理信息化软件教育专版"窗口，选择"工资"→"设置"→"人员档案"命令，进入"人员档案"窗口。

（2）单击工具栏中的"增加人员"按钮，打开"人员档案"对话框。

（3）在"基本信息"选项卡中，在"人员编号"输入框中输入"101"；单击"人员姓名"参照按钮，从"人员参照"列表中选择"白杨"或直接输入人员姓名；从"部门名称"下拉列表中选择"总经理办公室"选项；从"人员类别"下拉列表中选择"管理人员"；从"银行名称"下拉列表中选择"工商银行河西支行"；在"银行账号"输入框中输入"66668881"，设置界面如图 5 – 11 所示。完成信息录入，单击"确认"按钮。

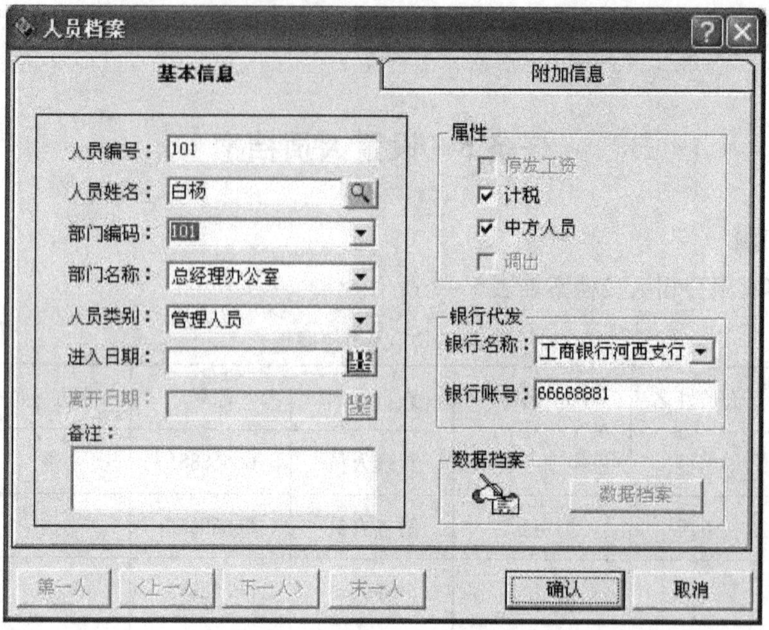

图 5－11　人员档案——基本信息

（4）依据工作资料，录入所有人员的档案，最后在"人员档案"窗口，显示所录入的所有人员的档案信息，如图 5－12 所示。单击工具栏的"退出"按钮，关闭该对话框，返回"畅捷通 T3－企业管理信息化软件教育专版"窗口。

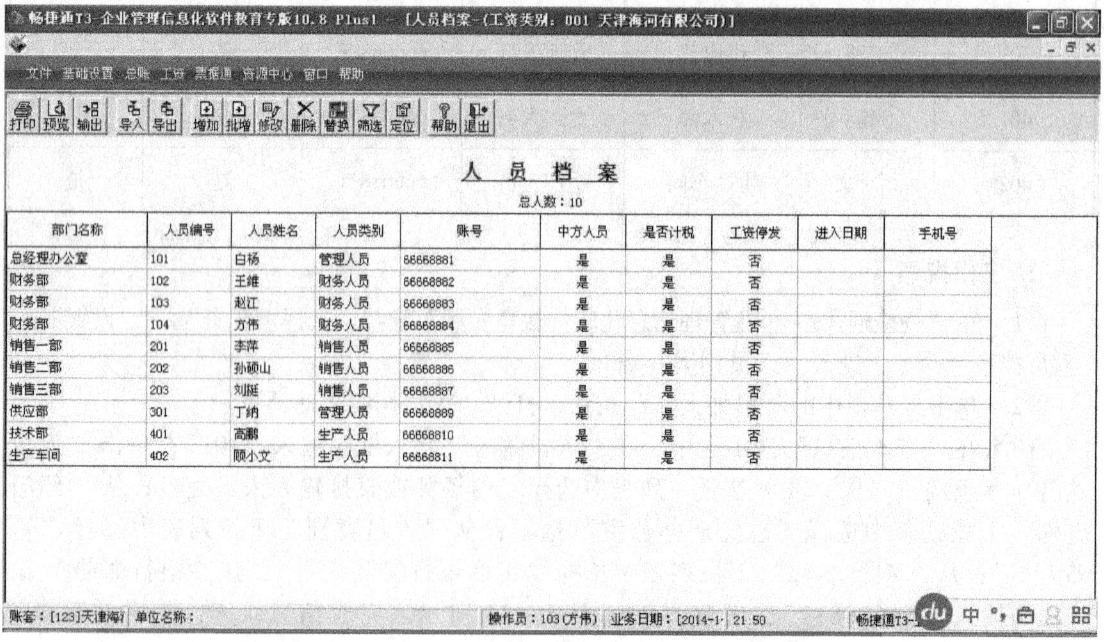

部门名称	人员编号	人员姓名	人员类别	账号	中方人员	是否计税	工资停发	进入日期	手机号
总经理办公室	101	白杨	管理人员	66668881	是	是	否		
财务部	102	王维	财务人员	66668882	是	是	否		
财务部	103	赵江	财务人员	66668883	是	是	否		
财务部	104	方伟	财务人员	66668884	是	是	否		
销售一部	201	李萍	销售人员	66668885	是	是	否		
销售二部	202	孙硕山	销售人员	66668886	是	是	否		
销售三部	203	刘延	销售人员	66668887	是	是	否		
供应部	301	丁纳	管理人员	66668889	是	是	否		
技术部	401	高鹏	生产人员	66668810	是	是	否		
生产车间	402	顾小文	生产人员	66668811	是	是	否		

图 5－12　人员档案信息

注意： 人员编号与人员姓名必须一一对应。

只有末级部门才能设置人员。

输入人员基本信息时，人员类别为必选项。如果没有设置人员类别，则应该使用系统默认的"无类别"输入。

"停发工资"和"调出"只能在修改状态下进行设置，标志为停发或调出的人员，将不参与工资发放和汇总，但仍保留人员档案，以后可以恢复工资发放。

任务6　设置工资计算公式

1. 工作资料

天津海河有限公司工资项目计算公式如下：

"事假扣款"的计算公式：事假扣款 = 事假天数 × 30

"加班费"的计算公式：加班费 = 加班天数 × 50

"工龄工资"的计算公式：工龄工资 = 工龄 × 10

2. 工作指导

（1）在"畅捷通 T3 - 企业管理信息化软件教育专版"窗口，选择"工资"→"设置"→"工资项目设置"命令，打开"工资项目设置"对话框，如图 5 - 13 所示。

图 5 - 13　"工资项目设置"对话框

（2）选择"公式设置"选项卡，如图 5 - 14 所示。

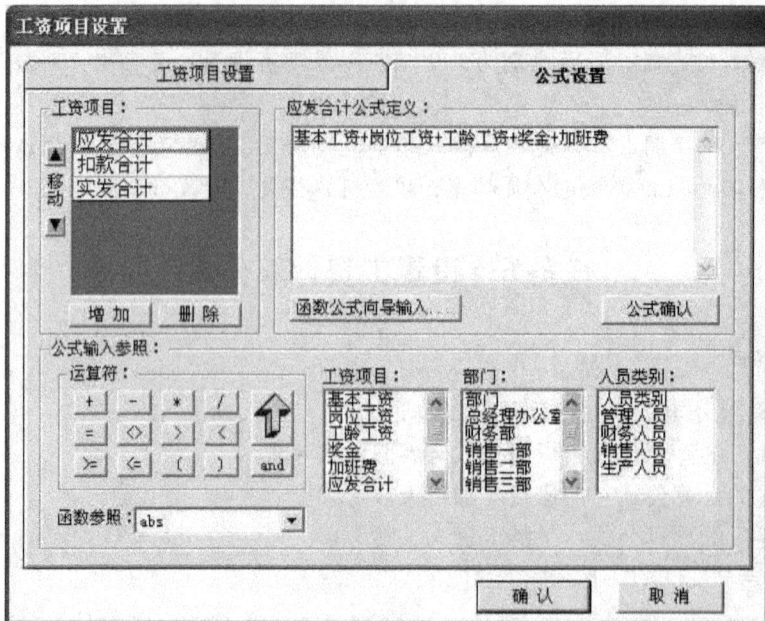

图 5-14 "公式设置"选项卡

（3）单击左边"工资项目"栏下的"增加"按钮，在工资项目列表中增加一空行。单击下拉列表框下三角按钮选择"事假扣款"选项，如图 5-15 所示。

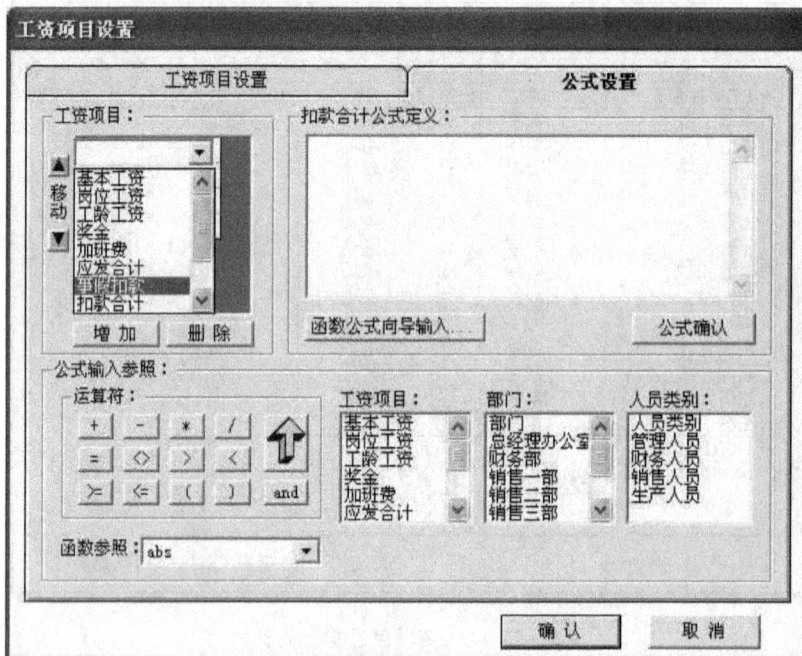

图 5-15 事假扣款公式设置一

（4）在右侧事假扣款公式定义区单击，选择窗口下方工资项目列表中的"事假天数"，使"事假天数"出现在公式定义区。单击"事假扣款公式定义"输入框，直接输入公式"事假天数*30"或者选用"公式输入参照"中的相应按钮进行定义，最后单击"公式确认"按钮，如图 5 – 16 所示。

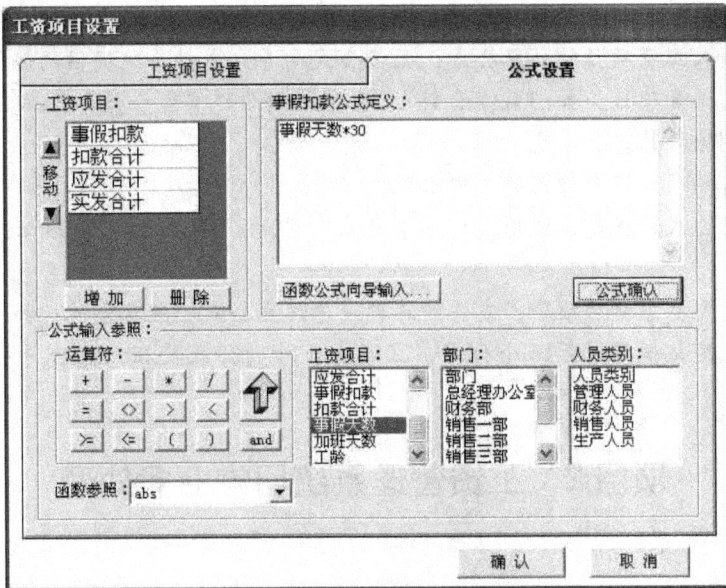

图 5 – 16　事假扣款公式设置二

注意：公式输入完毕后，必须单击"公式确认"按钮，进行语法检查，以保证公式正确。

执行"公式确认"后，公式并未保存，必须单击"确认"按钮。

（5）参照以上步骤继续进行"加班费"和"工龄工资"两个工资项目计算公式的设置。

（6）所有计算公式定义完成后，通过单击"▲"或"▼"按钮调整公式项目的位置，如图 5 – 17 所示。最后单击"确认"按钮，关闭该对话框，返回"畅捷通 T3 – 企业管理信息化软件教育专版"窗口。

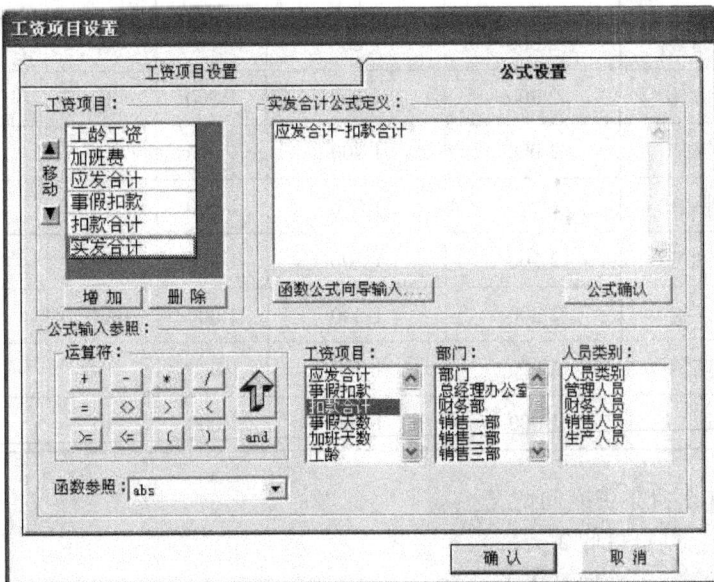

图 5 – 17　公式设置完成

注意：定义工资项目计算公式要符合逻辑，系统将对公式进行合法性检查。

定义公式时，可以使用函数公式向导输入、函数参照输入、工资项目参照、部门参照和人员参照编辑输入工资项目的计算公式；函数公式向导只支持系统提供的函数。

系统固定的工资项目，如"应发合计""扣款合计""实发合计"公式不用设置，也不能进行修改和删除操作。

工资中没有的项目不允许在公式中出现。

在工资项目公式设置时，使用"逻辑表达式"中的"OR"时，前后必须均有一个英文空格。

定义公式时要注意前后顺序，先得到的数应先设置公式。应发合计、扣款合计和实发合计公式应是公式定义框的最后三个公式，且实发合计的公式要在应发合计和扣款合计公式之后。

项目2 工资管理系统日常业务处理

任务1 工资变动

1. 工作资料

（1）天津海河有限公司2014年员工的基本工资数据如表5-3所示。

表5-3 员工的基本工资数据

职员编号	职员姓名	基本工资/元	岗位工资/元	奖金/元	工龄/年	事假/天	加班/天
101	白杨	3 000	1 500	1 500	20		
102	王维	2 500	1 200	1 000	15		
103	赵江	2 000	1 000	800	18		
104	方伟	2 300	1 100	1 500	10		
201	李萍	2 000	1 200	1 000	8		
202	孙硕山	2 200	1 000	1 500	10		
203	刘挺	2 500	1 200	1 500	12		
301	丁纳	2 300	1 200	2 000	14		
401	高鹏	2 000	1 500	1 000	10		
402	顾小文	2 000	1 500	2 000	10		

（2）2014年1月工资变动情况：

①考勤情况：刘挺事假2天。

②加班情况：顾小文加班3天。

③全部员工岗位工资在原有基础上调增150元，销售人员奖金增加120元。

2. 工作指导

（1）基础工资数据录入。

①在"畅捷通 T3 - 企业管理信息化软件教育专版"窗口，选择"工资"→"业务处理"→"工资变动"命令或单击主窗口桌面上的"工资变动"图标，打开"工资变动"窗口，如图 5 - 18 所示。

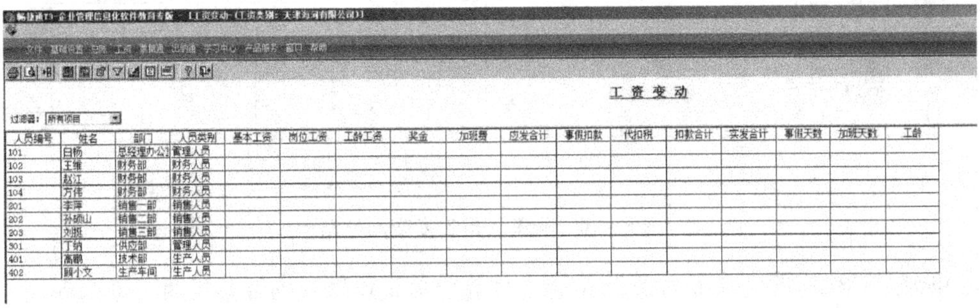

图 5 - 18　工资变动

②选择"白杨"所在行，单击输入基本工资"3 000"，岗位工资"1 500"，奖金"1 500"，工龄"20"。

注意：①只需要输入没有进行公式定义的项目，其余各项均由系统根据计算公式自动计算生成。

②若工资变动列表中项目不显示，应以账套主管身份登录"工资"，在"权限设置"中的 103 方伟设置"工资类别主管"权限。

③选择"王维"所在行，单击工具栏中的"页编辑"按钮，进入"工资数据录入——页编辑"界面，界面如图 5 - 19 所示。在此界面中输入相应人员的工资数据。录完一名员工的工资数据后，单击"确认"按钮，进入下一名职员的录入界面。

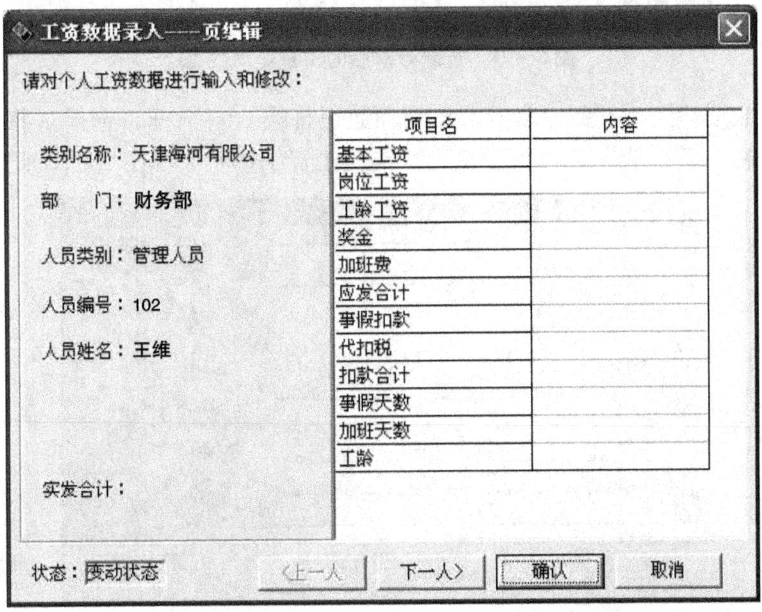

图 5 - 19　工资数据录入——页编辑

④其他员工的工资数据可以依据以上步骤2、步骤3两种方法进行，直到所有员工的数据录入完毕，如图5－20所示。

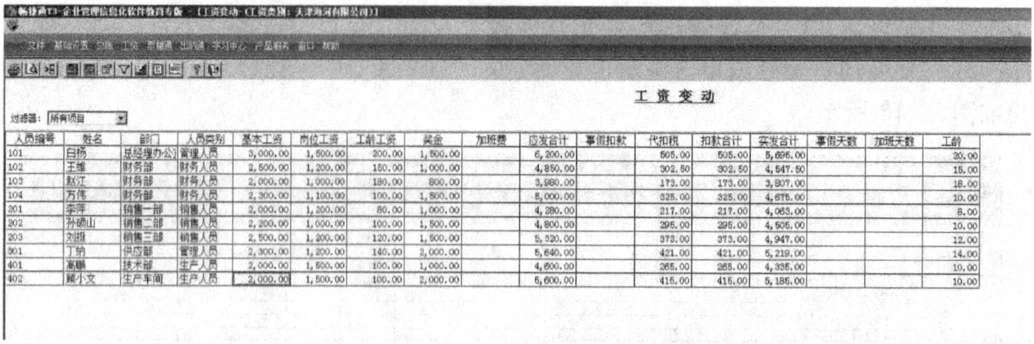

工资变动

过滤器：所有项目

人员编号	姓名	部门	人员类别	基本工资	岗位工资	工龄工资	奖金	加班费	应发合计	事假扣款	代扣税	扣款合计	实发合计	事假天数	加班天数	工龄
101	白杨	总经理办公	管理人员	3,000.00	1,500.00	200.00	1,500.00		6,200.00		505.00	505.00	5,695.00			20.00
102	王维	财务部	财务人员	2,500.00	1,200.00	150.00	1,000.00		4,850.00		302.50	302.50	4,547.50			15.00
103	赵江	财务部	财务人员	2,000.00	1,000.00	180.00	800.00		3,980.00		173.00	173.00	3,807.00			18.00
104	方伟	财务部	财务人员	2,300.00	1,100.00	100.00	1,500.00		5,000.00		325.00	325.00	4,675.00			10.00
201	李萍	销售一部	销售人员	2,000.00	1,200.00	80.00	1,000.00		4,280.00		217.00	217.00	4,063.00			8.00
202	孙硕山	销售二部	销售人员	2,200.00	1,000.00	100.00	1,500.00		4,800.00		295.00	295.00	4,505.00			10.00
203	刘挺	销售三部	销售人员	2,500.00	1,200.00	120.00	1,500.00		5,320.00		373.00	373.00	4,947.00			12.00
301	丁纳	供应部	管理人员	2,300.00	1,200.00	140.00	2,000.00		5,640.00		421.00	421.00	5,219.00			14.00
401	高鹏	技术部	生产人员	2,000.00	1,500.00	100.00	1,000.00		4,600.00		265.00	265.00	4,335.00			10.00
402	顾小文	生产车间	生产人员	2,000.00	1,500.00	100.00	2,000.00		5,600.00		415.00	415.00	5,185.00			10.00

图5－20 所有人员工资变动数据

⑤单击工具栏中的“重新计算”按钮，计算全部工资项目内容，更新工资数据。

（2）1月份工资数据变动。

①根据1月份考勤情况，在“刘挺”所在行，事假天数输入“2”。

②根据1月份加班情况，在“顾小文”所在行，加班天数输入“3”。

完成后单击工具栏中的“重新计算”按钮，更新工资数据，如图5－21所示。

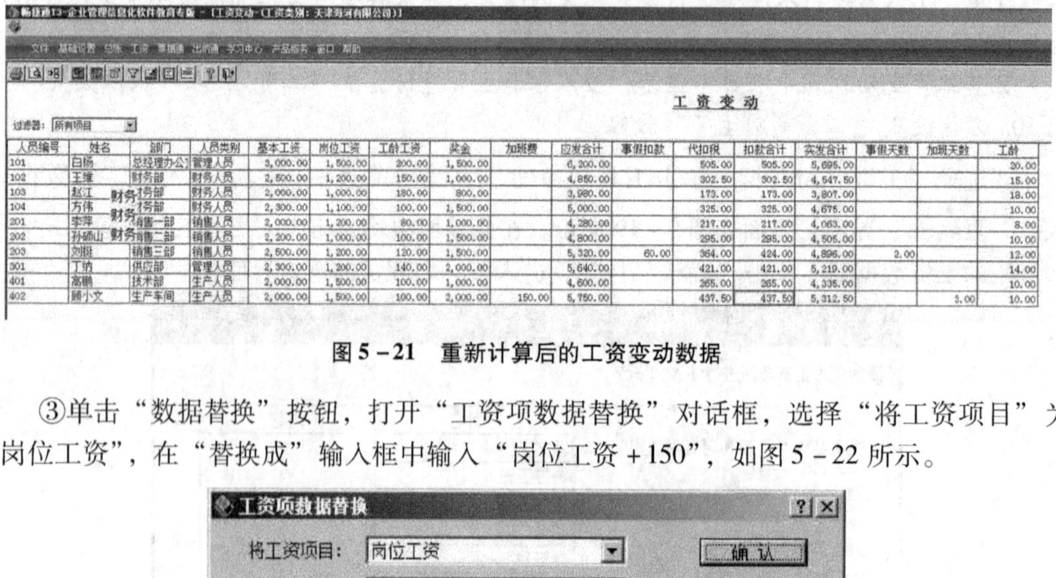

工资变动

过滤器：所有项目

人员编号	姓名	部门	人员类别	基本工资	岗位工资	工龄工资	奖金	加班费	应发合计	事假扣款	代扣税	扣款合计	实发合计	事假天数	加班天数	工龄
101	白杨	总经理办公	管理人员	3,000.00	1,500.00	200.00	1,500.00		6,200.00		505.00	505.00	5,695.00			20.00
102	王维	财务部	财务人员	2,500.00	1,200.00	150.00	1,000.00		4,850.00		302.50	302.50	4,547.50			15.00
103	赵江	财务部	财务人员	2,000.00	1,000.00	180.00	800.00		3,980.00		173.00	173.00	3,807.00			18.00
104	方伟	财务部	财务人员	2,300.00	1,100.00	100.00	1,500.00		5,000.00		325.00	325.00	4,675.00			10.00
201	李萍	销售一部	销售人员	2,000.00	1,200.00	80.00	1,000.00		4,280.00		217.00	217.00	4,063.00			8.00
202	孙硕山	销售二部	销售人员	2,200.00	1,000.00	100.00	1,500.00		4,800.00		295.00	295.00	4,505.00			10.00
203	刘挺	销售三部	销售人员	2,500.00	1,200.00	120.00	1,500.00		5,320.00	60.00	364.00	424.00	4,896.00	2.00		12.00
301	丁纳	供应部	管理人员	2,300.00	1,200.00	140.00	2,000.00		5,640.00		421.00	421.00	5,219.00			14.00
401	高鹏	技术部	生产人员	2,000.00	1,500.00	100.00	1,000.00		4,600.00		265.00	265.00	4,335.00			10.00
402	顾小文	生产车间	生产人员	2,000.00	1,500.00	100.00	2,000.00	150.00	5,750.00		437.50	437.50	5,312.50		3.00	10.00

图5－21 重新计算后的工资变动数据

③单击“数据替换”按钮，打开“工资项数据替换”对话框，选择“将工资项目”为“岗位工资”，在“替换成”输入框中输入“岗位工资＋150”，如图5－22所示。

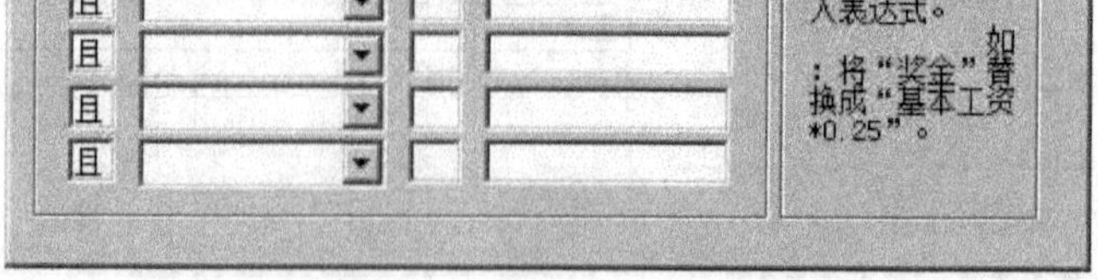

图5－22 “岗位工资”数据替换

注意：已经设置计算公式的工资项目，不可使用数据替换功能进行操作。如果工资数据的变化具有规律性，则可以使用"替换"功能完成数据变动。如未输入替换条件而进行替换，则系统默认替换条件为本工资类别的全部人员。

④单击"确认"按钮，出现提示框"数据替换后将不可恢复。是否继续?"，如图5-23所示。

⑤单击"是"按钮，出现提示框"10条记录被替换，是否重新计算?"，单击"是"按钮，完成岗位工资的数据变动，如图5-24所示。

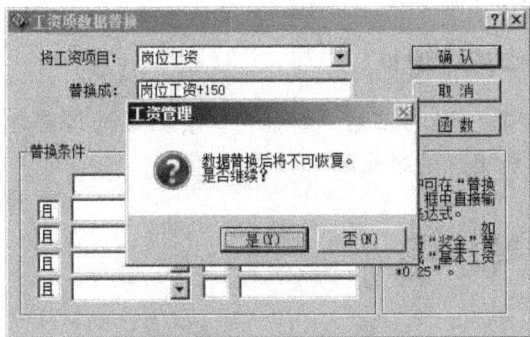

图5-23 数据替换提示信息一

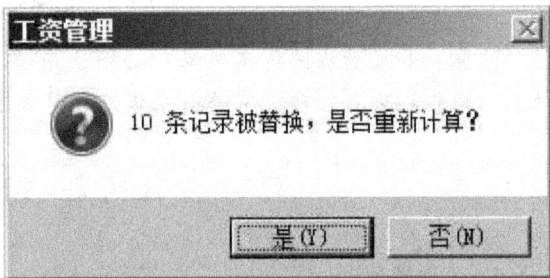

图5-24 数据替换提示信息二

⑥继续进行工资变动，单击"数据替换"按钮，打开"工资项数据替换"对话框，选择"将工资项目"为"奖金"，在"替换成"输入框中输入"奖金+120"，"替换条件"选择为"人员类别=销售人员"，如图5-25所示。单击"确认"按钮，出现提示框"数据替换后将不可恢复。是否继续?"，单击"是"按钮，出现"3条记录被替换，是否重新计算?"提示框，单击"是"按钮，完成销售人员奖金的数据变动。单击"确认"按钮，退出"工资项数据替换"对话框。

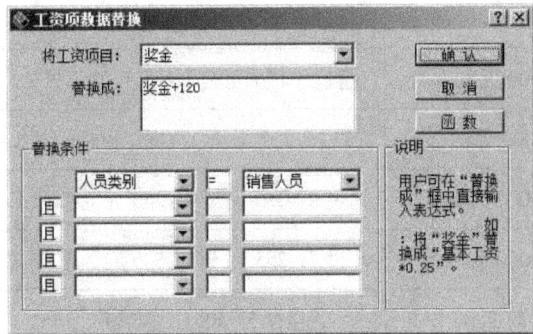

图5-25 奖金的数据替换

⑦单击工具栏中的"退出"按钮，弹出"数据发生变动后尚未进行汇总，是否进行汇总?"提示信息，单击"是"按钮，返回"畅捷通T3-企业管理信息化软件教育专版"窗口，汇总后的工资数据如图5-26所示。

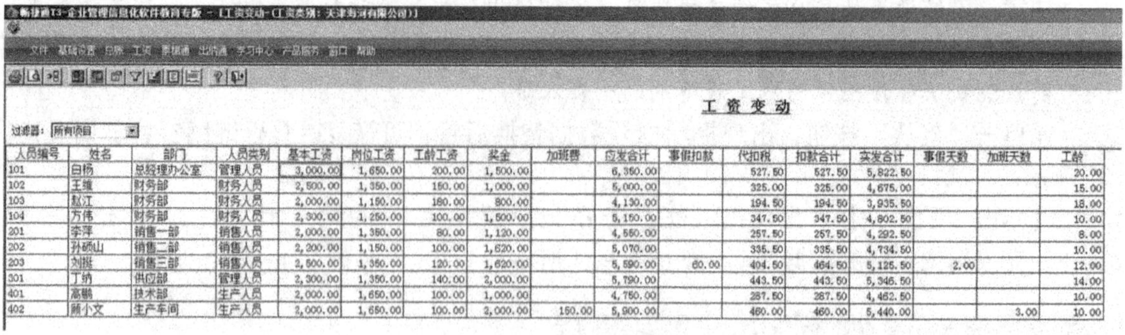

人员编号	姓名	部门	人员类别	基本工资	岗位工资	工龄工资	奖金	加班费	应发合计	事假扣款	代扣税	扣款合计	实发合计	事假天数	加班天数	工龄
101	白杨	总经理办公室	管理人员	3,000.00	1,650.00	200.00	1,500.00		6,350.00		527.50	527.50	5,822.50			20.00
102	王维	财务部	财务人员	2,500.00	1,350.00	150.00	1,000.00		5,000.00		325.00	325.00	4,675.00			15.00
103	赵江	财务部	财务人员	2,000.00	1,150.00	180.00	800.00		4,130.00		194.50	194.50	3,935.50			18.00
104	方伟	财务部	财务人员	2,300.00	1,250.00	100.00	1,500.00		5,150.00		347.50	347.50	4,802.50			10.00
201	李萍	销售一部	销售人员	2,000.00	1,350.00	80.00	1,120.00		4,550.00		257.50	257.50	4,292.50			8.00
202	孙硕山	销售二部	销售人员	2,200.00	1,150.00	100.00	1,620.00		5,070.00		335.50	335.50	4,734.50			10.00
203	刘挺	销售三部	销售人员	2,500.00	1,350.00	120.00	1,620.00		5,590.00	60.00	404.50	464.50	5,125.50	2.00		12.00
301	丁纳	供应部	管理人员	2,300.00	1,350.00	140.00	2,000.00		5,790.00		443.50	443.50	5,346.50			14.00
401	高鹏	技术部	生产人员	2,000.00	1,650.00	100.00	1,000.00		4,750.00		287.50	287.50	4,462.50			10.00
402	顾小文	生产车间	生产人员	2,000.00	1,650.00	100.00	2,000.00	150.00	5,900.00		460.00	460.00	5,440.00		3.00	10.00

图5-26 汇总后的工资变动数据

注意：如果数据进行了变动，必须使用“计算”和“汇总”功能对工资数据进行重新计算，以保证数据准确。不进行工资汇总月末不能进行结账处理。

任务2 扣缴所得税

1. 工作资料

2014年1月，天津海河有限公司的员工应扣除3 500元的费用基数后计算个人所得税。请计算应缴个人所得税并重新计算工资。

自2011年9月1日起，个人所得税免征额为3 500元，附加费用为4 800元，具体工资、薪金所得个人所得税累进税率如表5-4所示。

表5-4 工资、薪金所得个人所得税累进税率表

级数	全月应纳税所得额（含税级距）	全月应纳税所得额（不含税级距）	税率/%	速算扣除数/元
1	不超过1 500元的部分	不超过1 455元的部分	3	0
2	超过1 500元至4 500元的部分	超过1 455元至4 155元的部分	10	105
3	超过4 500元至9 000元的部分	超过4 155元至7 755元的部分	20	555
4	超过9 000元至35 000元的部分	超过7 755元至27 255元的部分	25	1 005
5	超过35 000元至55 000元的部分	超过27 255元至41 255元的部分	30	2 755
6	超过55 000元至80 000元的部分	超过41 255元至57 505元的部分	35	5 505
7	超过80 000元的部分	超过57 505元的部分	45	13 505

2. 工作指导

（1）在“畅捷通T3-企业管理信息化软件教育专版”窗口，选择“工资”→“业务处理”→“扣缴所得税”命令或单击主窗口桌面上的“扣缴个人所得税”图标，打开“栏目选择”对话框，如图5-27所示。

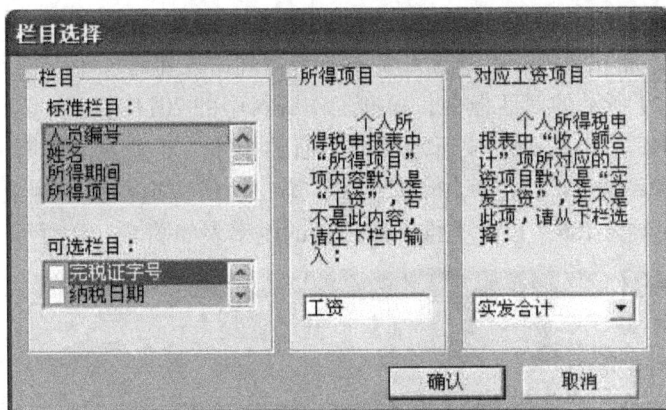

图 5 - 27　栏目选择

（2）单击"确认"按钮，打开"个人所得税"窗口，如图 5 - 28 所示。

图 5 - 28　个人所得税窗口

（3）单击工具栏的"税率表"按钮，打开"个人所得税申报表——税率表"对话框，如图 5 - 29 所示。

图 5 - 29　个人所得税申报表——税率表

（4）将“基数”调整为“3 500”，“附加费用”调整为“1 300”。

注意：“附加费用”是为扣缴外方人员个人所得税而设置的。

（5）在图5－29所示的对话框中，根据工作资料中的2011年9月1日起工资薪金所得税适用的7级超额累进税率表5－4所示进行下面的操作。双击并修改第一级的应纳税所得额上限为1 500，税率为3%，速算扣除数为0；第二级的应纳税所得额上限为4 500，税率为10%，速算扣除数为105。以此类推，修改后的税率表如图5－30所示。

级次	应纳税所得额下限	应纳税所得额上限	税率(%)	速算扣除数
1	0.00	1500.00	3.00	0.00
2	1500.00	4500.00	10.00	105.00
3	4500.00	9000.00	20.00	555.00
4	9000.00	35000.00	25.00	1005.00
5	35000.00	55000.00	30.00	2755.00
6	55000.00	80000.00	35.00	5505.00
7	80000.00		45.00	13505.00

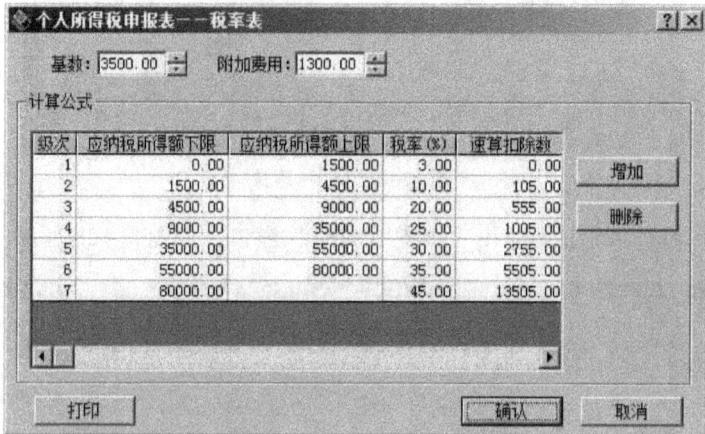

图5－30　修改后的税率表

（6）单击第7级所在行，单击“删除”按钮，系统弹出“是否删除最末级税率级次?”提示框，单击“是”按钮，继续删除第8级所在行。

注意：级数及下限不允许改动。

系统设定上一级的上限与下一级的下限相同。

用户在删除时，一定要注意不能跨级删除，必须从末级开始删除。

税率表只剩一级时将不允许再删除。

（7）单击“确定”按钮，系统弹出“调整税率表后，个人所得税需要重新计算。是否重新计算个人所得税?”提示框，单击“是”按钮，出现如图5－31所示的申报表。单击“退出”按钮完成操作。

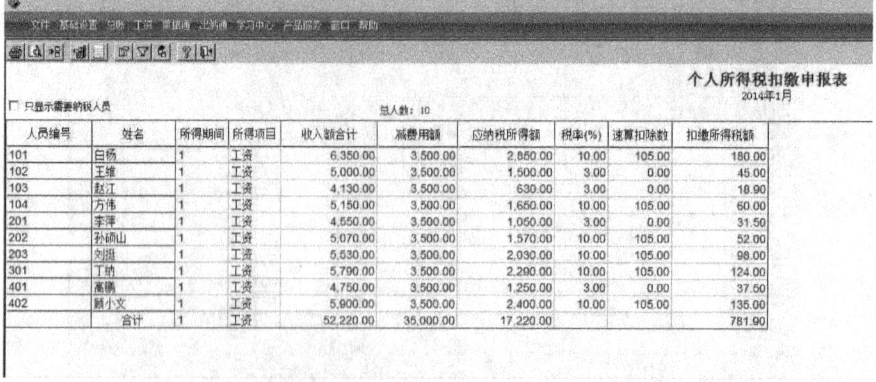

人员编号	姓名	所得期间	所得项目	收入额合计	减费用额	应纳税所得额	税率(%)	速算扣除数	扣缴所得税额
101	白杨	1	工资	6,350.00	3,500.00	2,850.00	10.00	105.00	180.00
102	王维	1	工资	5,000.00	3,500.00	1,500.00	3.00	0.00	45.00
103	赵江	1	工资	4,130.00	3,500.00	630.00	3.00	0.00	18.90
104	方伟	1	工资	5,150.00	3,500.00	1,650.00	10.00	105.00	60.00
201	李萍	1	工资	4,550.00	3,500.00	1,050.00	3.00	0.00	31.50
202	孙硕山	1	工资	5,070.00	3,500.00	1,570.00	10.00	105.00	52.00
203	刘挺	1	工资	5,530.00	3,500.00	2,030.00	10.00	105.00	98.00
301	丁纳	1	工资	5,790.00	3,500.00	2,290.00	10.00	105.00	124.00
401	高鹏	1	工资	4,750.00	3,500.00	1,250.00	3.00	0.00	37.50
402	顾小文	1	工资	5,900.00	3,500.00	2,400.00	10.00	105.00	135.00
	合计	1	工资	52,220.00	35,000.00	17,220.00			781.90

图5－31　个人所得税扣缴申报表

（8）需要查看或者重新计算个人所得税时，可以选择"工资"→"业务处理"→"扣缴所得税"命令，打开"栏目选择"对话框，单击"确定"按钮，弹出"是否重算数据？"提示框，单击"是"按钮，进入"个人所得税扣缴申报表"窗口，如图5-31所示，可以查看每个员工的应纳税所得额、税率、速算扣除数和扣缴所得税额。

任务3 工资分摊

1. 工作资料

将天津海河有限公司工资进行分摊，"工资分摊"的计提基础以工资表中的"应发合计"为准，"工资分摊"的计提比例为100%，工资费用分摊的转账分录设置如表5-5所示。以财务部"方伟"的身份完成工资分摊工作。

表5-5 工资费用分摊转账分录设置

部门	人员类别	工资	
		借方科目	贷方科目
总经理办公室	管理人员	660201	221101
财务部	财务人员	660201	221101
销售一部	销售人员	660101	221101
销售二部	销售人员	660101	221101
销售三部	销售人员	660101	221101
供应部	管理人员	660201	221101
技术部	生产人员	510101	221101
生产车间	生产人员	500102	221101

2. 工作指导

（1）以财务部"方伟"的身份进入系统，选择"文件"→"重新注册"命令，更改用户名，在"用户名"输入框中输入"103"，在"密码"输入框中输入口令"3"，在"账套"下拉列表中选择账套"［123］天津海河有限公司"选项，单击"确定"按钮，打开"畅捷通T3-企业管理信息化软件教育专版"窗口。

（2）工资分摊计提设置。

①在"畅捷通T3-企业管理信息化软件教育专版"窗口，选择"工资"→"业务处理"→"工资分摊"命令或单击主窗口桌面上的"工资分摊"图标，打开"工资分摊"对话框，如图5-32所示。

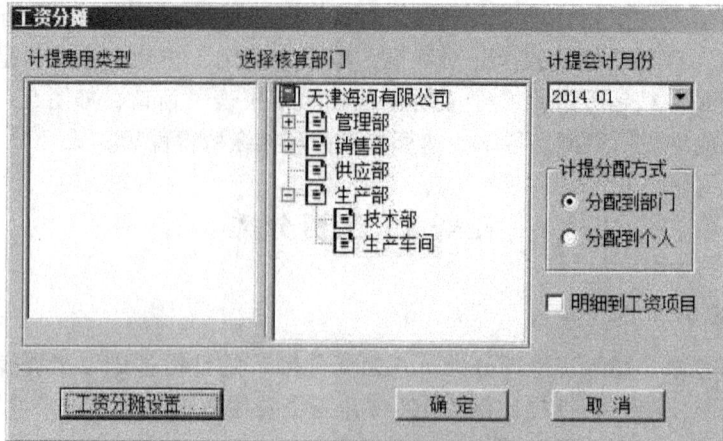

图5-32 "工资分摊"对话框

②单击"工资分摊设置…"按钮，进入"分摊类型设置"对话框，如图5-33所示。

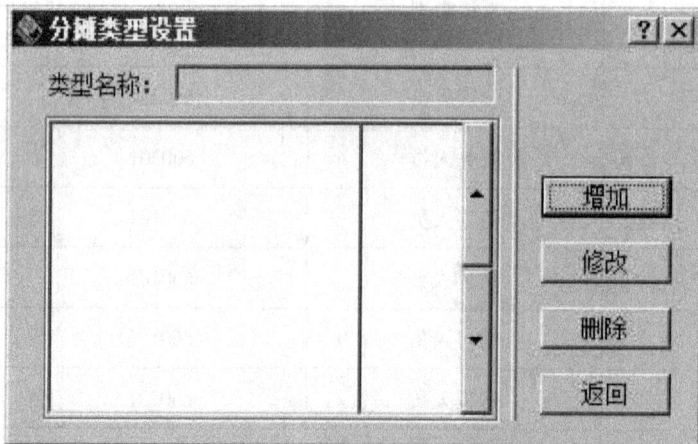

图5-33 "分摊类型设置"对话框

③单击"增加"按钮，进入"分摊计提比例设置"对话框，在"计提类型名称"输入框中输入"工资分摊"，"分摊计提比例"设置为100%，如图5-34所示。

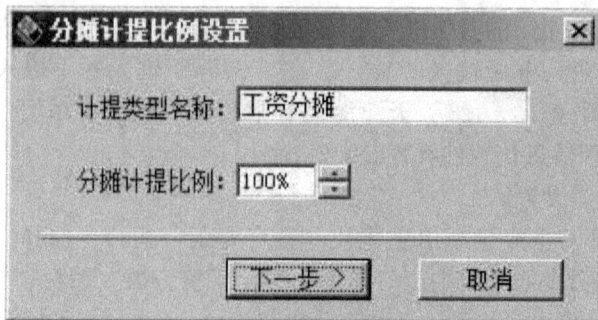

图5-34 工资分摊的计提比例设置

④单击"下一步"按钮，进入"分摊构成设置"对话框，双击第一行的"部门名称"

栏弹出参照按钮，选择"总经理办公室"，单击"确定"；双击"人员类别"栏，选择"管理人员"；"项目"采用系统默认的"应发合计"；双击"借方科目"输入"660201"；双击"贷方科目"栏，选择或输入"221101"。

⑤用同样的方法，根据工作资料"表 5 – 5　工资费用分摊转账分录设置"将工资分摊的情况进行设置，如图 5 – 35 所示。

图 5 – 35　工资分摊构成设置

⑥单击"完成"按钮，返回"分摊类型设置"窗口。

⑦单击"工资分摊设置"对话框的"返回"按钮，返回"工资分摊"对话框。

注意：所有与工资相关的费用和基金需要建立相应的分摊类型名称和比例。

不同部门、相同人员类别可以设置不同的分摊科目。

不同部门、相同人员类别在设置时，可以一次选择多个部门。

（3）分摊工资并生成转账凭证。

①在"工资分摊"对话框中，单击选中"计提费用类型"的"工资分摊"复选框，并单击选中所有核算部门，计提会计月份采用系统默认的"2014.01"，计提分配方式采用系统默认的"分配到部门"，单击选中"明细到工资项目"，如图 5 – 36 所示。再单击"确定"按钮进入"工资分摊明细"窗口。

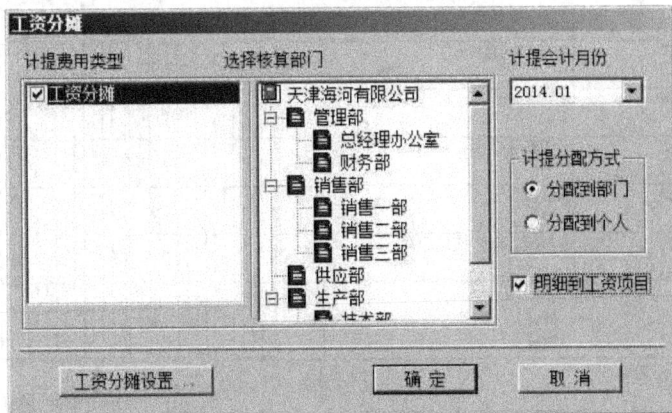

图 5 – 36　工资分摊计提设置

②在"工资分摊明细"窗口，选中"合并科目相同、辅助项相同的分录"复选框，如图 5 - 37 所示。在"类型"下拉列表框中进行计提费用的类型选择"工资分摊"或"福利费分摊"，显示不同工资费用的分配信息。

图 5 - 37　工资分摊明细

注意：工资分摊时，如果不选择"合并科目相同、辅助项相同的分录"，则在生成凭证时将每一条分录都对应一个借方科目。

③单击工具栏中的"制单"按钮，进入"填制凭证"界面，此时进行凭证相关内容调整：凭证类别为"转账凭证"，制单日期为"2014.01.31"，修改后单击工具栏中的"保存"按钮，凭证左上角显示红色的"已生成"字样，表示该凭证已经传递到总账系统，如图 5 - 38 所示。

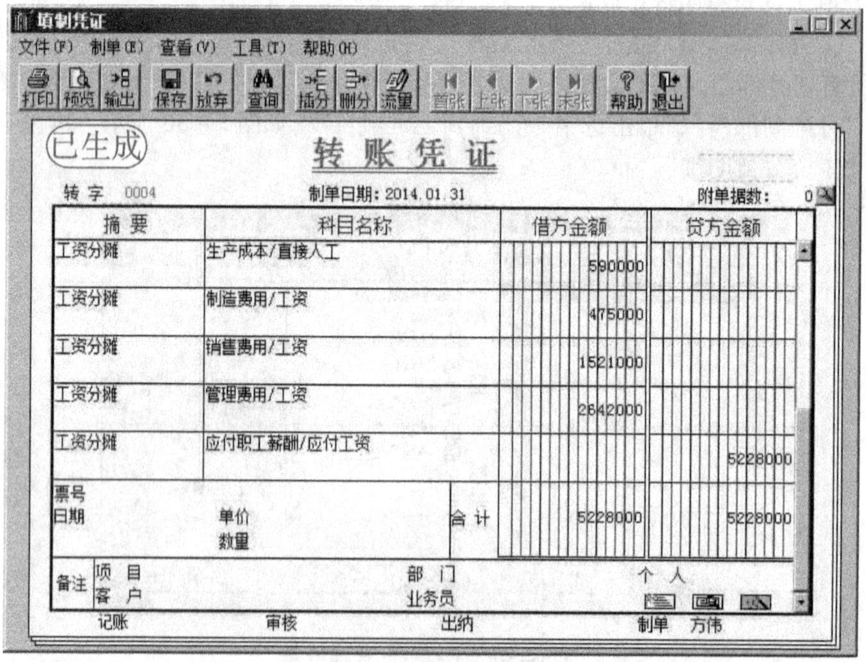

图 5 - 38　工资分摊的凭证

注意： 生成凭证日期必须大于等于当前总账系统会计期的最大凭证日期。

有辅助核算的科目，必须设置辅助核算项，否则无法保存。

已保存的凭证将自动传递到总账系统，该凭证不能修改，需要在总账系统中进行审核和记账操作。

④单击"退出"按钮，返回"工资分摊明细"窗口，再单击"退出"按钮，返回"畅捷通 T3 – 企业管理信息化软件教育专版"窗口。

⑤如果需要对已经生成的凭证进行审核、记账等操作，则需要以用户"101 王维"的身份登录总账系统进行审核，随后和总账的期末结转凭证一并进行记账。

项目3 期末业务处理

任务1 凭证与账表查询

1. 工作资料

（1）查询天津海河有限公司 2014 年 1 月份生成的工资分摊凭证。

（2）查询天津海河有限公司 2014 年 1 月份的工资表。

2. 工作指导

（1）凭证查询。

①在"畅捷通 T3 – 企业管理信息化软件教育专版"窗口，选择"工资"→"统计分析"→"凭证查询"命令，打开"凭证查询"对话框，如图 5 – 39 所示。

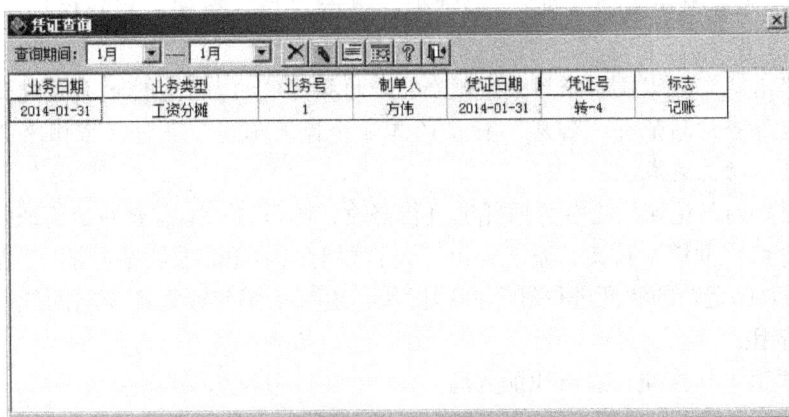

图 5 – 39 凭证查询

②选中工资分摊行，单击"凭证"按钮，显示该张凭证，如图 5 – 40 所示，单击"退出"按钮。

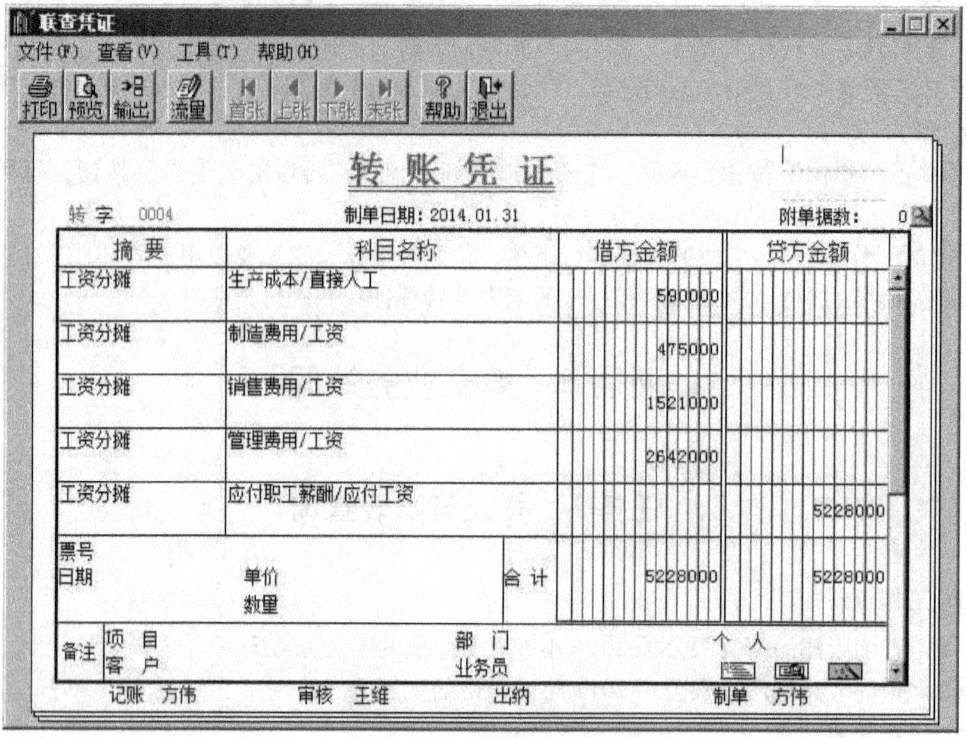

图 5-40　显示工资分配凭证

③单击"单据"按钮，可以查询工资分摊计提情况。

④如果需要删除凭证，则可以选中需要删除业务类型所在一行，单击"删除"按钮，系统弹出"是否要删除当前凭证?"提示框，单击"是"按钮，删除该凭证，否则单击"否"按钮。

注意：只有凭证未审核才能删除。删除凭证的操作仅相当于总账的作废凭证，此时查询总账的凭证能够查询到带有"作废"标记的工资分摊凭证。如果想彻底删除凭证，需要用总账的整理凭证功能完成。

⑤如果需要对已记账的工资分摊凭证进行修改，则可以选中需要冲销凭证的业务类型所在行，单击"红字冲销"按钮，系统弹出"是否要对当前凭证做红字冲销?"提示框，单击"是"按钮可对已记账的凭证进行红字冲销操作，生成一张与原凭证相同的红字凭证，否则单击"否"按钮。

⑥单击"退出"按钮，退出凭证查询。

注意：如果工资管理子系统生成的凭证在总账系统已经完成审核和记账，在"凭证查询"窗口中就不能对已审核或已记账凭证进行编辑、删除等操作，只能制作冲销凭证。

（2）账表查询。

①在"畅捷通 T3 - 企业管理信息化软件教育专版"窗口，选择"工资"→"统计分析"→"账表"→"工资表"命令，打开"工资表"对话框，如图 5 - 41 所示。如果需要可查看列表中的其他账表。

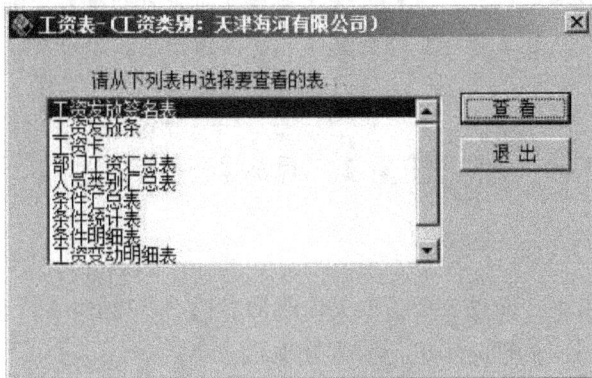

图 5－41　"工资表"对话框

②选中"工资发放条"，单击"查看"按钮，进入"工资发放条"对话框，如图 5－42 所示。

图 5－42　"工资发放条"对话框

③选中要查看的部门，在右侧列表可以通过双击选择或取消要查看的人员，再单击对话框最下方的"确认"按钮，打开"工资发放条"窗口，如图 5－43 所示。

图 5－43　"工资发放条"信息窗口

④单击"退出"按钮，退出账表查询。

注意：工资日常业务完成后，相关工资账表数据同时自动生成，并提供多种形式账表灵活查询。工资发放条是发放工资时交给员工的工资详细清单，系统提供灵活的工资发放打印设置。

任务2　月末结账

1. 工作资料

以账套主管的身份进行期末处理，将天津海河有限公司2014年1月份的工资数据经过处理后结转至下月（月末处理时不进行清零处理）。

2. 工作指导

（1）更换操作人员，以账套主管的身份进入系统，选择"文件"→"重新注册"命令，更改用户名，在"用户名"输入框中输入"101"，在"密码"输入框中输入口令"1"，在"账套"下拉列表中选择账套"［123］天津海河有限公司"选项，单击"确定"按钮，打开"畅捷通T3-企业管理信息化软件教育专版"窗口。

（2）单击"工资"→"业务处理"→"月末处理"命令或单击主窗口桌面上的"月末处理"图标，进入"月末处理"对话框，如图5-44所示。

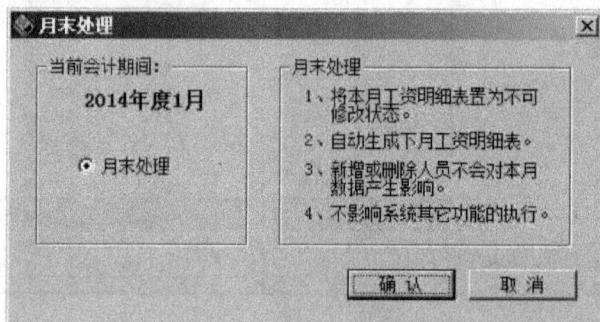

图5-44　月末处理

（3）单击"确认"按钮，系统弹出"月末处理之后，本月工资将不许变动！继续月末处理吗？"提示框，如图5-45所示。

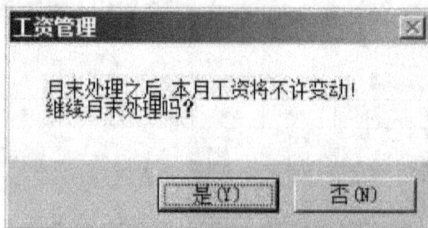

图5-45　月末处理提示信息

（4）单击"是"按钮，系统出现"是否选择清零项？"提示框，如图5-46所示。

图 5 – 46　是否清零选择

（5）如果单击“否”按钮，系统弹出“月末处理完毕”提示框，如图 5 – 47 所示。

图 5 – 47　月末处理完毕

（6）如果单击“是”按钮，进入“选择清零项目”对话框，选中每月需要变动的工资项目，如“事假天数”和“加班天数”，再单击“＞”按钮，将所选信息保留到右侧列表中，单击“保存本次选择结果”，如图 5 – 48 所示，最后单击“确认”按钮，系统提示“月末处理完毕”。

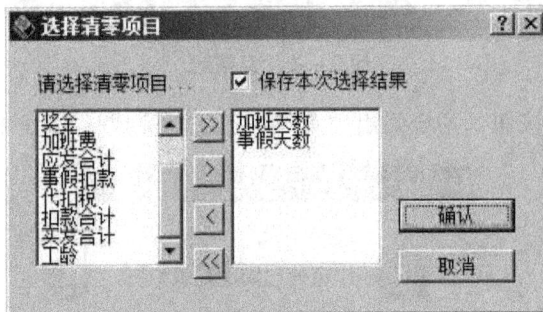

图 5 – 48　选择清零项目

（7）单击“确定”按钮，完成月末处理并返回“畅捷通 T3 – 企业管理信息化软件教育专版”窗口。

注意：进行清零操作时，系统会将用户选择的项目进行清空数据，其他工资项目的数据保留到下月的数据，方便下月进行工资计算。

月末结账后，选择的需清零的工资项系统将予以保存，不用每月再重新选择。

月末结转只有在会计年度的 1 月至 11 月进行。

若为处理多个工资类别，则应打开工资类别，分别进行月末结转。

若本月工资数据未汇总，系统将不允许进行月末结转。

进行期末处理后，当月数据将不再允许变动。

月末处理功能只有主管人员才能执行。

任务3　反结账

1. 工作资料

以账套主管王维的身份取消天津海河有限公司2014年1月份工资系统的结账。

2. 工作指导

（1）以账套主管的身份进入系统，选择"文件"→"重新注册"命令，更改用户名，在"用户名"输入框中输入"101"，在"密码"输入框中输入口令"1"，在"账套"下拉列表中选择账套"［123］天津海河有限公司"选项，操作日期输入"2014-02-01"，单击"确定"按钮，打开"畅捷通T3-企业管理信息化软件教育专版"窗口。

（2）单击"工资"→"业务处理"→"反结账"命令，进入"反结账"对话框，如图5-49所示。

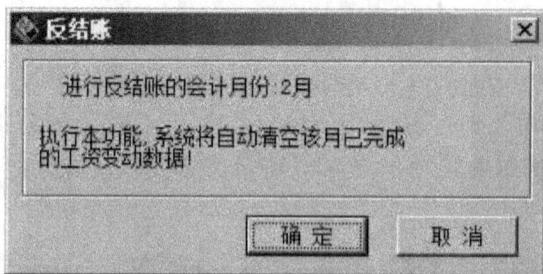

图5-49　反结账

（3）单击"确定"按钮，系统弹出"反结账已成功完成！"提示框，如图5-50所示。

图5-50　反结账成功

（4）单击"确定"按钮，系统弹出如图5-51所示的提示框。单击"确定"按钮，反结账成功完成。

图5-51　反结账信息框

注意：反结账只能由账套主管执行。

如果总账系统已结账，工资系统不允许反结账。

如果工资系统处理多个工资类别，应分别打开工资类别，进行本月工资分摊、计提凭证传输到总账系统。如果总账系统已制单并记账，需做红字冲销凭证后，才能反结账；如果总账系统未做任何操作，只需删除此凭证即可。如果凭证已经由出纳签字/主管签字，需取消出纳签字/主管签字，并删除该张凭证后，才可以反结账。

模块 5   工资管理子系统自测题

模块6

固定资产系统

项目1　固定资产系统初始化

任务1　建立固定资产账套

建立固定资产账套是根据单位的具体情况，在已经建立的单位核算账套的基础上，设置单位进行固定资产核算的必须参数，包括固定资产计提折旧时的一些约定及说明、启用月份、折旧信息、编码方式、账务接口等内容。

1. 工作资料（表6-1）

表6-1　固定资产核算参数

控制参数项	参数设置
约定与说明	我同意
启用月份	2014 年 1 月 1 日
折旧信息	本账套计提折旧 折旧方法：均采用平均年限法（一） 折旧汇总的分配周期：1 个月 当（月初已计提月份＝可使用月份－1）时，将剩余折旧提足
编码方式	资产类别编码方式：2112 固定资产编码方式：按"类别编号＋部门编号＋序号"自动编码 卡片序号长度为 2
财务接口	与财务系统进行对账 对账科目： 固定资产对账科目：1601，固定资产 累计折旧对账科目：1602，累计折旧 在对账不平的情况下允许固定资产月末结账
其他参数	月末结账前一定要完成制单登账业务 固定资产缺省入账科目：1601，固定资产 累计折旧缺省入账科目：1602，累计折旧

2. 工作指导

（1）引入账套。

在系统管理中，引入总账系统 2014 年 1 月尚未进行期末处理的账套，完成总账系统初始化操作。

（2）启用固定资产管理子系统。

以账套主管"101 王维"的身份注册，进入"系统管理"→"账套"→"启用"中启用固定资产管理系统，如图 6-1 所示。

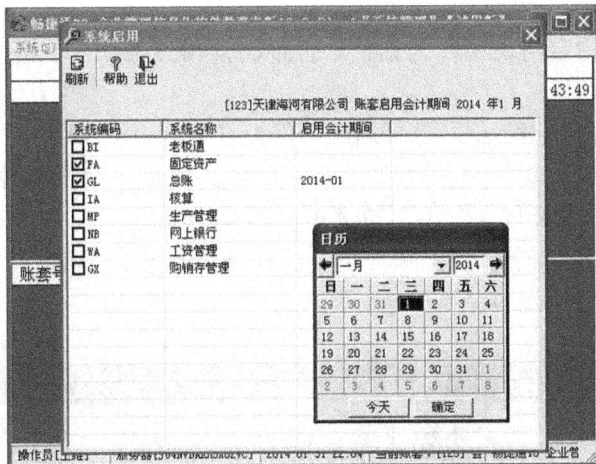

图 6-1　固定资产系统启用界面

（3）固定资产系统的初始化设置。

①以"103"方伟的身份重新注册，进入"固定资产"系统，如图 6-2 所示。即"开始"→"程序"→"畅捷通 T3 系列管理软件"→"畅捷通 T3"→"企业管理信息化软件教育专版"，打开注册〖控制台〗，选择"固定资产"选项，弹出"这是第一次打开此账套，还未进行初始化，是否进行初始化？"的信息提示，单击"是（Y）"按钮，打开"固定资产"对话框，如图 6-3 所示。

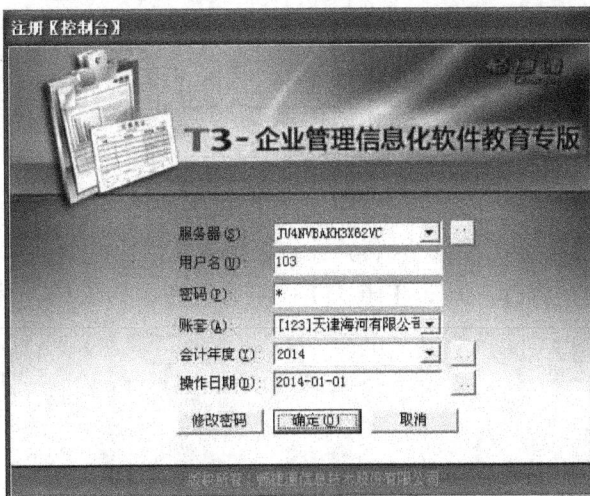

图 6-2　方伟登录进入固定资产系统

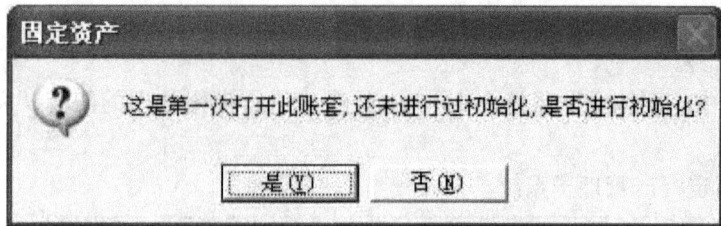

图6-3 建立固定资产账套信息提示

②打开系统的"约定与说明"对话框，仔细阅读相关条款，单击"我同意"选项，单击"下一步"按钮。

③打开"启用月份"对话框，选择启用月份为"2014.01"，单击"下一步"按钮。

④打开"折旧信息"对话框，在"主要折旧方法"的下拉菜单中选择"平均年限法（一）"，在"折旧汇总分配周期"的下拉菜单中选择"1个月"，并在"当（月初已计提月份＝可使用月份－1）将剩余折旧全部提足（工作量法除外）"前窗口挑"√"，单击"下一步"按钮，如图6-4所示。

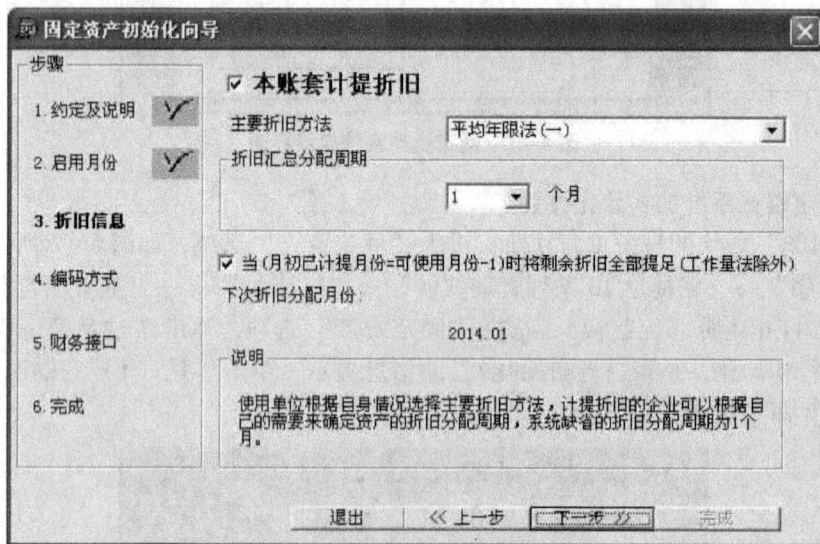

图6-4 折旧信息

⑤打开"编码方式"对话框，在"资产类别编码方式"中根据编码依次录入"2112"，在"固定资产编码方式"选择"自动编码"，在下拉菜单中选择"类别编号＋部门编号＋序号"，在"序号长度"中选择"2"，单击"下一步"按钮，如图6-5所示。

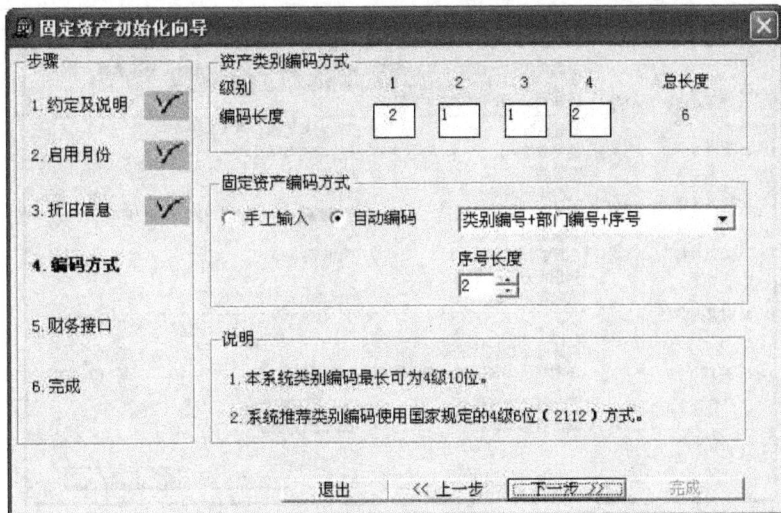

图 6-5　编码方式

⑥打开"财务接口"对话框，分别在对账科目的参照按钮中选择"1601，固定资产"和"1602，累计折旧"科目，并在"在对账不平的情况下允许固定资产月末结账"前窗口挑"√"，单击"下一步"按钮，如图 6-6 所示。

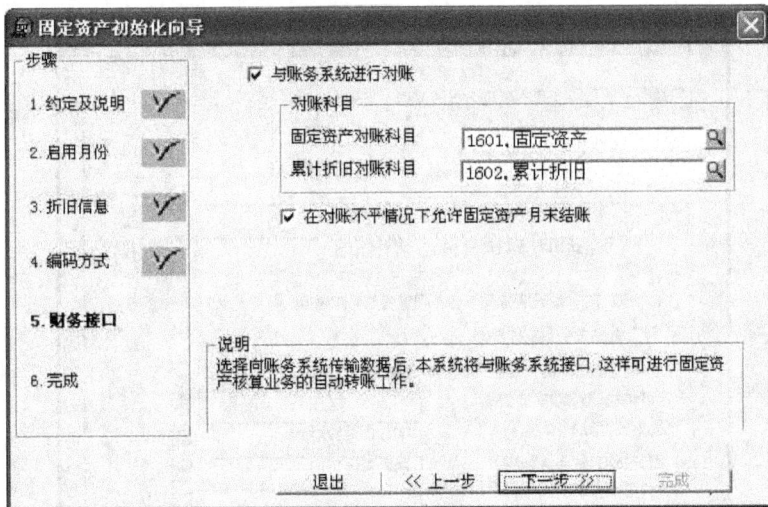

图 6-6　财务接口

⑦打开初始化的"完成"对话框，单击"完成"按钮，如图 6-7 所示。单击"完成"按钮，弹出"是否确定所设置信息完全正确并保存对新账套的所有设置？"提示信息，单击"是"按钮，弹出"已成功初始化本固定资产账套！"对话框，单击"确定"按钮，完成了固定资产账套建立及部分参数设置，进入了固定资产的系统界面。

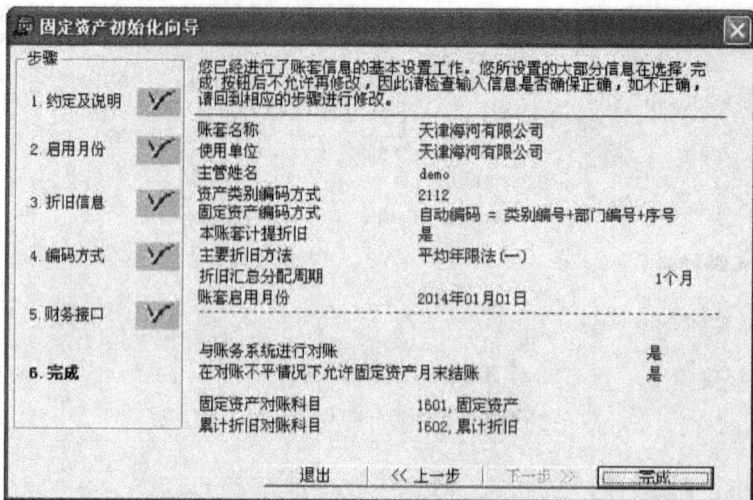

图6-7 固定资产初始化完成

⑧其他参数设置。执行"固定资产"→"设置"→"选项"命令，打开"选项"设置对话框，如图6-8所示。单击"与账务系统接口"页签，在"［固定资产］缺省入账科目"和"［累计折旧］缺省入账科目"单击"参照"按钮，选择"1601，固定资产"和"1602，累计折旧"科目，单击"确定"按钮。

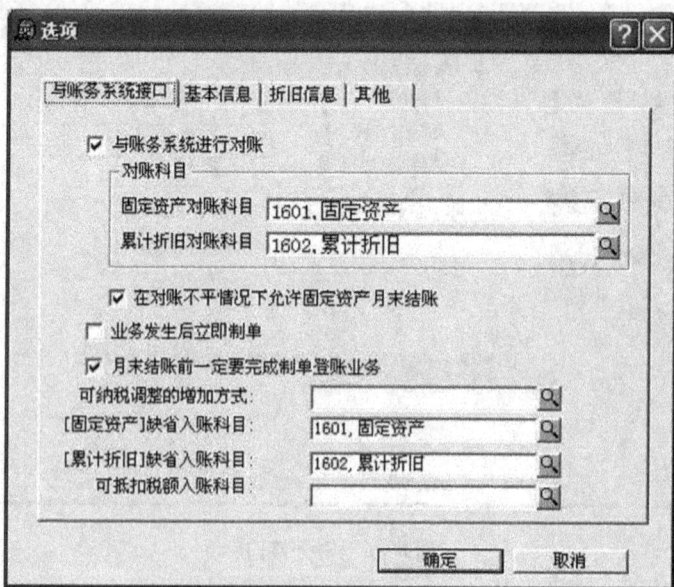

图6-8 其他参数设置

注意：初始化设置完成后，有些参数不能修改，所以要慎重。

任务2 设置基础信息

固定资产管理系统的基础信息设置包括：部门对应折旧科目的设置、资产类别设置、增减方式设置、使用状况设置、折旧方法设置等内容。

1. 工作资料（表6-2～表6-4）

表6-2 部门对应折旧科目

部　门	对应折旧的入账科目
总经理办公室、财务部、供应部	管理费用——折旧费
销售部	销售费用——折旧费
生产部	制造费用——折旧费

表6-3 资产类别

类别编码	类别名称	净残值率/%	单位	计提属性
01	运输设备	4	辆	正常计提
011	经营用设备	4	辆	正常计提
012	非经营用设备	4	辆	正常计提
02	办公用设备	4		正常计提
021	电子类办公设备	4	台	正常计提
022	电器办公用设备	4	套	正常计提
023	档案柜及保险柜	4	个	正常计提
03	房屋及建筑物			正常计提
031	经营用房		平方米	正常计提

表6-4 增减方式的对应入账科目

增减方式	对应的入账科目
增加方式	
直接购入	100201，银行存款/工行存款
投资者投入	4001，实收资本
融资租入	2701，长期应付款
减少方式	
毁损	1606，固定资产清理

2. 工作指导

以账套主管"103 方伟"的身份注册登录，操作日期为"2014-01-0"。

（1）部门对应折旧科目设置。

执行"固定资产"→"设置"→"部门对应折旧科目"命令，打开"部门编码表"窗口，如图6-9所示。选择"管理部"，单击"操作"按钮，选择折旧科目"660206"管理费用/折旧费后，单击"保存"按钮。同理按业务资料中数据设置其他部门的折旧科目。设置后界面如图 6 – 10 所示。

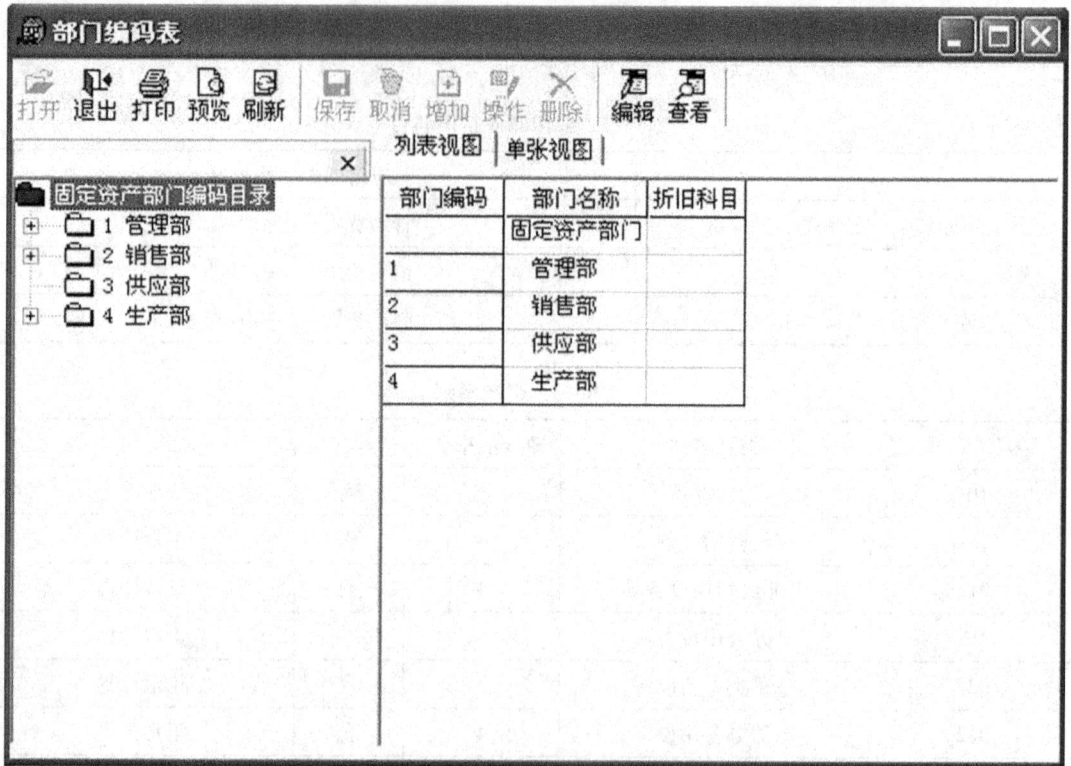

图 6 – 9　部门对应折旧科目设置一

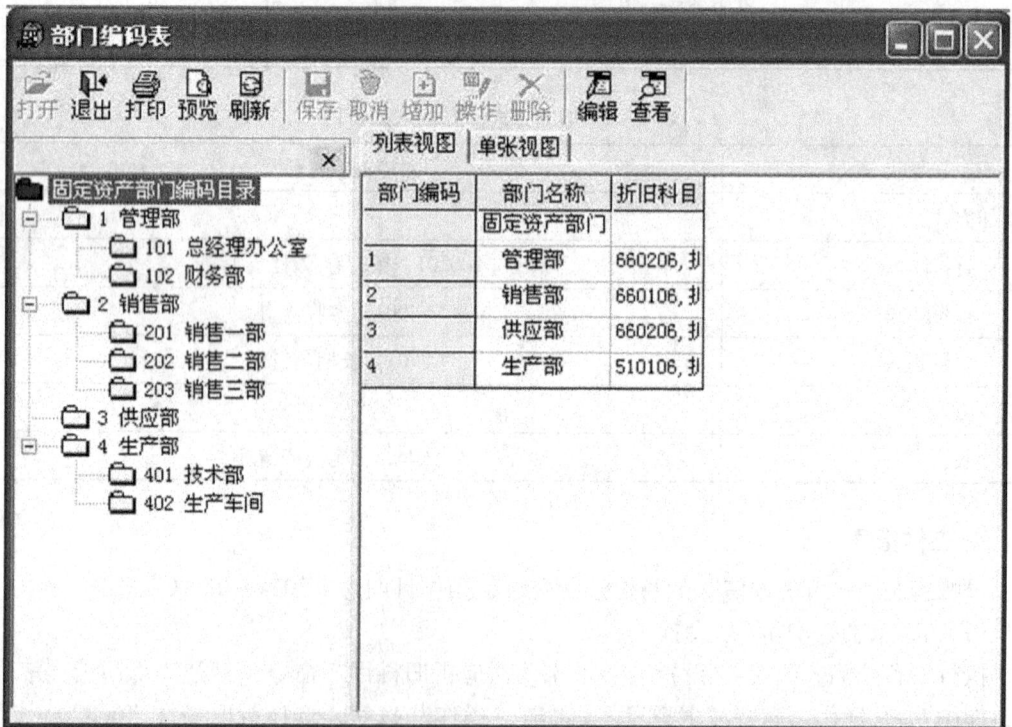

图 6 – 10　部门对应折旧科目设置二

注意：在对销售部以及生产部设置部门对应折旧科目时，只需要在其一级部门中录入，单击"刷新"后子部门会显示上级部门的对应折旧科目。

（2）资产类别设置。

执行"固定资产"→"设置"→"资产类别"命令，打开"类别编码表"窗口，单击"增加"按钮，根据业务资料输入"类别名称、净残值率、计量单位、计提属性"信息，单击"保存"按钮。同理完成其他资产类别的设置，如图 6 – 11 所示。

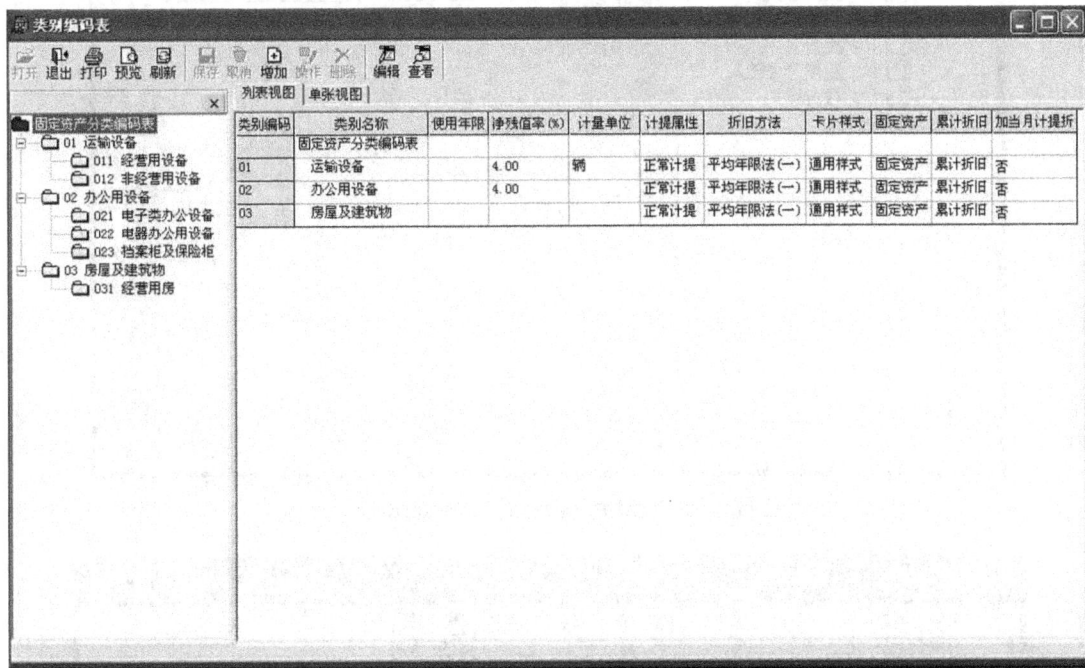

图 6 – 11　资产类别设置

注意：要设置下级类别，先退出增加类别界面，选中相应一级类别后，单击"增加"按钮，可增加其下级类别。

资产类别的编码不能重复，同级类别名称不能相同。

类别编码、名称、计提属性、卡片样式不能为空。

（3）增减方式的对应入账科目设置。

执行"固定资产"→"设置"→"增减方式"命令，打开"增减方式"窗口，在左边增减方式目录表中选择"1 增加方式"中的"直接购入"方式，单击"操作"按钮，输入或选择对应的入账科目编码"100201，工行存款"，单击"保存"按钮，如图 6 – 12 所示。同理，完成其他方式的对应入账科目设置，设置后界面如图 6 – 13 所示。

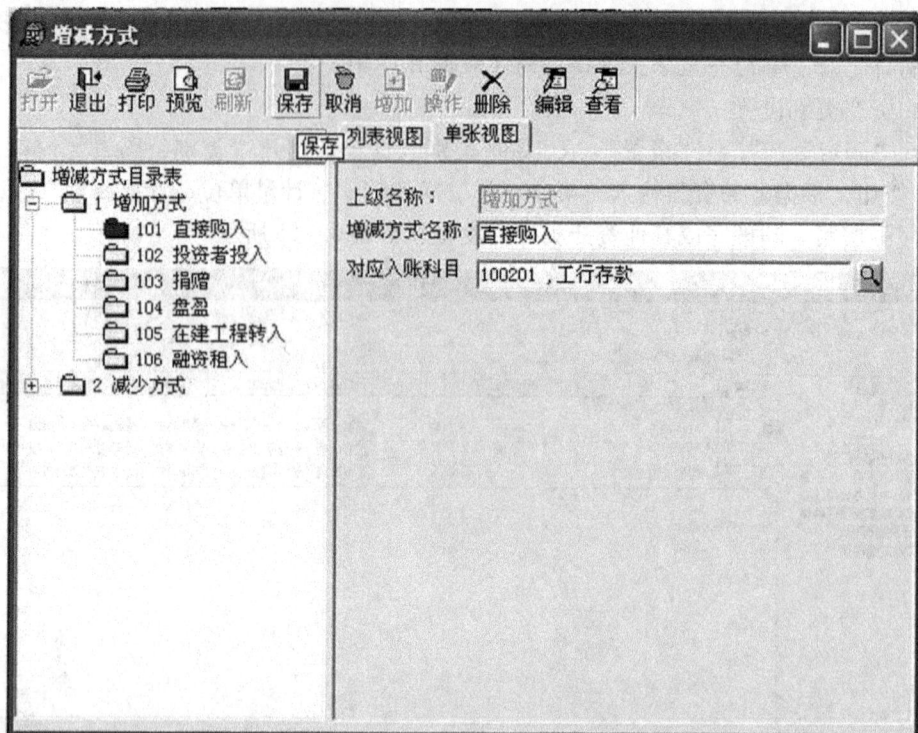

图 6 – 12　增减方式的对应入账科目设置一

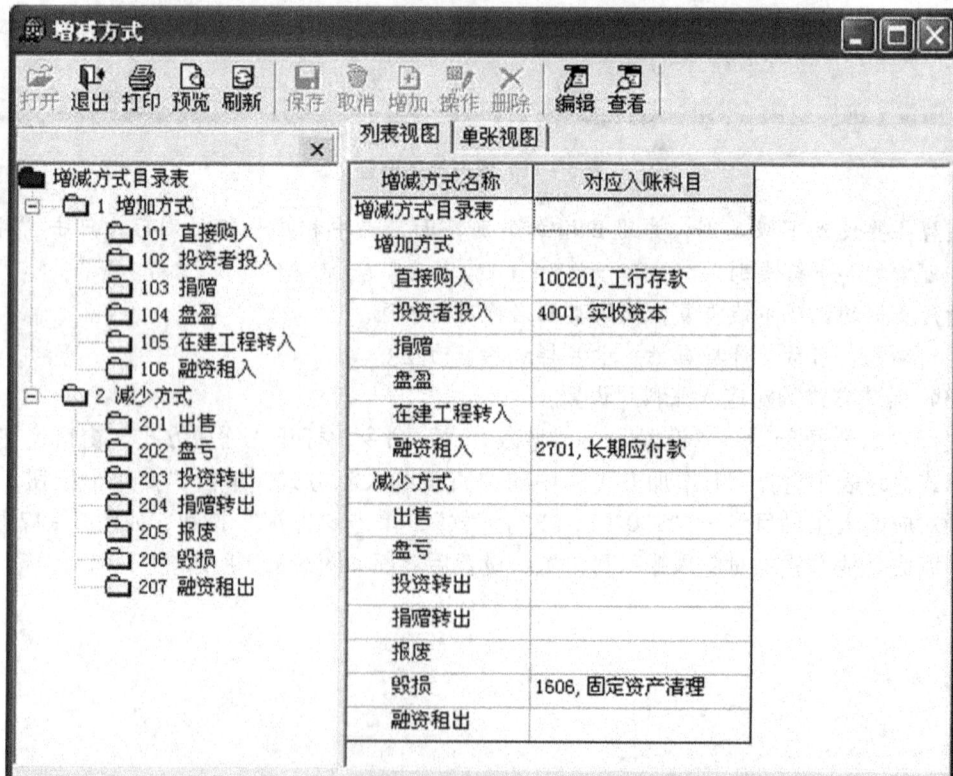

图 6 – 13　增减方式的对应入账科目设置二

注意：当固定资产发生增减变动时，系统生成凭证时，会默认采用这些科目。

（4）使用状况设置。

执行"固定资产"→"设置"→"使用状况"命令，打开"使用状况"窗口，在使用状况目录表中查看预设内容是否满足企业需要，如不满足可自行增加。固定资产的使用状况分为使用中、未使用、不需用三大类，如图6-14所示。

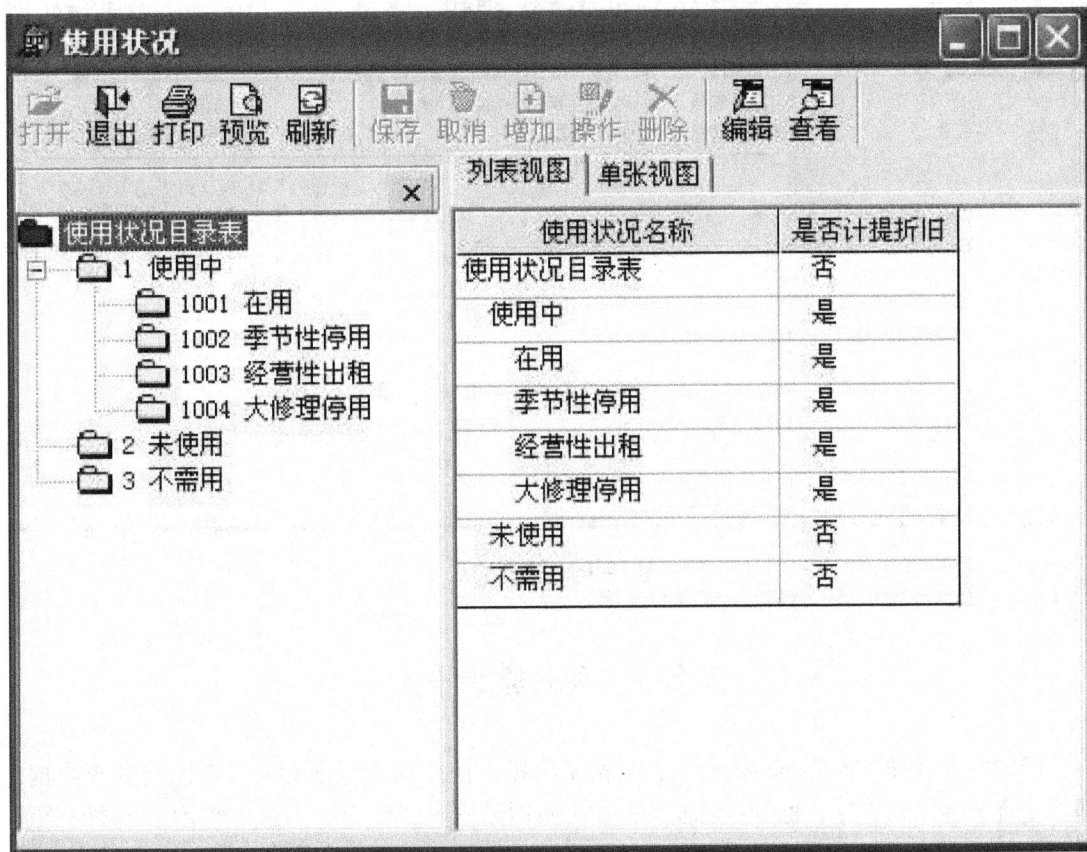

图6-14　使用状况

（5）折旧方法设置。

执行"固定资产"→"设置"→"折旧方法"命令，打开"折旧方法"窗口，查看预设折旧方式是否满足企业需要，如不满足可自行增加。系统给出了几种常用的折旧方法：不提折旧、平均年限法、工作量法、年数总和法、双倍余额递减法等，如图6-15所示。这几种方法是系统设置的折旧方法，只能选用，不能修改和删除。

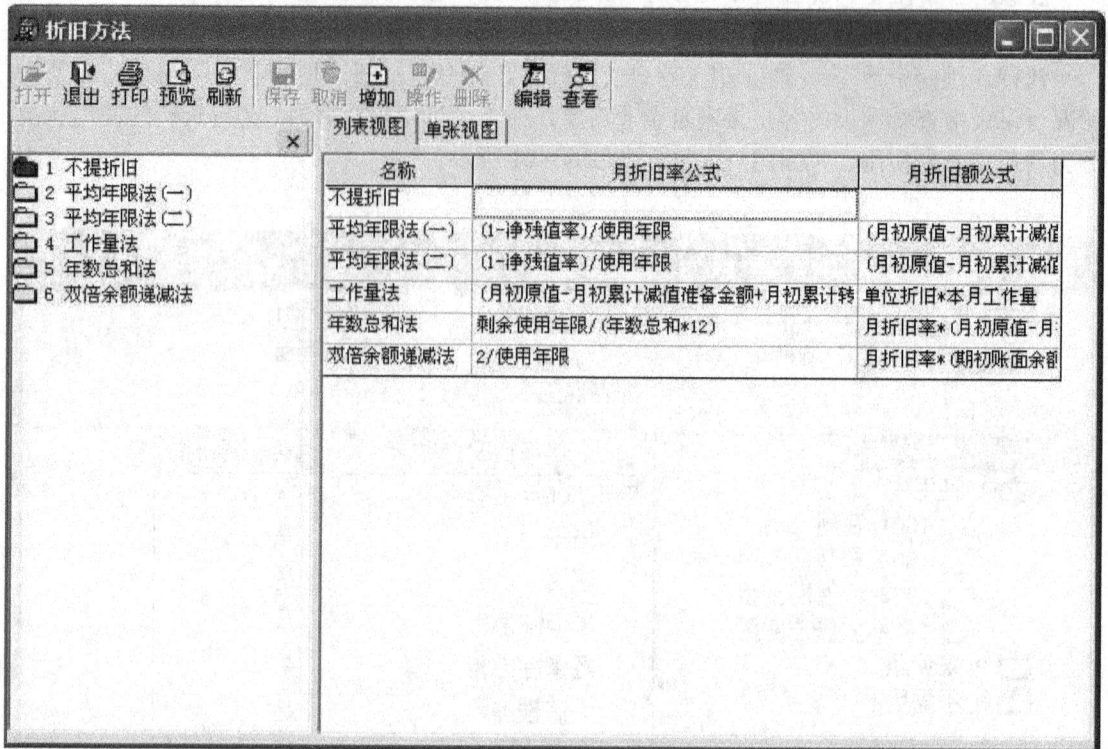

图6-15　折旧方法

任务3　录入原始卡片

固定资产管理子系统的初始数据，是指系统投入使用前企业现存的所有固定资产数据，即固定资产的原始卡片，也就是已使用并计提折旧的固定资产卡片。它是固定资产管理子系统使用的起点。因此，在使用固定资产系统进行核算前，必须将原始卡片资料录入系统，保持历史资料的连续性。为了保证初始数据准确无误，应先对所有资产进行清查盘点，做到账实相符。

1. 工作资料（表6-5）

表6-5　原始卡片

固定资产名称	类别编号	所在部门	增加方式	使用年限/月	开始使用日期	原值/元	累计折旧/元
轿车	012	总经理办公室	直接购入	72	2012-11-01	215 470	37 348.13
吉普车	011	供应部	直接购入	60	2012-09-01	80 000	19 200.00

续表

固定资产名称	类别编号	所在部门	增加方式	使用年限/月	开始使用日期	原值/元	累计折旧/元
空调	022	总经理办公室	投资者投入	120	2012 - 07 - 01	4 200	571.20
笔记本电脑	021	总经理办公室	直接购入	60	2012 - 12 - 01	28 900	5 548.80
台式计算机	021	技术部	直接购入	60	2012 - 12 - 01	6 490	1 246.08
台式计算机	021	技术部	直接购入	60	2012 - 12 - 01	6 490	1 246.08
传真机	021	总经理办公室	直接购入	72	2012 - 12 - 01	3 510	561.60
档案柜	023	总经理办公室	直接购入	120	2012 - 12 - 01	2 400	230.40
保险柜	023	财务部	直接购入	120	2012 - 12 - 01	1 800	172.80
经营用房	031	供应部	融资租入	180	2012 - 05 - 01	700 740	76 039.91
合计						1 050 000	142 165

注：资产的净残值率均为 4%（除"经营用房"外），使用状况均为"在用"，折旧方法均采用平均年限法（一）。

2. 工作指导

以账套主管"103 方伟"的身份注册登录，操作日期为"2014 - 01 - 01"。

（1）录入原始卡片。

①执行"固定资产"→"卡片"→"录入原始卡片"命令，系统弹出"资产类别参照"窗口，如图 6 - 16 所示。

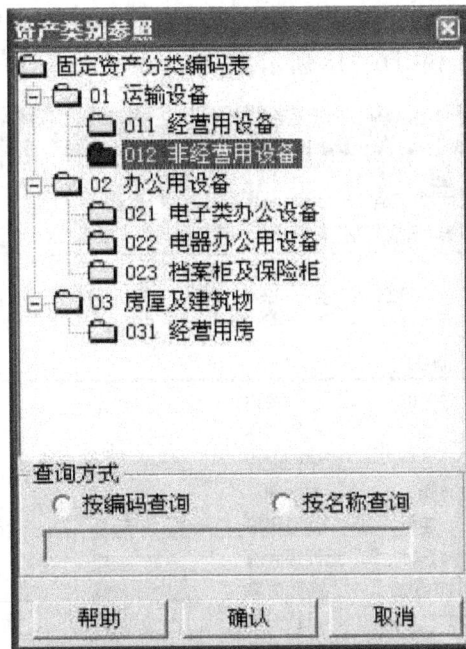

图 6 - 16 资产类别参照

②进入"资产类别参照"窗口，选择资产类别，根据业务资料内容选择"012 非经营用设备"，进入"固定资产卡片"窗口，如图 6 - 17 所示。

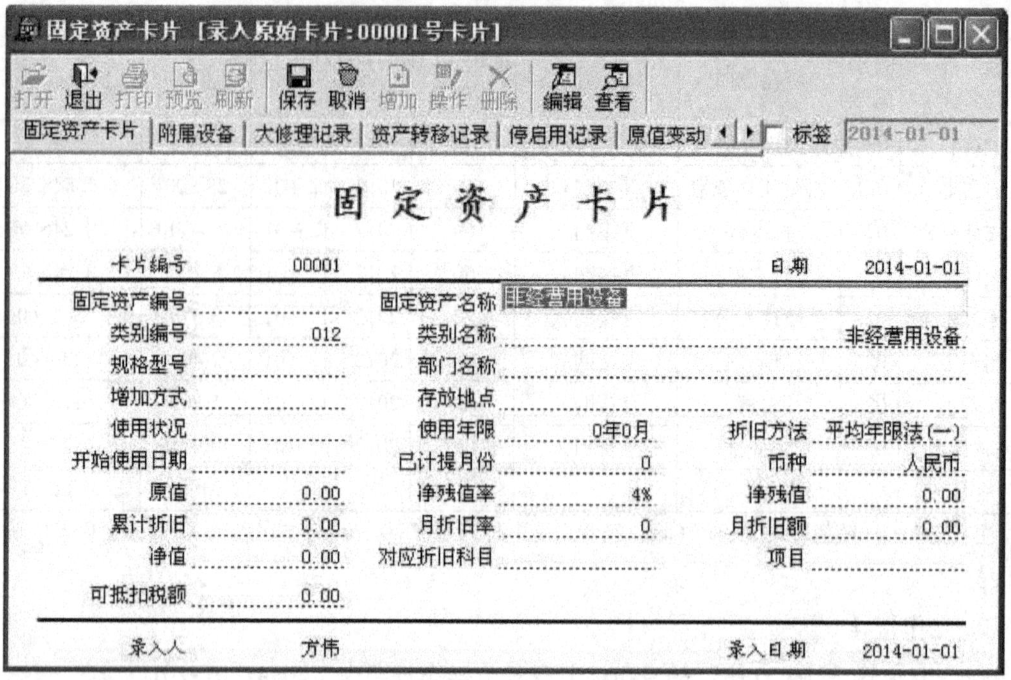

图 6-17　"固定资产卡片"对话框

③输入固定资产名称"轿车"，单击部门名称选择"总经理办公室"，单击增加方式选择"直接购入"，单击使用状况"在用"，输入使用年限"6 年 0 月"，输入开始使用日期"2012-11-01"，输入原值"215 470"，输入累计折旧"37 348.13"。其他数据由系统自动计算。单击"保存"按钮，如图 6-18 所示。

图 6-18　"固定资产卡片"设置

④同理，完成其他固定资产卡片的录入。

（2）与总账系统对账。

全部原始卡片录入完成后，可以选择"固定资产"→"处理"→"对账"功能，固定资产系统明细与总账系统进行对账，以确保明细账与总账相符，如图6-19所示。

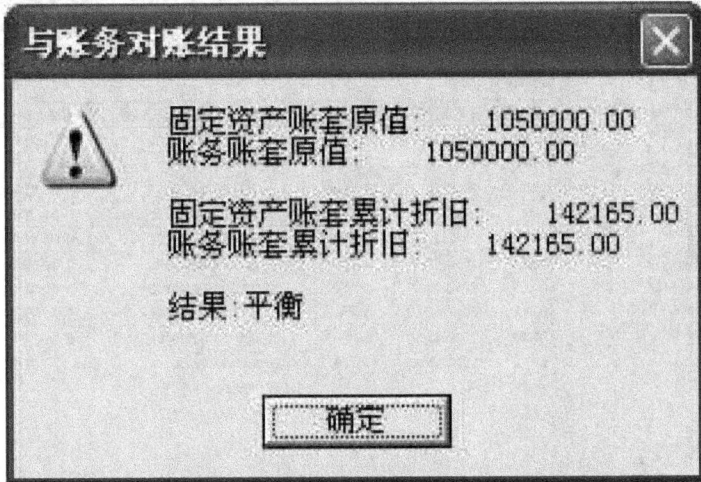

图6-19　对账

注意： 固定资产系统在录入原始卡片时，只能选择最末级的部门，所以设置对应折旧科目时也只有针对明细科目（科目必须为末级科目）设置才有意义。

固定资产增减方式中设置的对应入账科目，如果在生成记账凭证时发现不符合要求，可修改凭证中的科目。

系统根据初始化时定义的编码方案自动设定，不能修改，如果删除一张卡片，又不是最后一张时，系统将保留空号。

系统将根据开始使用日期自动计算出已计提月份，但可以修改，请将使用期间停用等不计提折旧的月份扣除。

项目2　固定资产日常业务处理

任务1　固定资产卡片管理

卡片是记录固定资产相关资料的载体。无论固定资产增加、减少还是变动，都要通过对固定资产卡片进行管理。卡片管理包括卡片修改、卡片删除（不是资产清理或减少）、卡片查询及打印等。

1. 工作资料

查看已录入固定资产卡片是否正确。

2. 工作指导

引入上一个项目的备份数据，以账套主管"101 王维"的身份注册登录。

执行"固定资产"→"卡片"→"卡片管理"命令，打开"卡片管理"窗口，与之前录入资料进行核对，无问题单击"关闭"按钮，如图6-20所示。

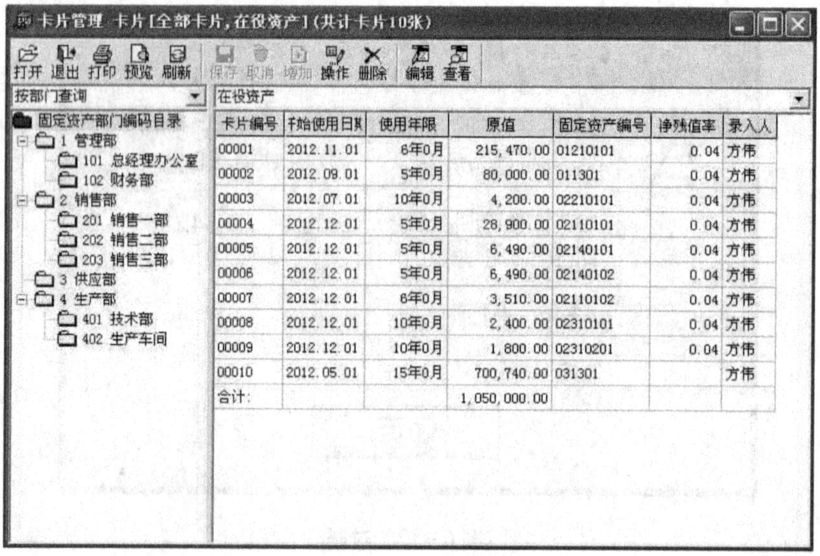

图6-20　卡片管理

任务2　固定资产增加处理

固定资产增加即增加新的固定资产卡片。企业通过购进、捐赠等其他方式取得固定资产时要进行固定资产增加处理，需要填制新的固定资产卡片。一方面要求对新增加的固定资产按经济用途或其他标准分类，并确定其原值；另一方面要办理交接手续，填制和审核有关凭证，作为固定资产核算的依据。当固定资产开始使用的会计期间等于录入会计期间时，才能通过"资产增加"录入。

1. 工作资料

2014年1月18日，财务部购买一台验钞机，价值2 900元，净残值率为4%，预计使用年限为5年。

2. 工作指导

（1）将系统日期修改为"2014年1月18日,"以"103 方伟"的身份重新注册，执行"固定资产"→"卡片"→"资产增加"命令，打开"资产类别参照"窗口，如图6-21所示。

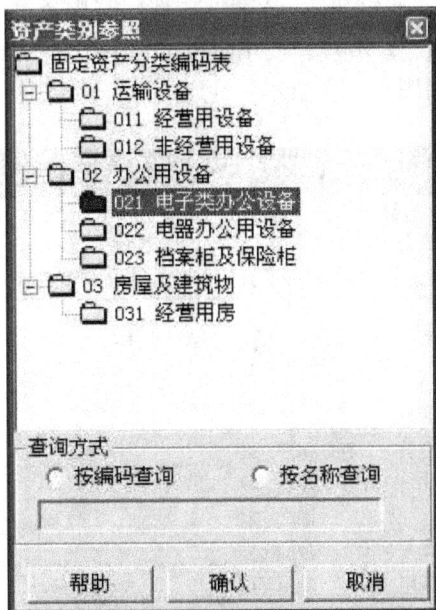

图6-21 资产类别参照

（2）进入"资产类别参照"窗口，选择"电子类办公设备"类别，单击"确认"按钮，打开"固定资产卡片"→"新增资产"的界面，如图6-22所示。

图6-22 固定资产增加设置之一

（3）输入固定资产名称"验钞机"，选择使用部门"财务部"，增加方式"直接购入"，使用状况"在用"，输入原值"2 900"，使用年限"5年0月"，开始使用日期"2014 – 01 – 18"，单击"保存"按钮，如图6 – 23所示。

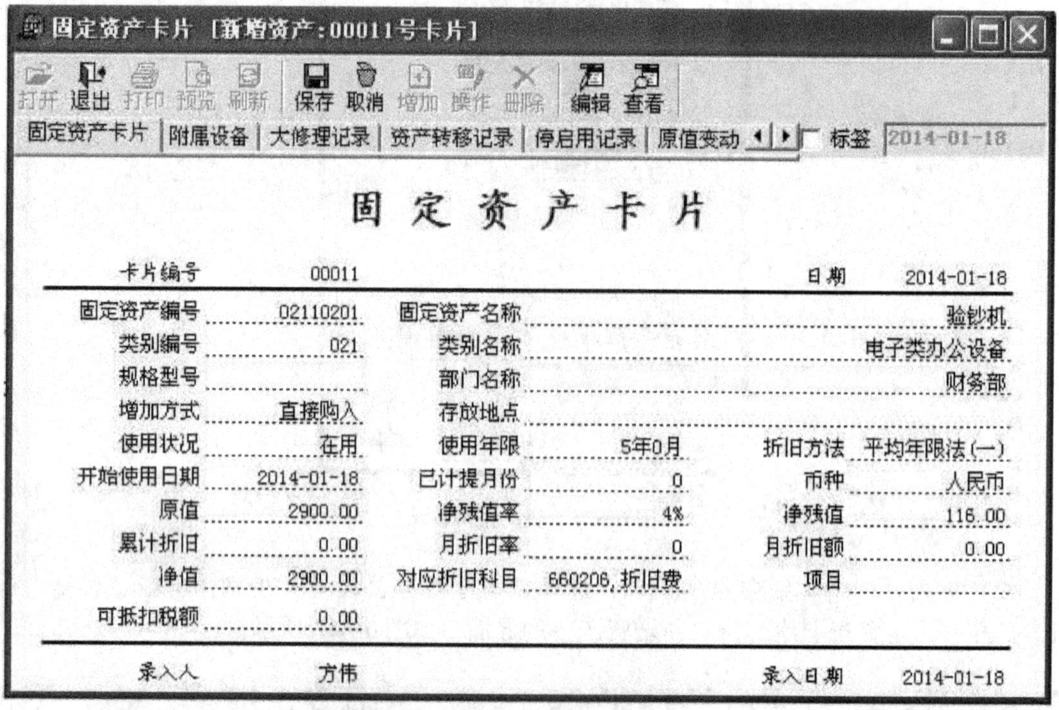

图6 – 23   固定资产增加设置之二

任务3   固定资产评估处理

随着市场经济的发展，企业在经营活动中，根据业务需要或国家要求需要对部分资产或全部资产进行评估和重估，而其中固定资产评估是资产评估重要的部分。

1. 工作资料

2014年1月20日，对轿车进行资产评估，评估结果为原值200 000元，累计折旧45 000元。

2. 工作指导

（1）将系统日期修改为"2014年1月20日"，以"103 方伟"的身份重新注册，执行"固定资产"→"卡片"→"资产评估"命令，打开"资产评估"窗口，单击"增加"按钮，打开"资产评估选择"对话框，选择评估项目"原值""累计折旧"，单击"确定"按钮，如图6 – 24所示。

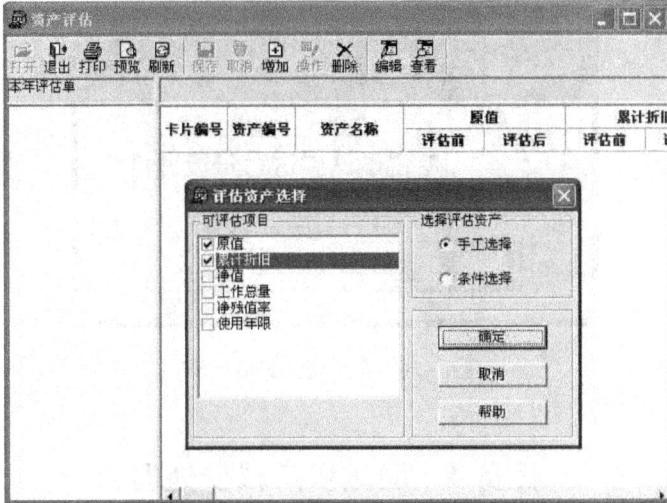

图 6 – 24　资产评估选择

（2）在卡片编号中参照"轿车"的卡片编号，在"（A）原值""（A）累计折旧"栏输入评估后数据，如图 6 – 25 所示。

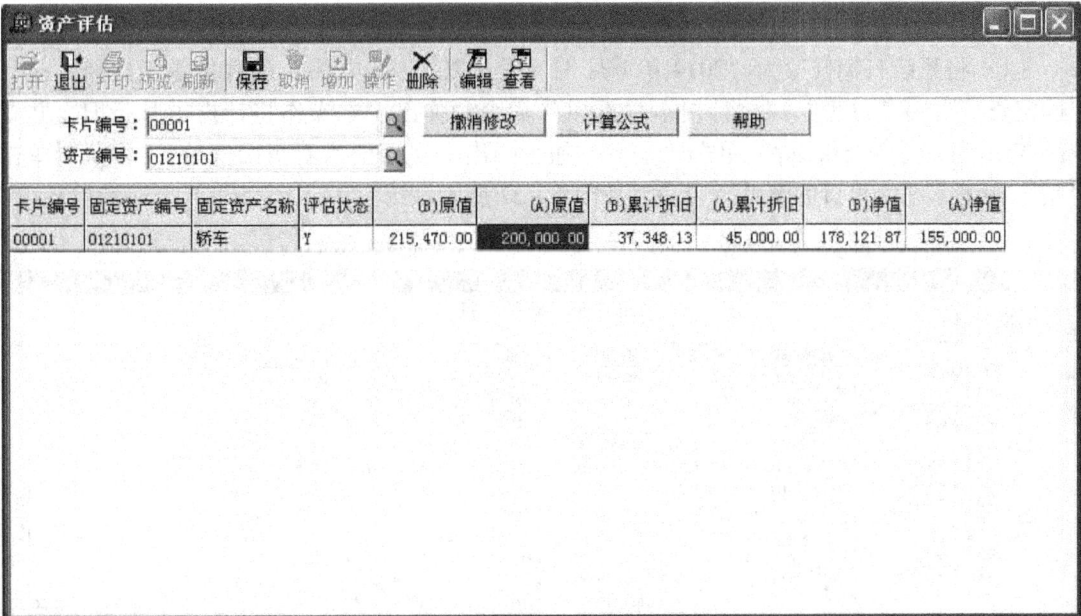

图 6 – 25　固定资产评估数据录入

（3）单击"保存"按钮，弹出"是否确认要进行资产评估?"提示框，单击"是"按钮，如图 6 – 26 所示。

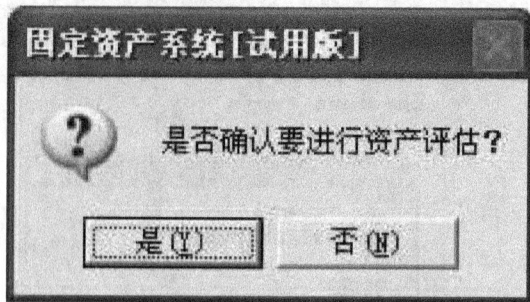

图6-26 固定资产评估提示

任务4 固定资产减少处理

资产在使用过程中，总会由于各种原因，如损毁、出售、盘亏等而被淘汰。此时需要进行固定资产减少的处理，输入固定资产减少的记录，说明减少方式、减少原因等。

1. 工作资料

2014年1月31日，技术部损毁台式计算机一台（卡片编号00005）。

2. 工作指导

（1）将系统日期修改为"2014年1月31日"，以"103方伟"的身份重新注册，执行"固定资产"→"处理"→"计提本月折旧"命令，弹出"本操作将计提本月折旧，并花费一定时间，是否要继续？"单击"是"按钮，弹出"是否要查看折旧清单？"提示，单击"是"按钮，进入"折旧清单"窗口，如图6-27所示。

卡片编号	资产编号	资产名称	原值	计提原值	本月折旧	累计折旧	净残值	折旧率	单位折旧	本月工作量	累计工作量
00001	01210101	轿车	200,000.00	215,470.00	2,865.75	47,865.75	8,000.00	0.0133			
00002	011301	吉普车	80,000.00	80,000.00	1,280.00	20,480.00	3,200.00	0.0160			
00003	02210101	空调	4,200.00	4,200.00	33.60	604.80	168.00	0.0080			
00004	02110101	笔记本电脑	28,900.00	28,900.00	462.40	6,011.20	1,156.00	0.0160			
00005	02140101	台式计算机	6,490.00	6,490.00	103.84	1,349.92	259.60	0.0160			
00006	02140102	台式计算机	6,490.00	6,490.00	103.84	1,349.92	259.60	0.0160			
00007	02110102	传真机	3,510.00	3,510.00	46.68	608.28	140.40	0.0133			
00008	02310101	档案柜	2,400.00	2,400.00	19.20	249.60	96.00	0.0080			
00009	02310201	保险柜	1,800.00	1,800.00	14.40	187.20	72.00	0.0080			
00010	031301	经营用房	700,740.00	700,740.00	3,924.14	79,964.05	0.00	0.0056			
合计			1,034,530.00	1,050,000.00	8,853.85	158,670.72	3,351.60			0.000	0.000

图6-27 折旧清单

（2）单击"退出"按钮，计提折旧完成后，进入"折旧分配表"窗口，单击"退出"

按钮，如图 6 - 28 所示。

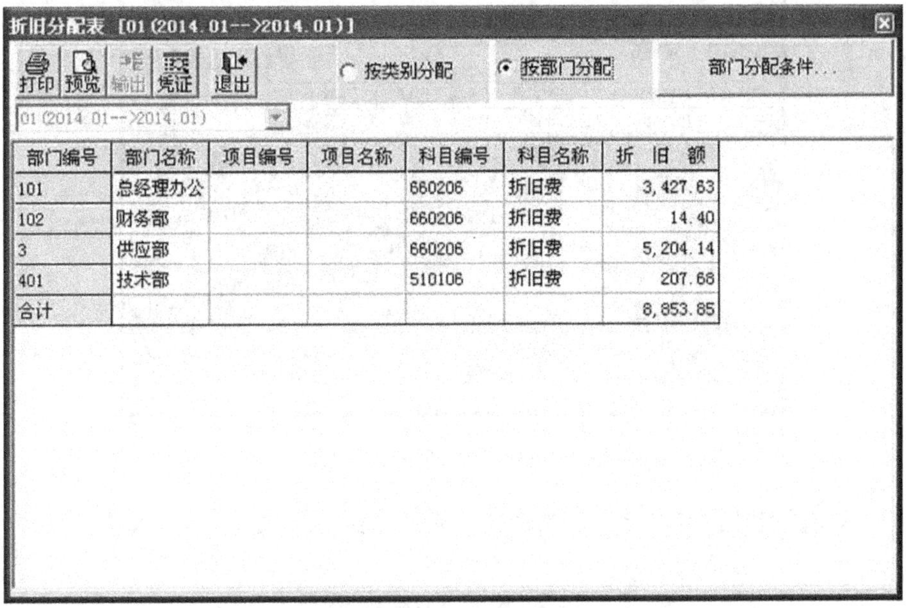

图 6 - 28   折旧分配表

注意：如果上次计提折旧已生成凭证传递到总账系统中，则必须删除该凭证才能重新计提折旧。

计提折旧后，又对账套数据进行了影响折旧计算的操作，必须重新计提折旧，否则不允许结账。

（3）执行"固定资产"→"卡片"→"资产减少"命令，进入"资产减少"窗口，如图 6 - 29 所示。

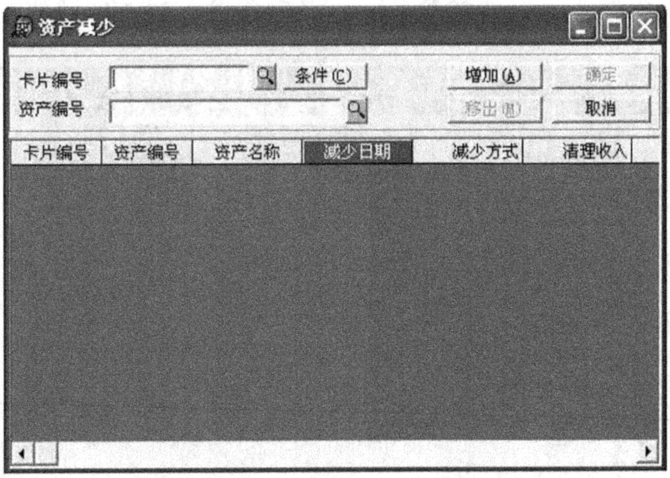

图 6 - 29   资产减少设置之一

（4）在卡片编号中参照"00005 台式计算机"，单击"增加"按钮，显示符合条件的固定资产卡片信息，填写减少方式"毁损"，如图 6 - 30 所示，单击"确定"按钮。

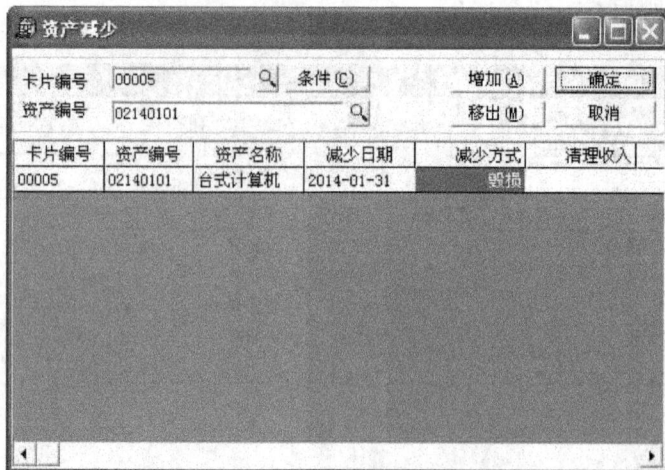

图6-30　资产减少设置之二

注意：只有进行计提折旧后，才能进行"资产减少"处理。

任务5　账表查询

根据企业对固定资产日常业务的处理，系统以报表形式将信息提供给用户。该系统提供的报表可分为四大类：账簿、分析表、统计表和折旧表。

1. 工作资料

查询2014年1月固定资产账表内容。

2. 工作指导

（1）执行"固定资产"→"账表"→"我的账表"命令，打开"报表"窗口，如图6-31所示。

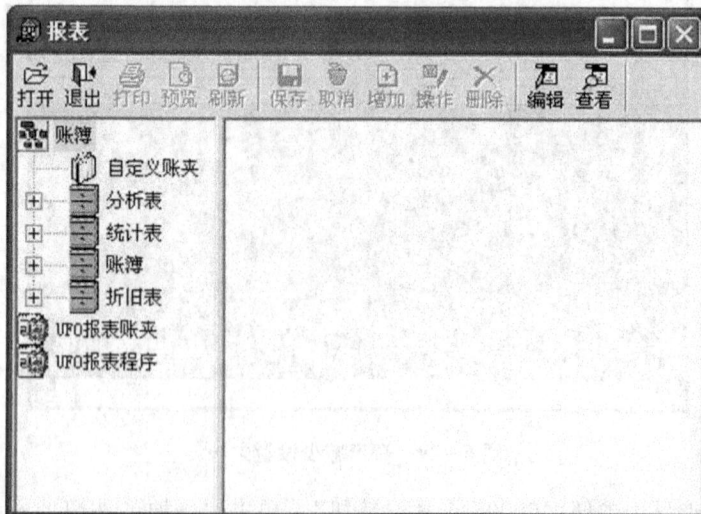

图6-31　打开"报表"

（2）在列表中选择要查询的项，双击进入相关的查询。如查询"固定资产登记簿"，双击该项，弹出查询条件对话框，输入查询条件，单击"确定"按钮即可。也可不输入条件，默认全部。

项目3 固定资产期末业务处理

任务1 折旧处理

系统根据固定资产卡片中的资料自动计算每项资料的折旧，并自动生成折旧分配表，然后制作记账凭证，将本月的折旧费自动登账。系统将自动计提各个资产当期的折旧额，自动累加到累计折旧项目中。

1. 工作资料

重新计提本月累计折旧。

2. 工作指导

引入上一个项目的备份数据，以会计"103
方伟"的身份注册登录。

（1）将系统日期修改为"2014 年 1 月 31
日，"执行"固定资产"→"处理"→"计提本
月折旧"命令，弹出"本操作将计提本月折旧，
并花费一定时间，是否要继续？"窗口，单击"是（Y）"按钮，如图 6 - 32 所示。

图 6 - 32 固定资产计提累计折旧提示

（2）弹出"是否要查看折旧清单"提示，单击"是（Y）"按钮，进入"折旧清单"
窗口，如图 6 - 33 所示。

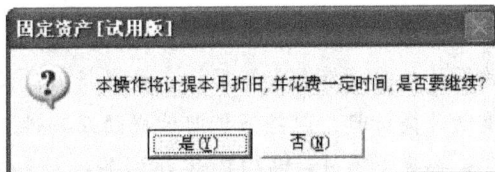

卡片编号	资产编号	资产名称	原值	计提原值	本月折旧	累计折旧	净残值	折旧率	单位折旧	本月工作量	累计工作量
00001	01210101	轿车	200,000.00	215,470.00	2,865.75	47,865.75	8,000.00	0.0133			
00002	011301	吉普车	80,000.00	80,000.00	1,280.00	20,480.00	3,200.00	0.0160			
00003	02210101	空调	4,200.00	4,200.00	33.60	604.80	168.00	0.0080			
00004	02110101	笔记本电脑	28,900.00	28,900.00	462.40	6,011.20	1,156.00	0.0160			
00005	02140101	台式计算机	6,490.00	6,490.00	103.84	1,349.92	259.60	0.0160			
00006	02140102	台式计算机	6,490.00	6,490.00	103.84	1,349.92	259.60	0.0160			
00007	02110102	传真机	3,510.00	3,510.00	46.68	608.28	140.40	0.0133			
00008	02310101	档案柜	2,400.00	2,400.00	19.20	249.60	96.00	0.0080			
00009	02310201	保险柜	1,800.00	1,800.00	14.40	187.20	72.00	0.0080			
00010	031301	经营用房	700,740.00	700,740.00	3,924.14	79,964.05	0.00	0.0056			
合计			1,034,530.00	1,050,000.00	8,853.85	158,670.72	3,351.60			0.000	0.000

图 6 - 33 "折旧清单"窗口

（3）单击"退出"按钮，显示"计提折旧完成"提示信息，单击"确定"按钮，如图6-34所示。

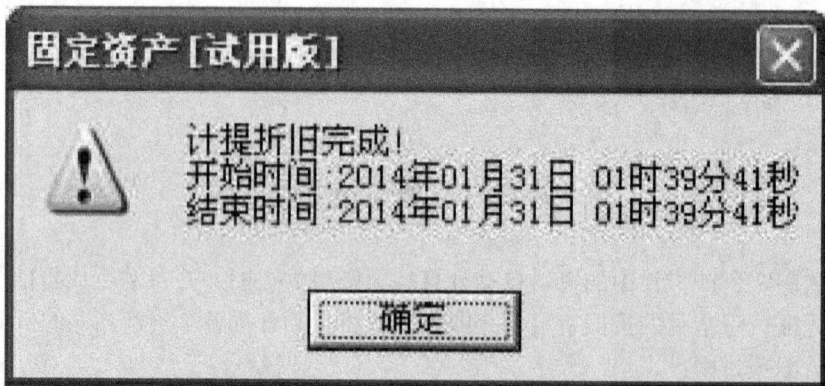

图6-34　计提折旧完成

注意：如果在一个期间多次计提折旧，每次计提折旧后，只是将计提的折旧累加到月初的累计折旧，不会重复累计。计提折旧后又对账套进行了影响折旧计算后分配的操作，必须重新计提折旧，以确保折旧计提的正确性。

如果上次计提折旧已经制单并把数据传输到总账系统中，但尚未记账，必须删除该凭证；如果已经记账，必须冲销该凭证，或者利用恢复记账前状态操作删除该凭证，再重新计提折旧。

任务2　制单处理

固定资产管理子系统中的凭证处理主要根据固定资产各项业务数据自动生成记账凭证，传递到总账系统中，进行凭证的相关处理。制单可采用"立即制单"或"批量制单"两种方法，具体采用哪种方法可以在"选项"中进行"业务发生后立即制单"参数设置。

1. 工作资料

利用批量制单功能，生成之前4笔业务凭证，并将其记账。

2. 工作指导

引入上一个项目的备份数据，以总账会计"103方伟"的身份注册登录。

①执行"固定资产"→"处理"→"批量制单"命令，打开"批量制单"窗口，双击右侧"制单"按钮将其显示"Y"，如图6-35所示。

图 6 - 35　批量制单

②单击"制单设置"按钮，再单击"下张"按钮，填写空白内容，如图 6 - 36 所示固定资产增加业务处理。

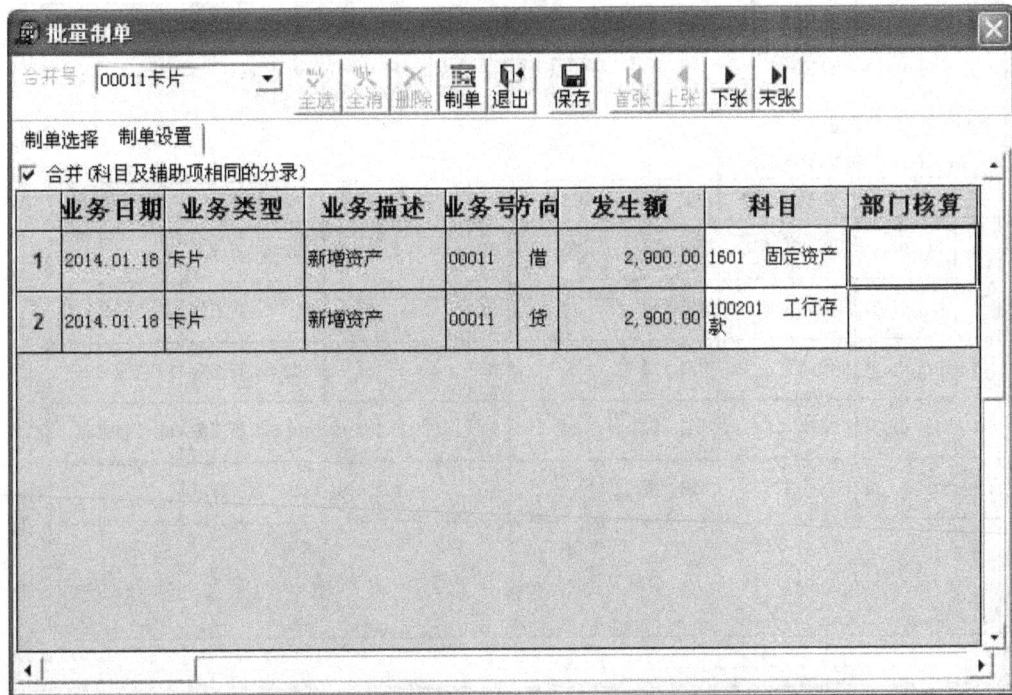

图 6 - 36　资产增加

③单击“下张”按钮，填写空白信息，如图6－37所示固定资产评估业务处理。

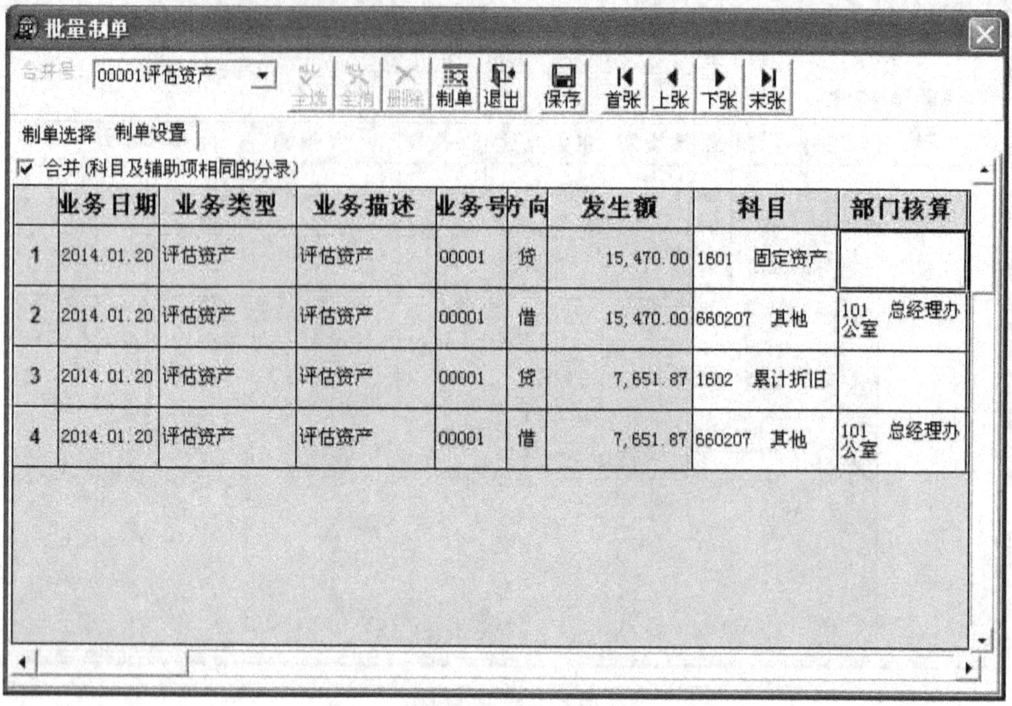

	业务日期	业务类型	业务描述	业务号	方向	发生额	科目	部门核算
1	2014.01.20	评估资产	评估资产	00001	贷	15,470.00	1601 固定资产	
2	2014.01.20	评估资产	评估资产	00001	借	15,470.00	660207 其他	101 总经理办公室
3	2014.01.20	评估资产	评估资产	00001	贷	7,651.87	1602 累计折旧	
4	2014.01.20	评估资产	评估资产	00001	借	7,651.87	660207 其他	101 总经理办公室

图6－37 资产评估

④单击“下张”按钮，填写空白信息，如图6－38所示固定资产累计折旧业务处理。

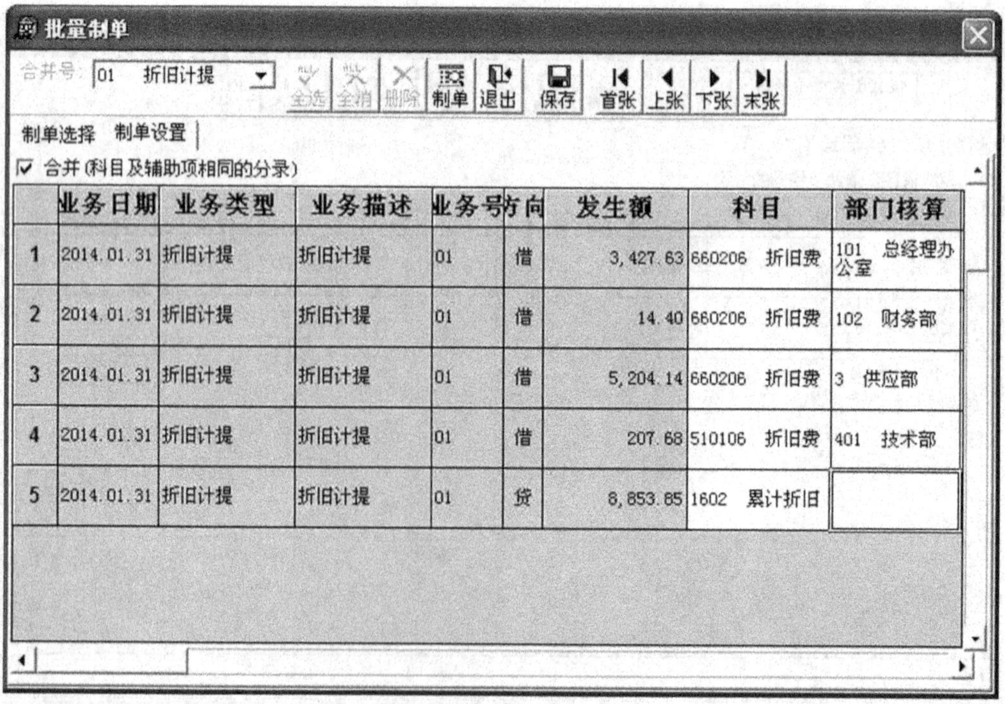

	业务日期	业务类型	业务描述	业务号	方向	发生额	科目	部门核算
1	2014.01.31	折旧计提	折旧计提	01	借	3,427.63	660206 折旧费	101 总经理办公室
2	2014.01.31	折旧计提	折旧计提	01	借	14.40	660206 折旧费	102 财务部
3	2014.01.31	折旧计提	折旧计提	01	借	5,204.14	660206 折旧费	3 供应部
4	2014.01.31	折旧计提	折旧计提	01	借	207.68	510106 折旧费	401 技术部
5	2014.01.31	折旧计提	折旧计提	01	贷	8,853.85	1602 累计折旧	

图6－38 累计折旧

⑤单击"下张"按钮，填写空白信息，如图6-39所示固定资产减少业务处理。

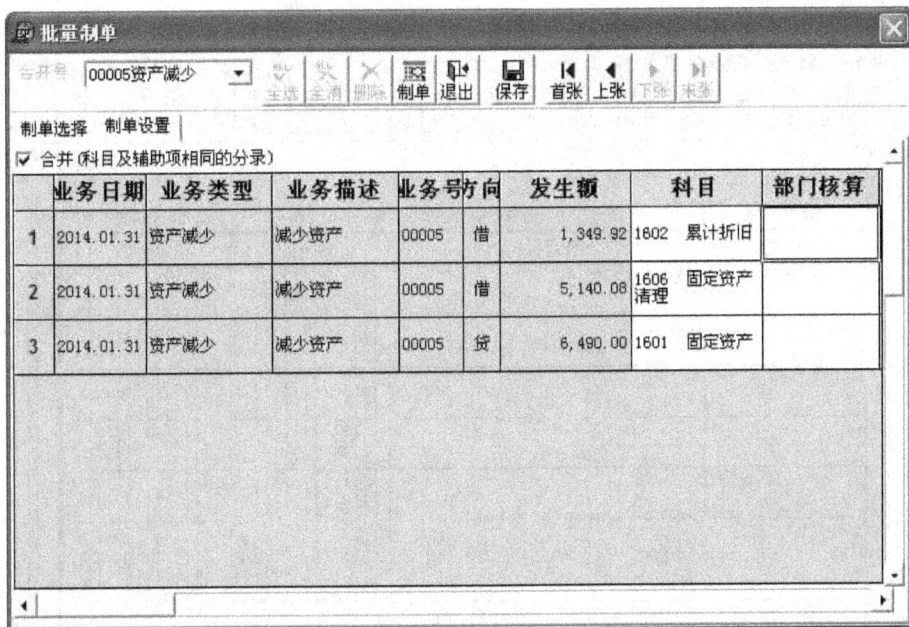

图6-39 资产减少

⑥单击"制单"按钮，弹出"填制凭证"窗口，分别设置四张凭证的"凭证类别""日期"等信息，单击"保存"按钮后即将凭证传递到总账系统中，如图6-40所示。

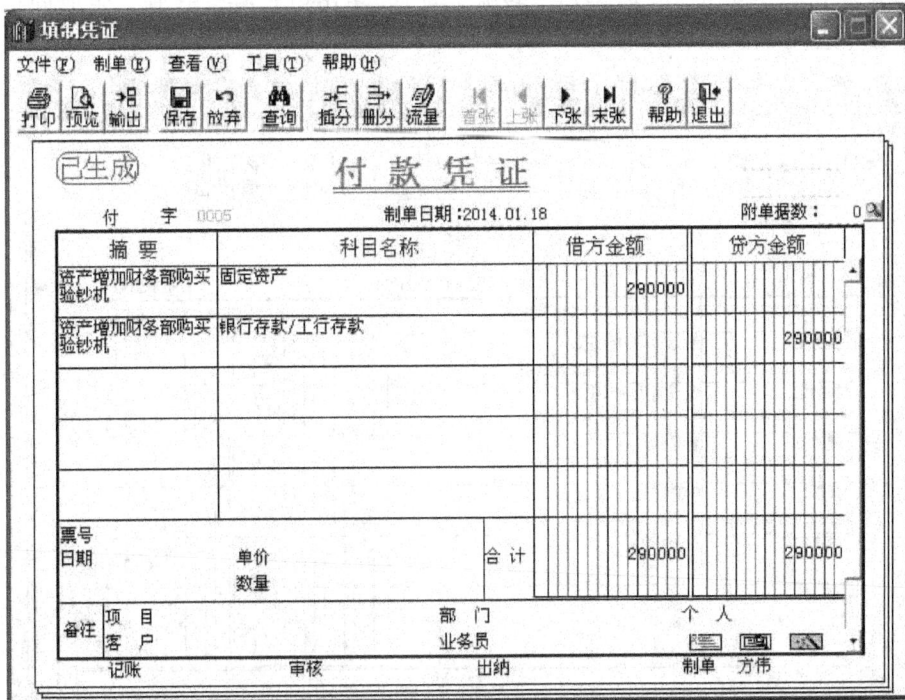

图6-40 资产增加生成凭证

⑦单击"下张"按钮，凭证类别"转账凭证"，单击"保存"按钮，生成固定资产评

估业务凭证，如图6-41所示。

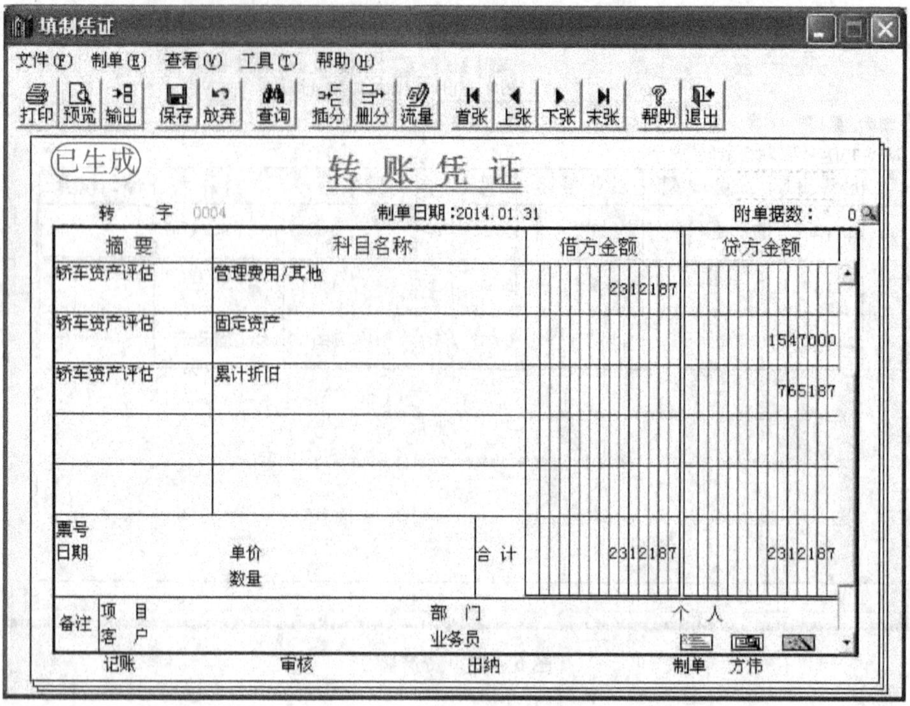

图6-41　资产评估生成凭证

⑧单击"下张"按钮，凭证类别"转账凭证"，单击"保存"按钮，生成固定资产累计折旧业务凭证，如图6-42所示。

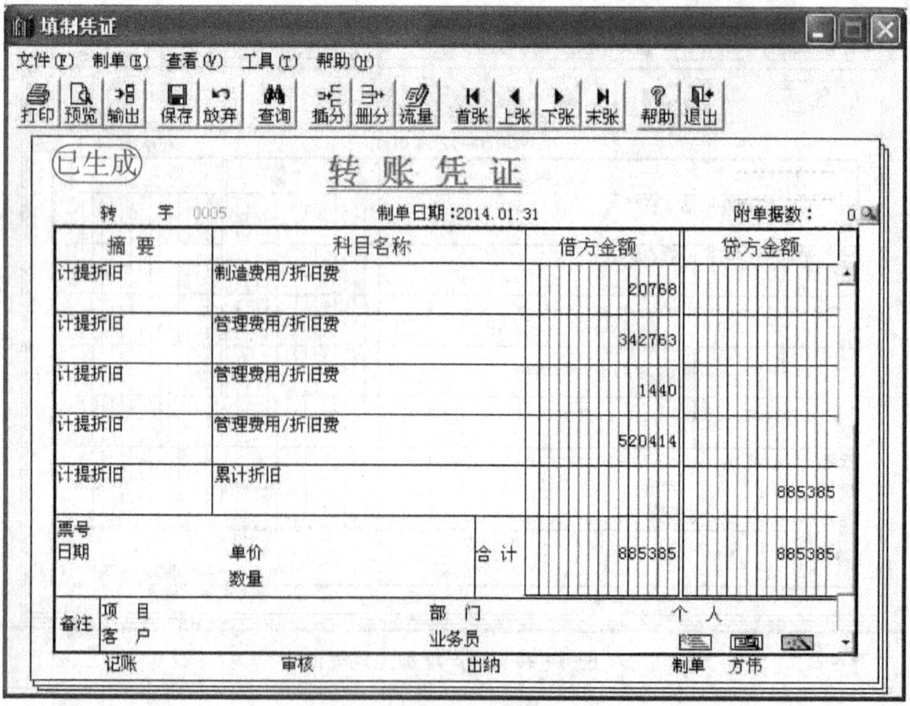

图6-42　累计折旧生成凭证

⑨单击"下张"按钮，凭证类别"转账凭证"，单击"保存"按钮，生成固定资产减少业务凭证，如图 6-43 所示。

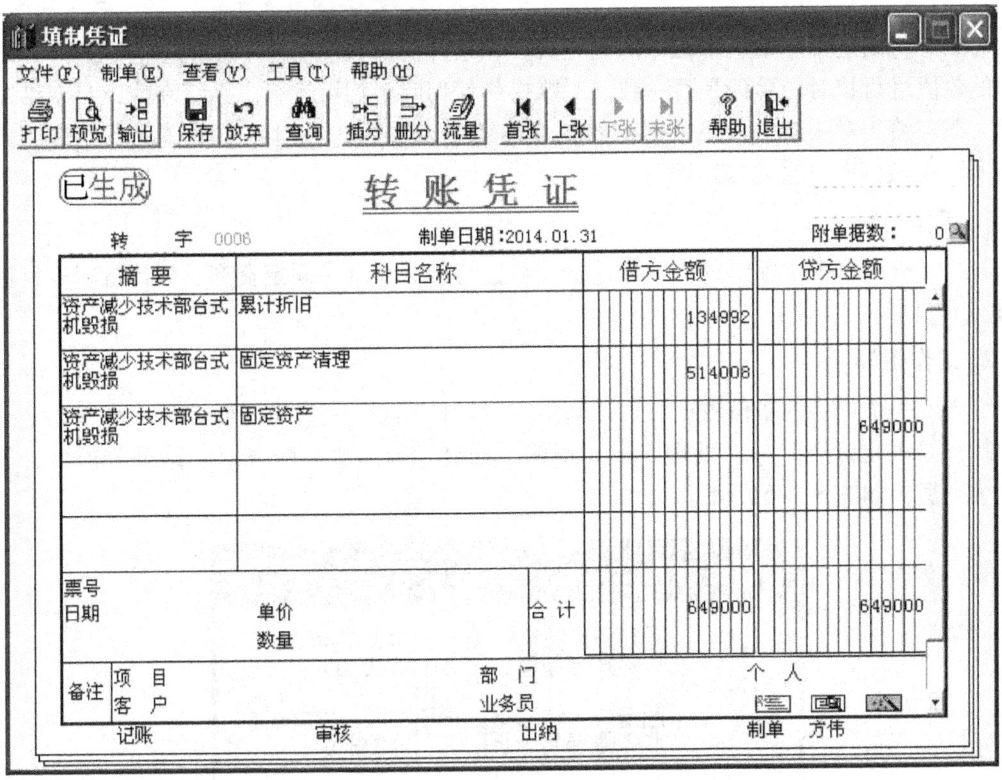

图 6-43　资产减少生成凭证

⑩以"102 赵江"的身份进入总账系统，对已生成的凭证进行"出纳签字"，再以"101 王维"的身份重新注册总账系统，对凭证进行审核、记账操作，如图 6-44 所示。

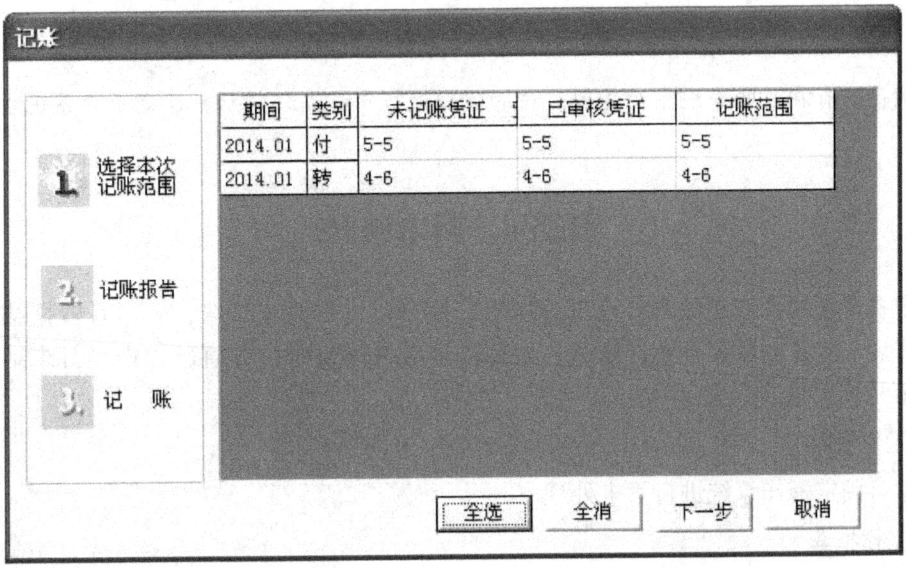

图 6-44　对已生成凭证记账

任务3 对账处理

对账是将固定资产系统中记录的固定资产和累计折旧数额与总账系统中固定资产和累计折旧的数值进行核对，验证是否一致。对账操作任何时候均可进行，系统在执行月末结账时自动对账，给出对账结果，并根据初始化或选项中设置的"在对账不平情况下允许固定资产结账"参数判断是否允许结账。

1. 工作资料

将固定资产系统中固定资产、累计折旧科目与总账系统中固定资产、累计折旧科目进行核对。

2. 工作指导

引入上一个项目的备份数据，以账套主管"101 王维"的身份注册登录。

执行"固定资产"→"处理"→"对账"命令，弹出"与账务对账结果"窗口，显示结果为平衡，如图6-45所示。

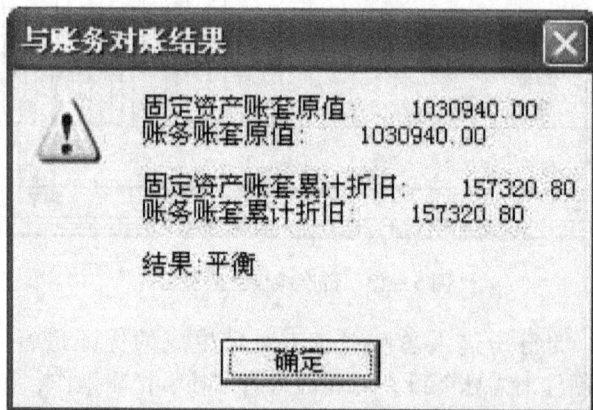

与账务对账结果

固定资产账套原值：　　1030940.00
账务账套原值：　　　1030940.00

固定资产账套累计折旧：　157320.80
账务账套累计折旧：　　157320.80

结果：平衡

确定

图6-45 与账务对账结果平衡

注意：只有在总账系统中对传递过去的凭证进行审核、记账后，固定资产系统才可以进行对账。

任务4 月末结账

固定资产管理系统完成当月全部业务后，便可以进行月末结账，即本月数据结转至下月。结账后，当月的数据不允许修改。如有错误必须修改时，可通过"恢复月末结账前状态"功能进行反结账。

1. 工作资料

对本月固定资产系统进行月末处理。

2. 工作指导

引入上一个项目的备份数据，以账套主管"101 王维"的身份注册登录。

执行"固定资产"→"处理"→"月末结账"命令，弹出"月末结账"窗口，单击"开始结账"按钮，显示与账务对账结果平衡，单击"确定"按钮，结账完成，如图6-46所示。

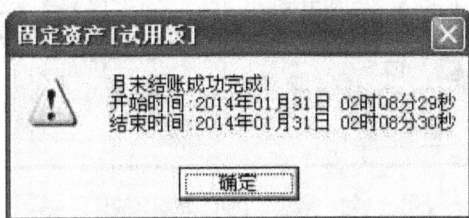

图6-46　月末结账

项目4　固定资产变动业务处理

任务1　固定资产部门变动

固定资产在使用过程中，由于内部调配而发生的部门变动应做及时处理，否则将影响部门的折旧计算。该变动通过"变动单"下的"部门转移"功能实现。

1. 工作资料

2014年2月25日，总经理室的传真机转移到供应部。

2. 工作指导

引入上一个项目的备份数据，以会计"103方伟"的身份注册登录。

（1）将系统日期修改为"2014年2月25日"，执行"固定资产"→"卡片"→"变动单"→"部门转移"命令，打开"固定资产变动单"窗口，如图6-47所示。

图6-47　"固定资产变动单"窗口

（2）输入卡片编号"00007"，单击变动后部门选择"供应部"，输入变动原因"调拨"，单击"保存"按钮，如图6-48所示。

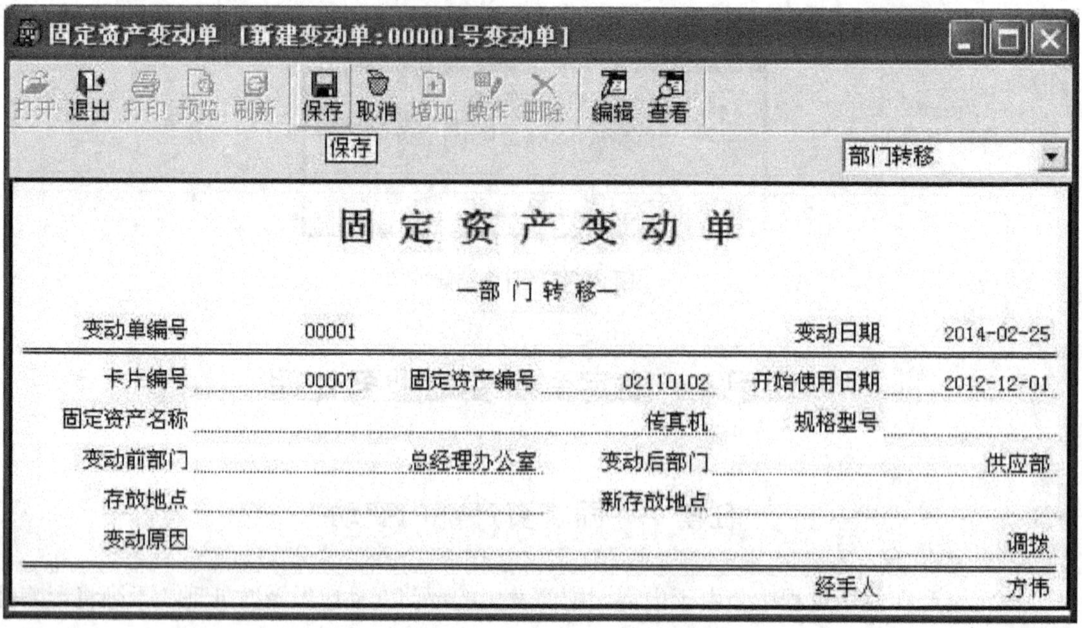

图6-48　固定资产部门变动单

注意：部门转移的变动，不生成凭证。

任务2　固定资产原值增加

原值变动包括原值增加和原值减少两部分。资产在使用过程中，价值不得任意变动。只有在发生国家规定的下列情况时才能进行原值增加或减少：对固定资产重新估价、增加补充或改良设备、将固定资产的一部分拆除、根据实际价值调整原来的暂估价值、发现原记录的固定资产价值有误。

1. 工作资料

2014年2月28日，供应部的吉普车添置新配件3 000元。

2. 工作指导

（1）将系统日期修改为"2014年2月28日,"以"103方伟"的身份重新注册，执行"固定资产"→"卡片"→"变动单"→"原值增加"命令，打开"固定资产变动单"窗口，如图6-49所示。

（2）输入卡片编号"00002"，输入增加金额"3 000"，输入变动原因"增加配件"，单击"保存"按钮，如图6-50所示。

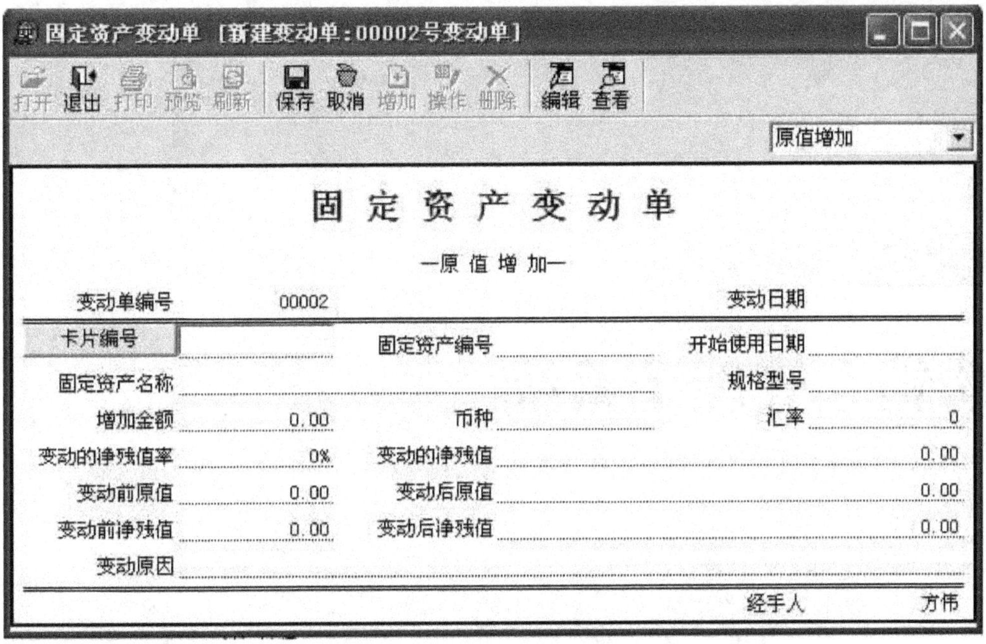

图 6-49 "固定资产变动单"窗口

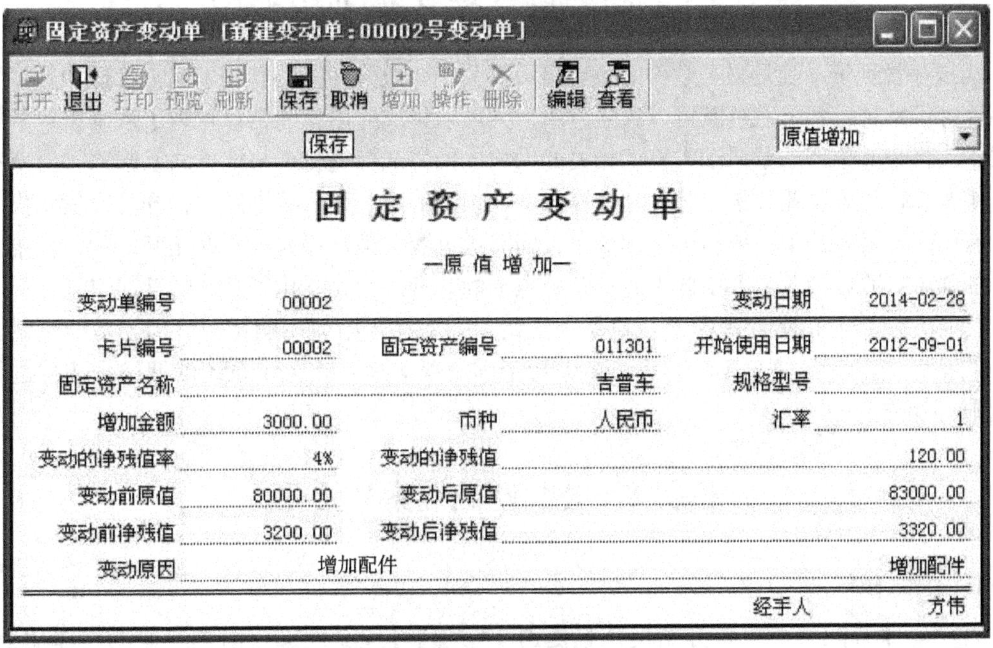

图 6-50 固定资产原值增加变动单

模块6 固定资产系统自测题

模块7

购销存管理子系统

项目1　购销存管理子系统初始化

购销存管理子系统是财务软件的重要组成部分，一般分为采购管理、销售管理和库存管理及核算等子系统，各子系统既可以独立应用，又可以集成应用。购销存管理子系统以存货收发为线索，将企业生产经营活动中密切相关的采购、销售和存货管理与核算联系起来，对所有采购、销售和存货收发业务进行管理和核算，增加预测的准确率，减少库存，提高发货、供货能力，有效实现资料共享，提高了工作效率，同时通过购、销、存业务资料相互之间的勾稽、查对，加强了对购、销业务及由此引起的往来款项的管理，大大强化了会计的管理职能。

为了方便企业正常处理财务与业务一体化，需要在开始使用购销存管理子系统时对企业的公共基础档案、各种业务参数等信息进行正确设置，录入相关子系统的期初余额并进行期初记账等操作。

任务1　公共基础档案初始化

1. 工作资料

百城电器有限公司决定开始使用畅捷通 T3 系列管理软件进行财务与业务一体化处理，具体资料如下。

（1）账套资料。

①账套信息。

账套号：300；账套名称：百城电器有限公司；账套路径：默认值；启用会计期：2014年1月；会计期间采用默认值。

②单位信息。

单位名称：百城电器有限公司；单位简称：百城公司；单位地址：天津市河西区马场道

666 号；法人代表：李春城；邮政编码：300066；联系电话：022 - 23536789；传真号：022 - 23536789；电子邮件：bch@bch.com.cn；税号：120123456789123。

③核算类型。

记账本位币：人民币（RMB）；企业类型：商业；行业性质：2007 年新会计准则；账套主管：赵立；要求按行业性质预置会计科目。

④基础信息。

对存货、客户、供应商进行分类；无外币核算。

⑤分类编码方案。

科目编码级次：422。

客户分类编码级次：12。

部门编码级次：12。

地区分类编码级次：12。

存货分类编码级次：12。

货位编码级次：默认。

收发类别编码级次：11。

结算方式编码级次：12。

供应商分类编码级次：12。

⑥数据精度。

存货数量、单价小数位数均为 2 位。

⑦系统启用。

启用总账系统、购销存管理系统、核算系统。启用日期：2014 年 1 月 1 日。

（2）系统用户及权限分配（表 7 - 1）。

表 7 - 1　用户及权限分配

用户编号	用户姓名	用户权限
301	赵立	账套主管，拥有账套内各子系统全部权限
302	张萍	拥有公用目录设置、总账、往来、应付管理、应收管理、核算、采购管理、销售管理、库存管理全部权限
303	刘方	拥有公用目录设置、总账、往来、应付管理、应收管理、核算、采购管理、销售管理、库存管理全部权限

（3）基础设置。

①部门档案（表 7 - 2）。

表 7 - 2　部门档案

部门编码	部门名称	部门属性
1	管理中心	管理部门
101	总经理办公室	综合管理
102	财务部	财务管理
2	采购部	采购供应
3	销售部	市场营销

②职员档案（表7-3）。

表7-3　职员档案

职员编码	职员姓名	所属部门	职员属性
101	李春城	总经理办公室	总经理
102	赵立	财务部	财务部经理
103	张萍	财务部	会计
104	刘方	财务部	往来会计
201	张松	采购部	采购部经理
202	梁静	采购部	业务员
301	马静	销售部	销售部经理
302	杨志新	销售部	业务员

③客户分类（表7-4）。

表7-4　客户分类

分类编码	分类名称
1	批发客户
2	零售客户

④供应商分类（表7-5）。

表7-5　供应商分类

分类编码	分类名称
1	大型家电商品供应商
2	小型家电商品供应商

⑤地区分类（表7-6）。

表7-6　地区分类

分类编码	分类名称
1	华南
2	华北
201	北京
202	天津

⑥客户档案（表7-7）。

表7-7　客户档案

客户编码	客户名称	客户简称	所属分类	所属地区	税号	银行账号	开户银行	发展日期
001	精益公司	精益	批发客户	华南	401234567	98765432	农业银行一分行	2014-01-01
002	利氏公司	利氏	零售客户	北京	320789456	98765433	农业银行二分行	2014-01-01

⑦供应商档案（表7-8）。

表7-8　供应商档案

供应商编码	供应商名称	供应商简称	所属分类	所属地区	税号	银行账号	开户银行	发展日期
001	天津浩瀚有限公司	浩瀚	大型家电	天津	123654987	98765434	建设银行	2014-01-01
002	北京鑫源公司	鑫源	小型家电	北京	320789654	98765435	招商银行	2014-01-01

⑧结算方式（表7-9）。

表7-9　结算方式

结算方式编码	结算方式名称	票据管理
1	现金结算	否
2	支票结算	否
201	现金支票	是
202	转账支票	是

⑨凭证类别（表7-10）。

表7-10　凭证类别

凭证类别	限制类型	限制科目
收款凭证	借方必有	1001，1002
付款凭证	贷方必有	1001，1002
转账凭证	凭证必无	1001，1002

（4）总账系统中科目设置及期初余额（表7-11）。

表7-11　会计科目及期初余额表

科目名称	辅助核算	方向	币别计量	期初余额/元
库存现金（1001）	日记账	借		5 000.00
银行存款（1002）	银行账、日记账	借		120 000.00
应收账款（1122）	客户往来	借		

科目名称	辅助核算	方向	币别计量	期初余额/元
其他应收款（1221）	个人往来	借		
坏账准备（1231）		贷		
预付账款（1123）	供应商往来	借		
材料采购（1401）		借		
原材料（1403）		借		
库存商品（1405）		借		174 050.00
固定资产（1601）		借		240 000.00
累计折旧（1602）		贷		12 000.00
无形资产（1701）		借		20 000.00
短期借款（2001）		贷		5 000.00
应付票据（2201）		贷		20 000.00
应付账款（2202）	供应商往来	贷		
预收账款（2203）	客户往来	贷		
应付职工薪酬（2211）		贷		
应交税费（2221）		贷		
应交增值税（222101）		贷		
进项税额（22210101）		贷		
销项税额（22210102）		贷		
其他应付款（2241）		贷		
实收资本（4001）		贷		500 000.00
本年利润（4103）		贷		
利润分配（4104）		贷		
未分配利润（410401）		贷		22 050.00
生产成本（5001）		借		
制造费用（5101）		借		
主营业务收入（6001）		贷		
其他业务收入（6051）		贷		
主营业务成本（6401）		借		
营业税金及附加（6403）		借		
其他业务成本（6402）		借		
销售费用（6601）		借		
管理费用（6602）		借		
财务费用（6603）		借		

期初试算：资产 = 547 050 元　　负债和所有者权益 = 547 050 元

（5）购销存管理子系统公共基础档案。

①存货分类（表7－12）。

表7－12 存货分类

分类编码	存货类别名称
1	大型家电
101	空调
102	冰箱
2	小型家电
201	豆浆机
202	饮水机

②存货档案（表7－13）。

表7－13 存货档案

存货编号	存货名称	所属分类	计量单位	税率/%	存货属性	发展日期
001	格力空调	101	台	17	外购、销售	2014 － 01 － 01
002	长虹空调	101	台	17	外购、销售	2014 － 01 － 01
003	西门子冰箱	102	台	17	外购、销售	2014 － 01 － 01
004	三星冰箱	102	台	17	外购、销售	2014 － 01 － 01
005	九阳豆浆机	201	台	17	外购、销售	2014 － 01 － 01
006	德力豆浆机	201	台	17	外购、销售	2014 － 01 － 01
007	美的饮水机	202	台	17	外购、销售	2014 － 01 － 01
008	天立饮水机	202	台	17	外购、销售	2014 － 01 － 01

③开户银行（表7－14）。

表7－14 开户银行

开户银行编码	开户银行名称	银行账号
01	建设银行南开支行	147258369

④仓库档案（表7－15）。

表7－15 仓库档案

仓库编码	仓库名称	计价方式
01	一号仓库	全月平均法

2. 工作指导

（1）恢复"准备账套"数据。

开始购销存管理子系统工作之前要恢复教学光盘中购销存管理子系统的"准备账套"的数据。

在系统管理中，以"admin"身份注册系统管理，进入"账套"菜单下的"恢复"命令，选择存储路径下的"准备账套"文件夹中的"UF2KAct. Lst"文件，将系统恢复至准备进行购销存管理子系统公共基础档案设置状态。

（2）注册进入畅捷通 T3 － 企业管理信息化软件信息门户。

①选择"开始"→"程序"→"畅捷通 T3 系列管理软件"→"畅捷通 T3"→"畅捷通 T3 – 企业管理信息化软件教育专版"命令，打开"注册〖控制台〗"对话框。

②在"用户名"输入框中输入"301"，"密码"输入框中为空，在"账套"下拉列表中选择"［300］百城电器有限公司"选项，在操作日期输入框中输入"2014 – 01 – 01"，最后单击"确定"按钮，打开"畅捷通 T3 – 企业管理信息化软件教育专版"窗口，如图 7 – 1 所示。

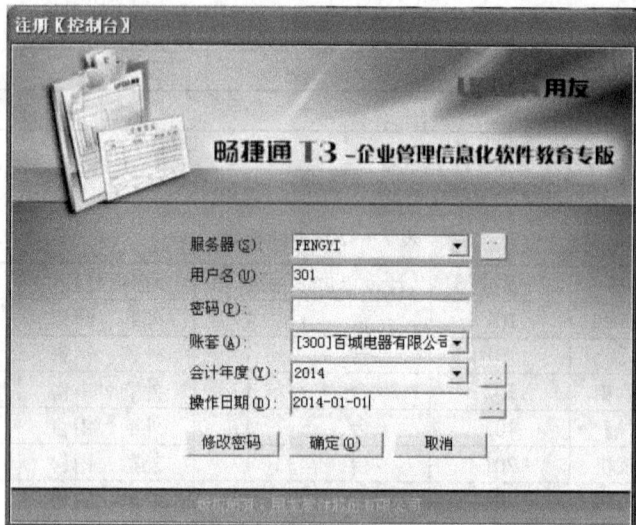

图 7 – 1 "注册〖控制台〗"对话框

（3）进行购销存管理子系统公共基础档案设置。

①存货分类设置。

在"畅捷通 T3 – 企业管理信息化软件教育专版"窗口，选择菜单栏"基础设置"→"存货"→"存货分类"命令，进入"存货分类"对话框，如图 7 – 2 所示。单击"增加"

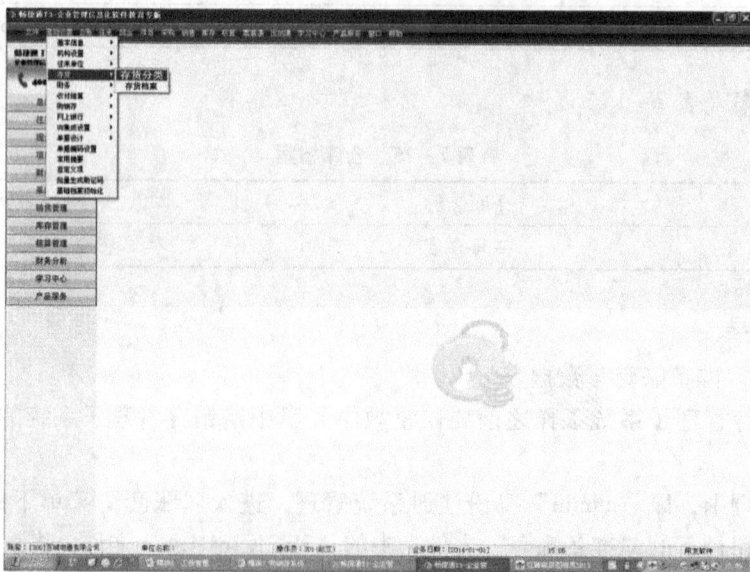

图 7 – 2 进入"存货分类"对话框

按钮，输入类别编码、类别名称，单击"保存"按钮。

再依次设置其他存货分类，设置完毕后退出。存货分类设置如图 7 – 3 所示。

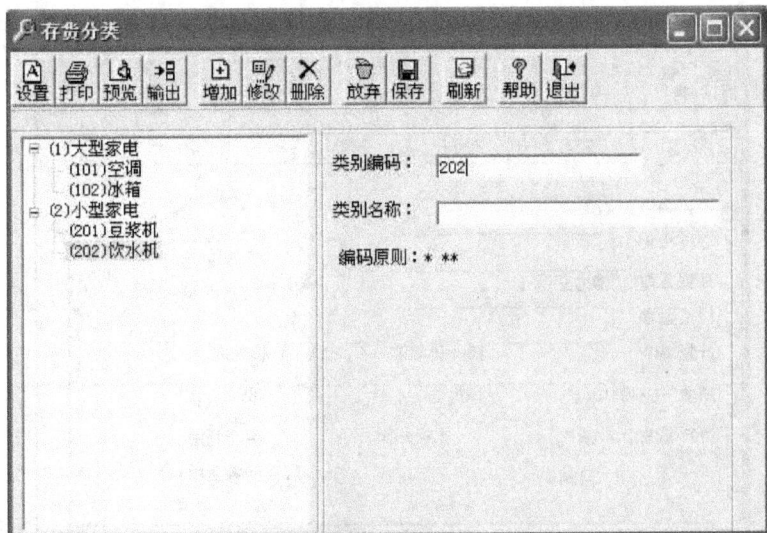

图 7 – 3　存货分类

②存货档案设置。

在"畅捷通 T3 – 企业管理信息化软件教育专版"窗口，选择菜单栏"基础设置"→
"存货"→"存货档案"命令，进入"存货档案"对话框，如图 7 – 4 所示。

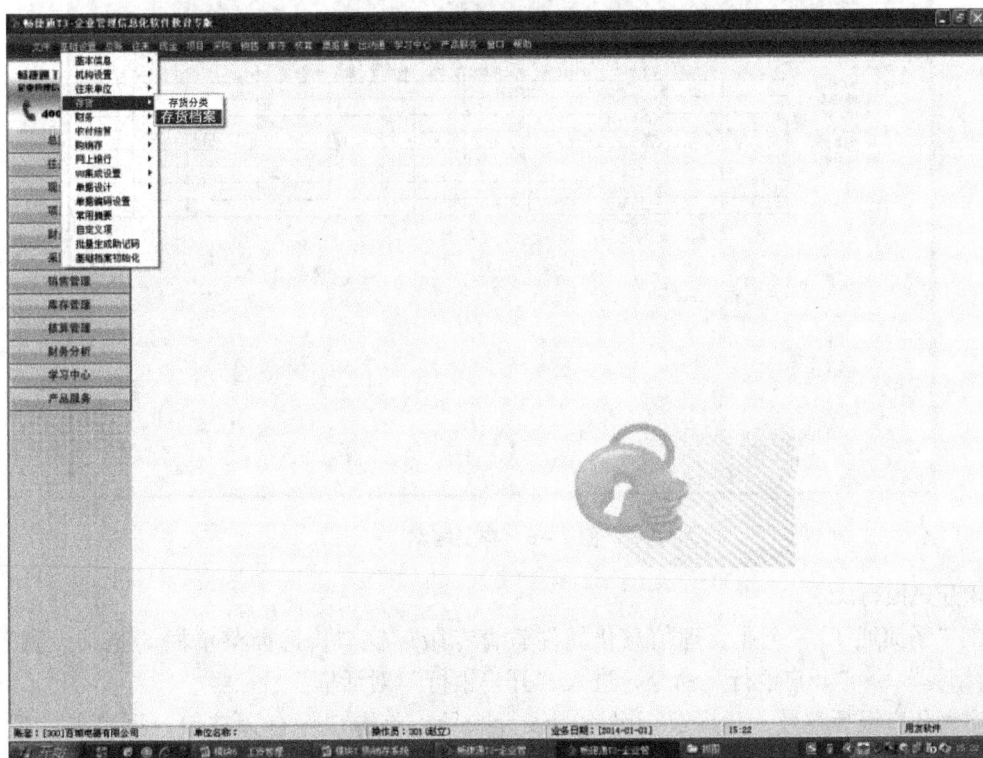

图 7 – 4　进入"存货档案"对话框

先选择存货分类，然后单击"增加"按钮，输入存货编号、存货名称、计量单位、税率、存货属性，单击"保存"按钮，如图7-5所示。

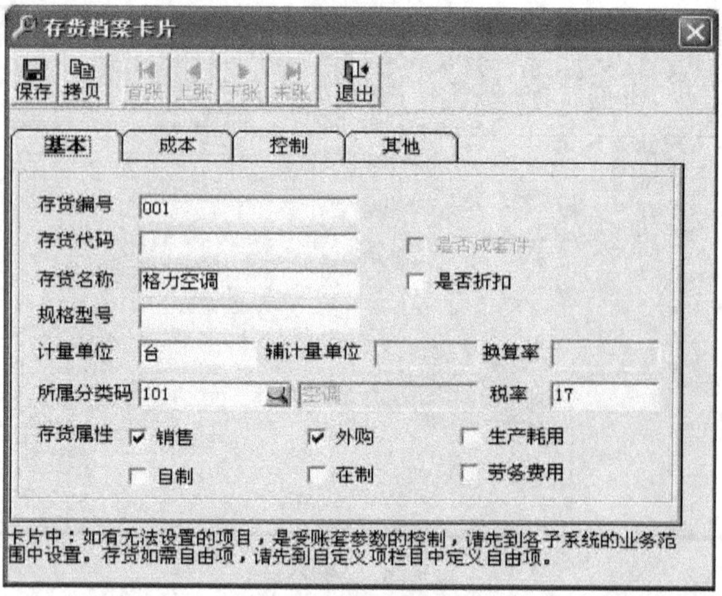

图7-5 增加存货档案

再依次设置其他存货档案，设置完毕后退出。存货档案设置如图7-6所示。

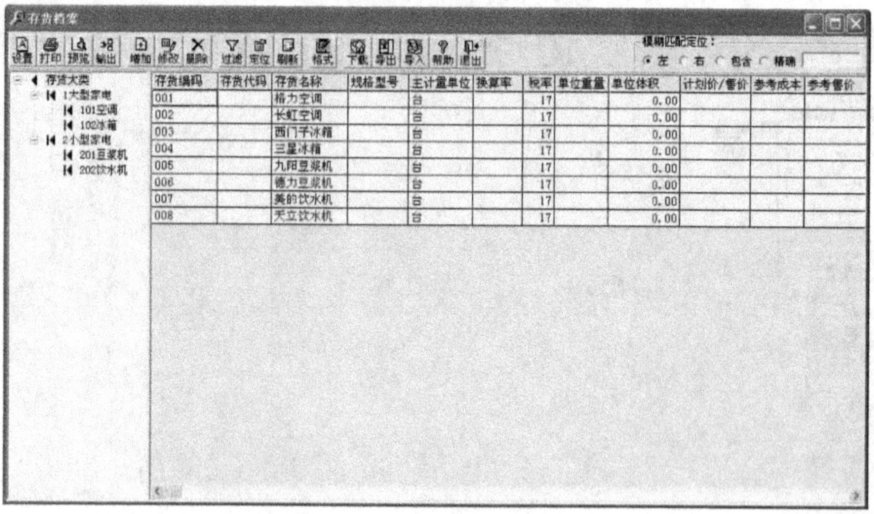

图7-6 存货档案

③开户银行。

在"畅捷通T3-企业管理信息化软件教育专版"窗口，选择菜单栏"基础设置"→"收付结算"→"开户银行"命令，进入"开户银行"对话框。

输入开户银行编号、开户银行名称、银行账号，单击"保存"按钮，再单击"退出"按钮，如图7-7所示。

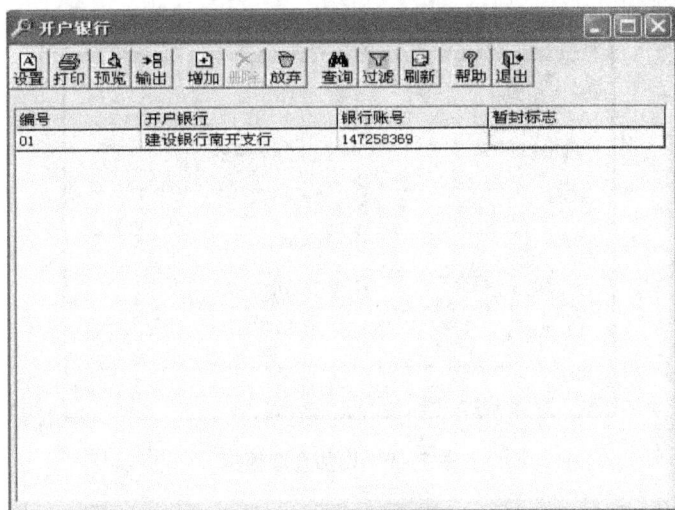

图7-7 开户银行

④仓库档案。

在"畅捷通 T3 – 企业管理信息化软件教育专版"窗口，选择菜单栏"基础设置"→"购销"→"仓库档案"命令，如图 7 – 8 所示，进入"仓库档案"对话框。

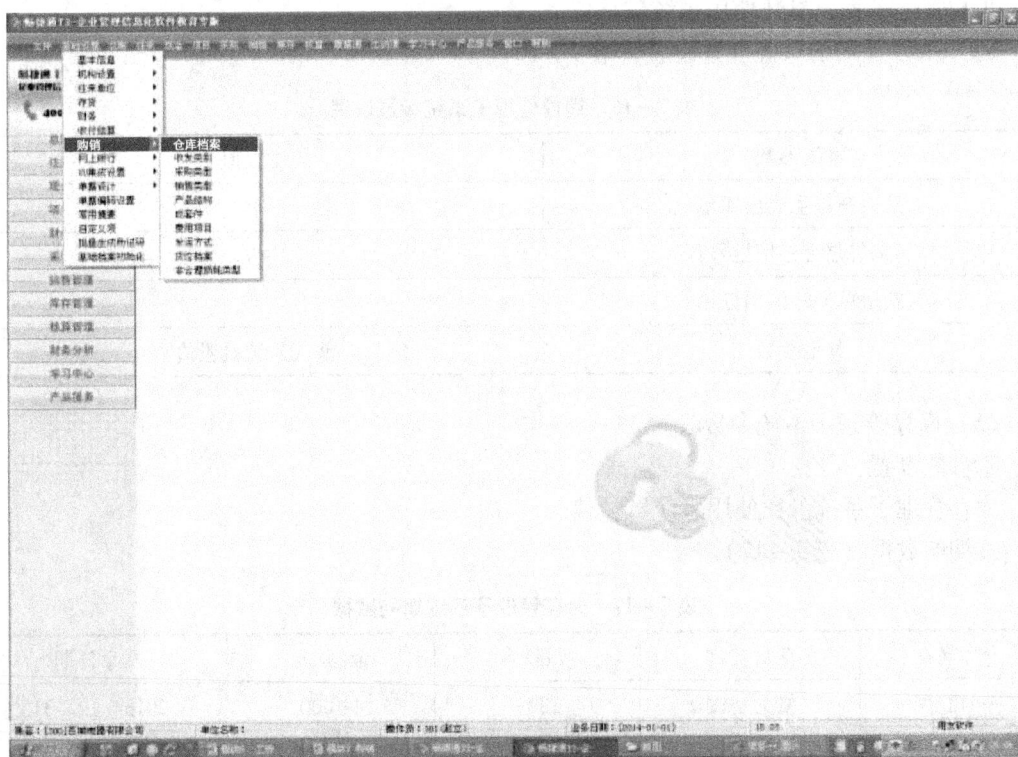

图7-8 进入"仓库档案"对话框

单击"增加"按钮，输入仓库编码、仓库名称、计价方式，单击"保存"按钮，如图 7 –9 所示。

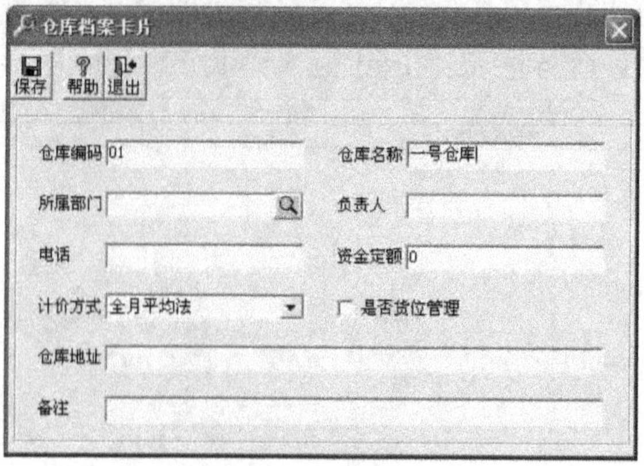

图7-9 增加仓库档案

任务2 购销存管理各子系统初始化

1. 工作资料

（1）采购管理子系统参数设置。

采购管理子系统参数使用系统默认值。

（2）销售管理子系统参数设置（表7-16）。

表7-16 销售管理子系统参数设置

系统参数	设置值
是否销售生成出库单	否
销售是否必填批号	否
新增单据时依据订单	否
其他参数	默认系统设置值

（3）库存管理子系统参数设置。

①参数设置。

库存管理子系统参数使用系统默认值。

②期初数据（表7-17）。

表7-17 库存管理子系统期初数据

仓库名称	存货名称	数量/台	金额/元	入库日期
一号仓库	格力空调	20	44 000	2013-12-31
一号仓库	长虹空调	20	40 000	2013-12-31
一号仓库	西门子冰箱	15	27 000	2013-12-31
一号仓库	三星冰箱	20	48 000	2013-12-31
一号仓库	九阳豆浆机	20	8 000	2013-12-31

续表

仓库名称	存货名称	数量/台	金额/元	入库日期
一号仓库	德力豆浆机	10	2 800	2013 - 12 - 31
一号仓库	美的饮水机	15	2 250	2013 - 12 - 31
一号仓库	天立饮水机	20	2 000	2013 - 12 - 31

（4）核算子系统参数设置。

①参数设置。

核算子系统参数使用系统默认值。

②科目设置。

a）各存货对应的存货科目均为"1405 库存商品"。

存货对方科目设置如表 7 - 18 所示。

表 7 - 18　存货对方科目设置

收发类别编码	类别名称	科目编码	存货对方科目
11	采购入库	1402	在途物资
21	销售出库	6401	主营业务成本

b）客户往来科目设置。

基本科目设置：

应收科目（本币）为"应收账款（1122）"，销售收入科目为"主营业务收入（6001）"，应交增值税科目为"应交税费——应交增值税——销项税额（22210102）"，销售退回科目为"主营业务收入（6001）"，预收科目（本币）为"预收账款（2203）"。

结算方式科目设置如表 7 - 19 所示。

表 7 - 19　结算方式科目设置

结算方式	币种	科目
现金结算	人民币	1001
现金支票	人民币	1002
转账支票	人民币	1002

c）供应商往来科目设置。

基本科目设置：

应付科目（本币）为"应付账款（2202）"，采购科目为"在途物资（1402）"，采购税金科目为"应交税费——应交增值税——进项税额（22210101）"，预付科目（本币）为"预付账款（1123）"。

结算方式科目设置：同表 7 - 19 资料。

2. 工作指导

购销存管理子系统的初始化工作主要包括采购管理子系统、销售管理子系统、库存管理子系统和核算子系统的业务范围设置和期初余额的录入。

（1）进行采购管理子系统初始化设置。

第一次进入采购管理子系统时，应进行采购管理子系统的业务范围设置，业务范围的设置将决定企业使用系统的业务模式、业务流程、数据流向，企业应结合实际业务的需要进行设置。采购管理子系统业务范围设置主要包括业务控制、公共参数、结算选项和应付参数。

　　①参数设置。

　　在"畅捷通T3－企业管理信息化软件教育专版"窗口，选择"采购"→"采购业务范围设置"命令，进入"采购系统选项设置"对话框，如图7－10所示。

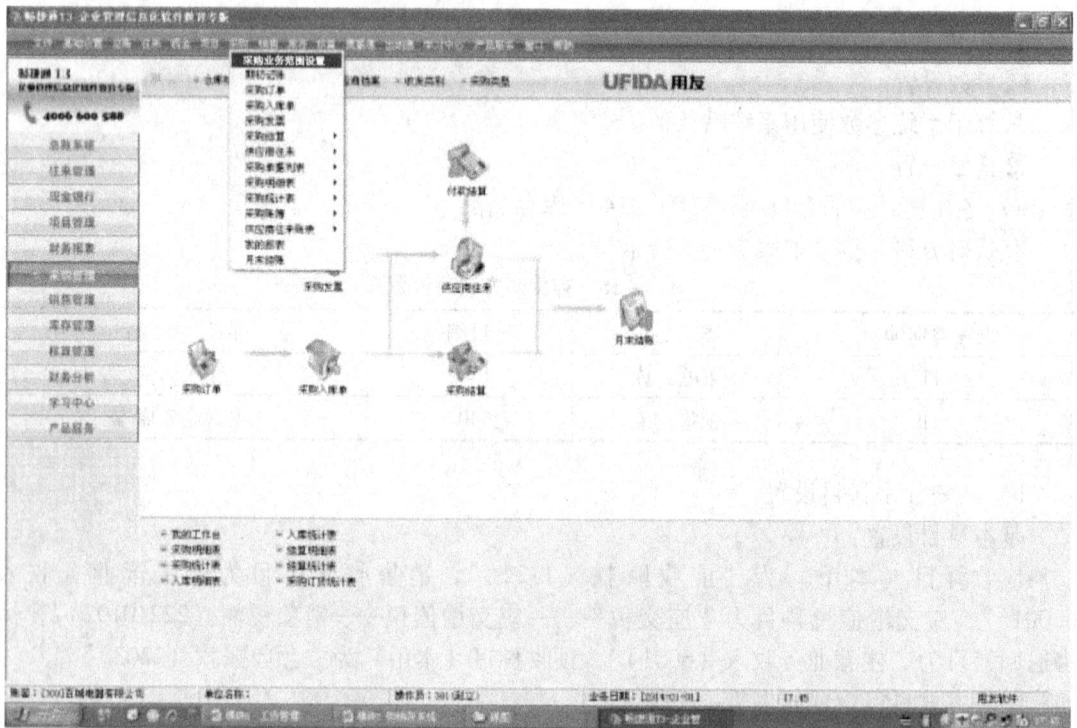

图7－10　进入"采购系统选项设置"对话框

　　按所给参数进行设置，如图7－11所示。

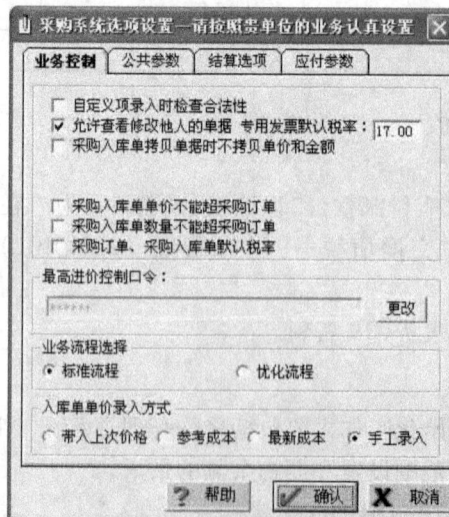

图7－11　采购系统选项设置

注意： 在使用采购管理子系统前应仔细了解采购管理子系统的参数选项，如果不需要另行设置，可以默认系统已经设置好的控制参数。

②期初数据录入。

为保持业务的连续性，在启用购销存管理子系统时，应该将手工方式下与尚未结算的采购业务相关的入库单和发票录入系统中，以便日后进行采购结算。

采购管理子系统的期初数据包括期初暂估入库和期初在途存货资料。期初暂估入库是将启用采购管理子系统前未取得供货单位采购发票、不能进行采购结算的入库单输入系统，以便日后取得发票后进行采购结算。期初在途存货是将启用采购管理系统前已取得供货单位采购发票，但存货尚未入库，不能进行采购结算的发票录入系统，以便日后存货入库填制入库单后进行采购结算。

实训资料中采购管理子系统没有期初数据。

③期初记账。

期初记账是将采购管理子系统期初数据记入有关采购账，并将系统从初始化状态切换到日常处理状态。期初记账后，期初数据不能增加、修改。采购管理子系统期初数据必须执行记账功能。

在"畅捷通 T3 - 企业管理信息化软件教育专版"窗口，选择"采购"→"期初记账"命令，进入"期初记账"对话框，如图 7 - 12 所示。

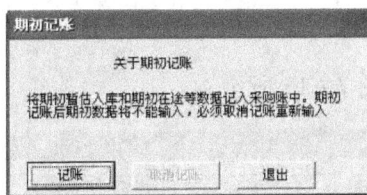

图 7 - 12 采购系统期初记账

单击"记账"按钮，完成期初记账，如图 7 - 13 所示。

图 7 - 13 期初记账完毕

注意： 在没有期初数据时也要进行期初记账，以便将系统从初始化状态切换到日常处理状态，进行日常业务的处理。

（2）进行销售管理子系统初始化设置。

第一次进入销售管理子系统时，应进行销售管理子系统的参数设置，系统参数的设置将决定企业使用系统的业务模式、业务流程、数据流向，企业应结合实际业务需要进行设置。销售管理子系统业务参数设置主要包括业务范围、业务控制、系统参数、打印参数、价格管理、应收核销。

①参数设置。

在"畅捷通 T3 - 企业管理信息化软件教育专版"窗口，选择"销售"→"销售业务范围设置"命令，进入"销售系统选项设置"对话框，如图 7 - 14 所示。

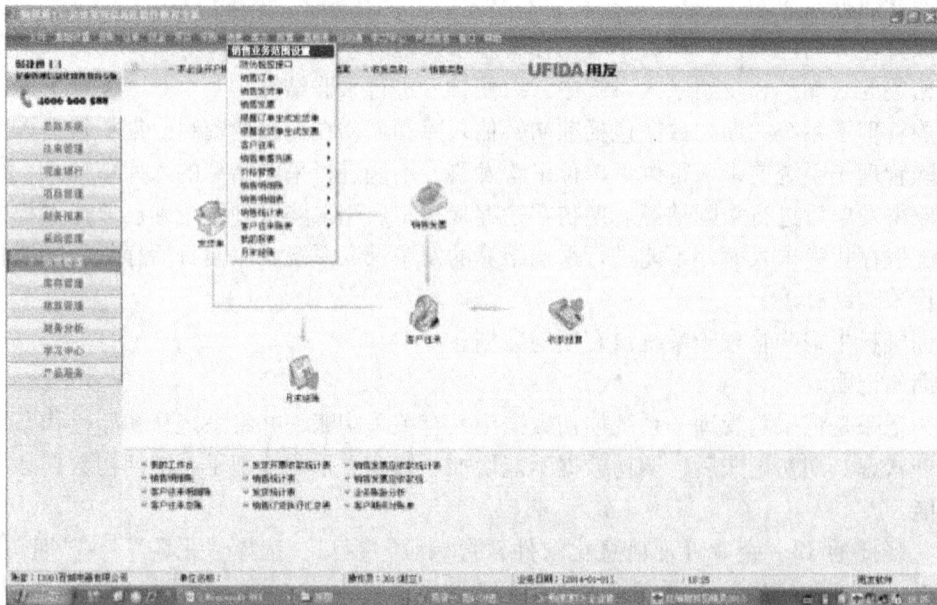

图 7 - 14　进入"销售系统选项设置"对话框

按所给参数进行设置，如图 7 - 15 所示。

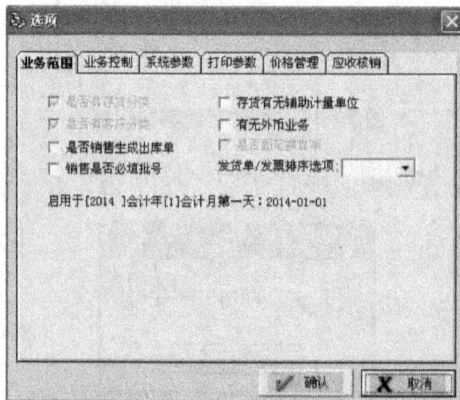

图 7 - 15　销售系统选项设置

注意：在使用销售管理子系统前应仔细了解销售管理子系统的参数选项，如果不需要另行设置，可以默认系统已经设置好的控制参数。

②期初数据录入。

销售管理子系统的期初数据包括客户往来的期初余额，即企业已形成的应收款项到目前尚未收到的余额。形成应收款项的单据主要有销售专用发票、销售普通发票、预收单及其他应收单等。

实训资料中销售管理子系统没有期初数据。

（3）进行库存管理子系统初始化设置。

第一次进入库存管理子系统时，应进行库存管理子系统的参数设置，企业应结合实际业务需要进行设置。

①参数设置。

在"畅捷通 T3 – 企业管理信息化软件教育专版"窗口，选择"库存"→"库存业务范围设置"命令，即进入"系统参数设置"对话框，如图 7 – 16 所示。

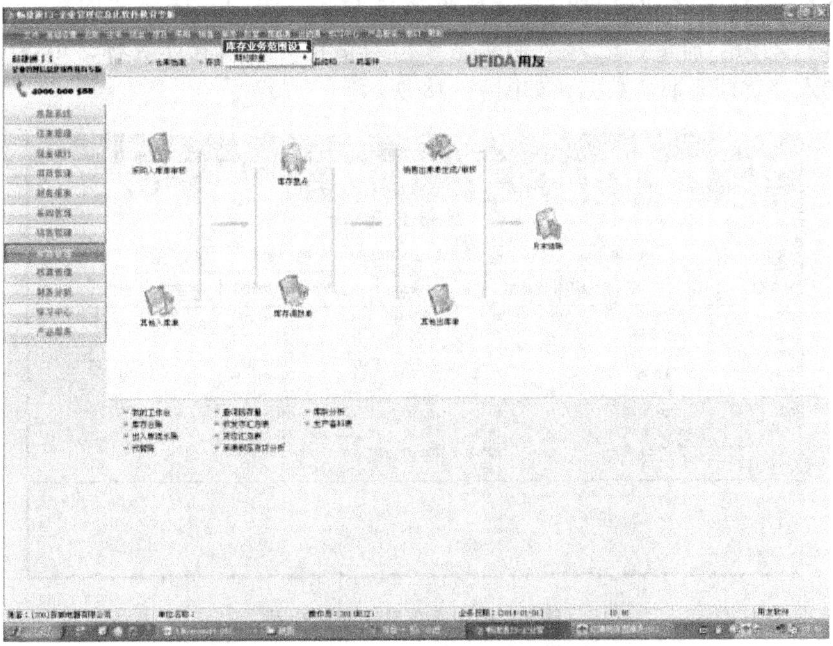

图 7 – 16　进入"系统参数设置"对话框

按所给参数进行设置，如图 7 – 17 所示。

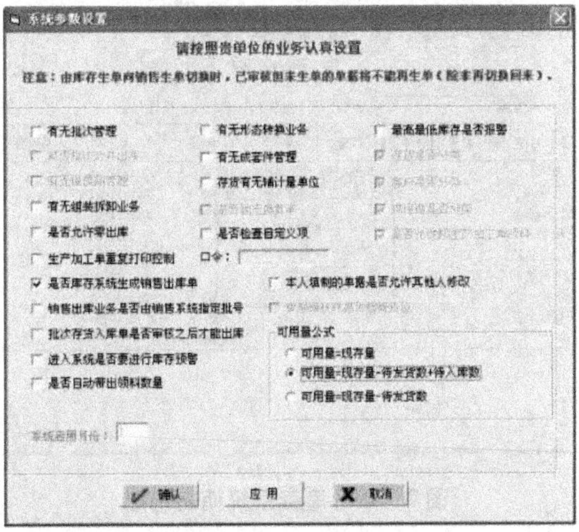

图 7 – 17　库存系统参数设置

注意：在使用库存管理子系统前应仔细了解库存管理子系统的参数选项，如果不需要另行设置，可以默认系统已经设置好的控制参数。

②期初数据录入。

库存管理子系统期初数据录入用于录入使用库存管理系统前各仓库各存货的期初结存情况。如果库存管理子系统和核算子系统同时启用，第一次录入期初数据之前，应将库存的结存数与核算子系统的期初结存数进行核对，核对无误后统一录入。通常它们的期初数据可以共享。

在"畅捷通 T3 – 企业管理信息化软件教育专版"窗口，选择"库存"→"期初数据"→"库存期初"命令，进入"期初余额"对话框。选择仓库名称，单击"增加"按钮，依次输入存货档案期初数据，如图 7 – 18 所示。

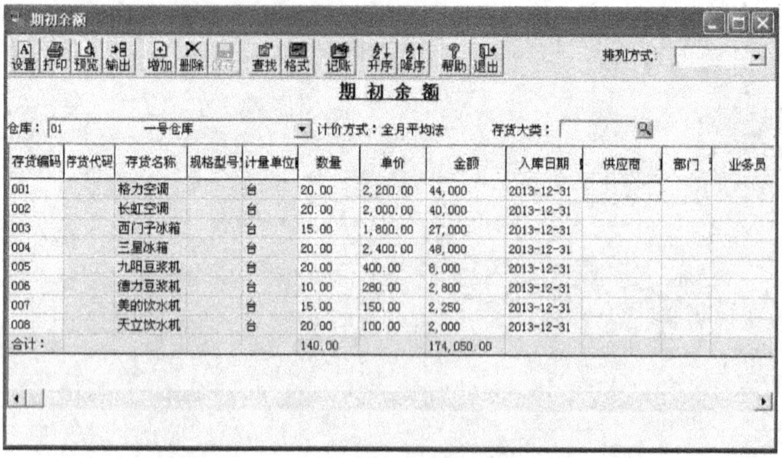

图 7 – 18　库存系统期初余额

在库存管理子系统中，输入存货档案期初数据后，单击"记账"按钮，出现"期初记账"窗口。库存管理子系统期初数据记账如图 7 – 19 所示。

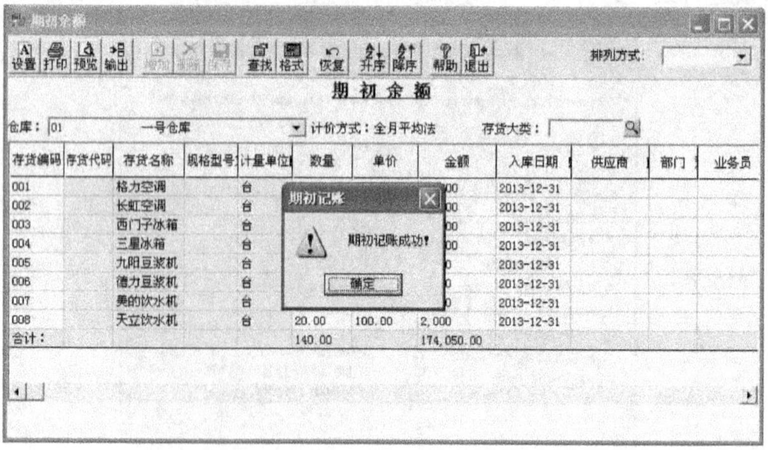

图 7 – 19　库存系统期初记账

注意：

库存管理子系统期初记账是针对所有仓库的期初数据进行记账操作，在期初记账前应认真核对各仓库的期初数据并全部录入正确。

通常库存管理子系统和核算子系统的数据可以共享，既可以在库存管理子系统中进行期初数据设置，也可以在核算子系统中进行设置。

没有期初数据，可以不录入期初数据，但必须执行期初记账操作。

执行期初记账操作后，期初数据不能再修改，如需要修改，先恢复期初记账，再修改期初数据，修改后重新执行期初记账。

（4）进行核算子系统初始化设置。

第一次进入核算子系统时，应进行核算子系统的参数设置，企业应结合实际业务需要进行设置。核算业务范围设置主要包括核算方式，控制方式，最高、最低控制，供应商、客户往来设置。

①参数设置。

在"畅捷通 T3 - 企业管理信息化软件教育专版"窗口，选择"核算"→"核算业务范围设置"命令，进入"基本设置"对话框，如图 7 - 20 所示。

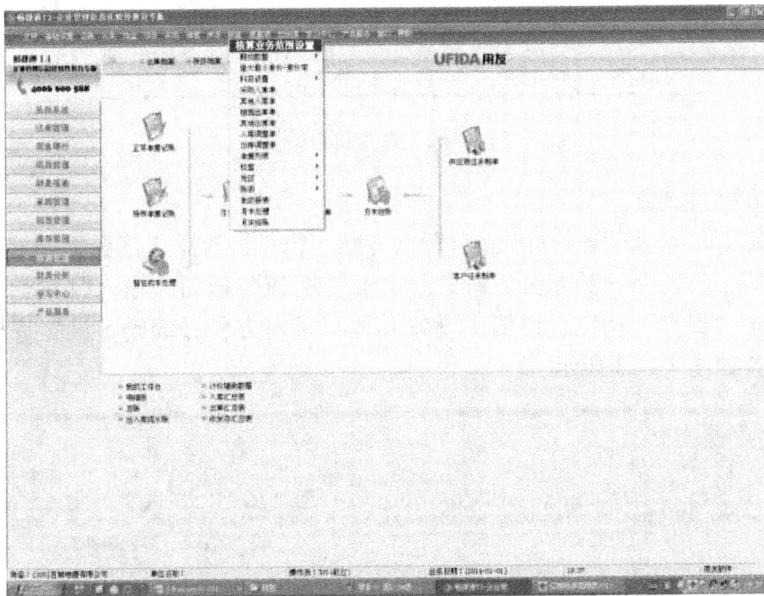

图 7 - 20　进入"基本设置"对话框

按所给参数进行设置，如图 7 - 21 所示。

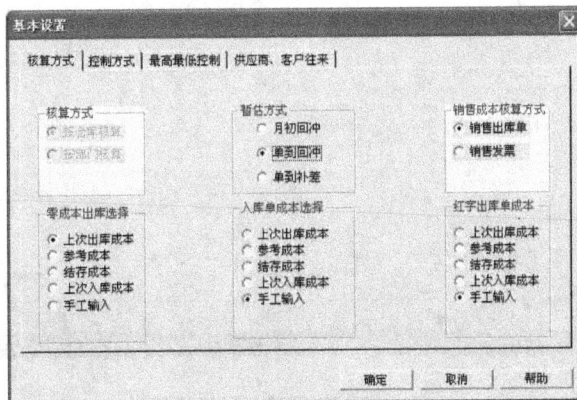

图 7 - 21　核算系统基本设置

②存货科目设置。

在"畅捷通 T3 - 企业管理信息化软件教育专版"窗口，选择"核算"→"科目设置"→"存货科目"，出现"存货科目"窗口。单击"增加"按钮，输入仓库编码、存货分类编码、存货科目编码，单击"保存"按钮。再依次设置其他仓库存货科目编码，设置完毕后退出。存货科目设置如图 7 - 22 所示。

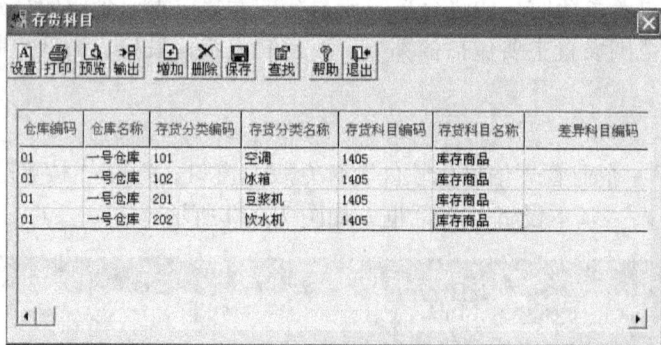

图 7 - 22　存货科目设置

③存货对方科目设置。

在"畅捷通 T3 - 企业管理信息化软件教育专版"窗口，选择"核算"→"科目设置"→"存货对方科目"，出现存货对方科目窗口。单击"增加"按钮，输入收发类别编码、对方科目编码，单击"保存"按钮。再依次设置其他存货对方科目编码，设置完毕后退出。存货对方科目设置如图 7 - 23 所示。

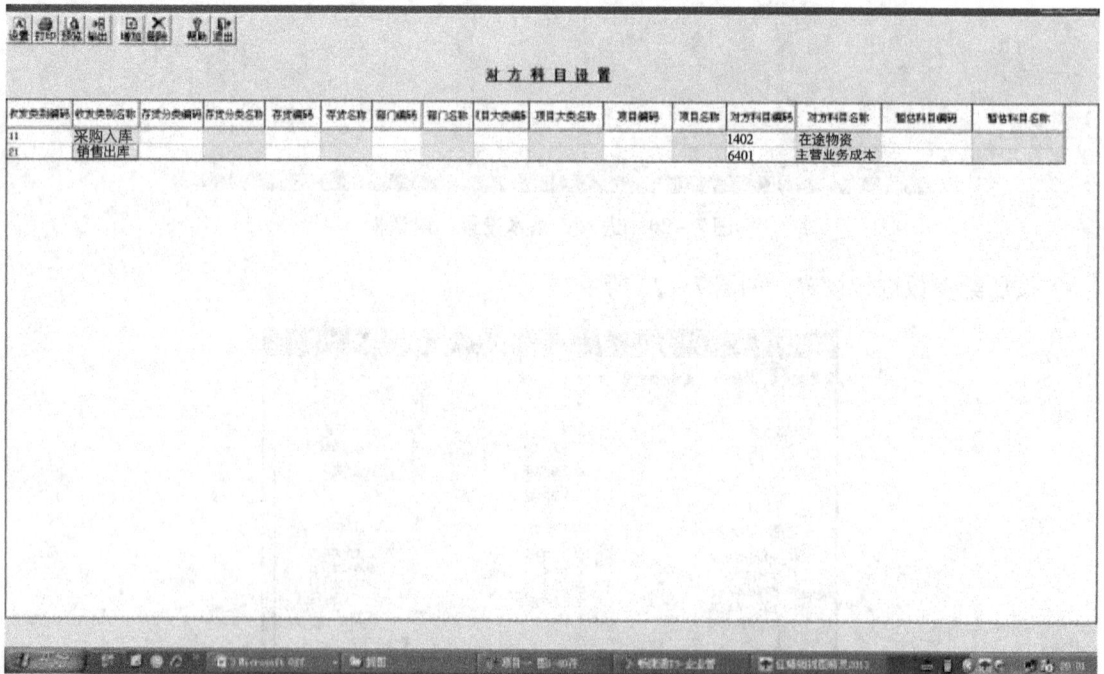

图 7 - 23　存货对方科目设置

④客户往来科目设置。

基本科目设置：

在"畅捷通 T3 – 企业管理信息化软件教育专版"窗口，选择"核算"→"科目设置"→"客户往来科目"命令，进入"客户往来科目设置"对话框。在基本科目设置分类中，依次输入应收科目（本币）编码、销售收入科目编码、应交增值税科目编码、销售退回科目编码、预收科目（本币）编码，设置完毕后如图 7 – 24 所示。

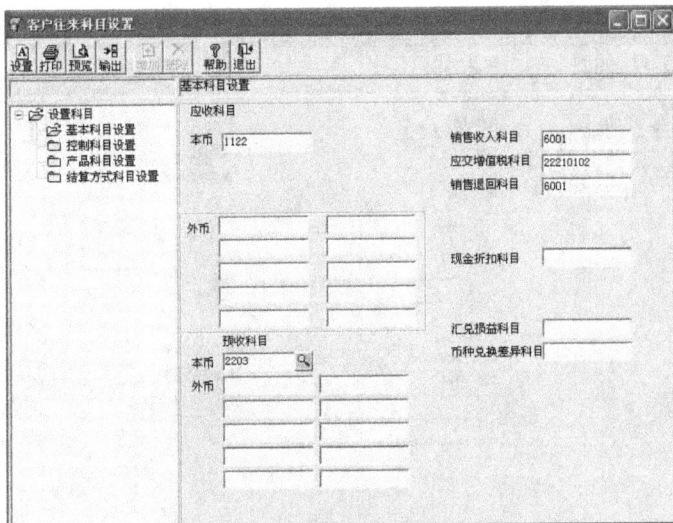

图 7 – 24　客户往来基本科目设置

结算方式科目设置：

在"畅捷通 T3 – 企业管理信息化软件教育专版"窗口，选择"核算"→"科目设置"→"客户往来科目"命令，进入"客户往来科目设置"对话框。在结算方式科目设置分类中，依次输入结算方式、币种、科目，设置完毕后如图 7 – 25 所示。

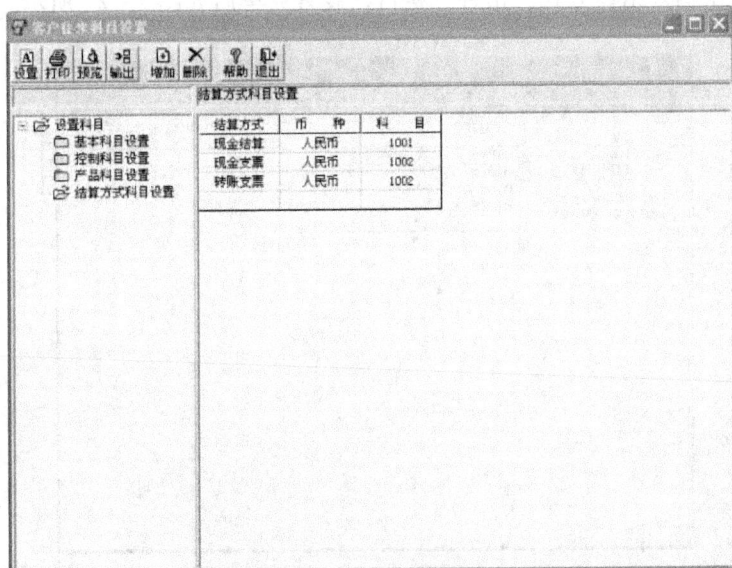

图 7 – 25　客户往来结算方式科目设置

⑤供应商往来科目设置。

基本科目设置：

在"畅捷通 T3 – 企业管理信息化软件教育专版"窗口，选择"核算"→"科目设置"→"供应商往来科目"命令，进入"供应商往来科目设置"对话框。在基本科目设置分类中，依次输入应付科目（本币）编码、采购科目编码、采购税金科目编码、预付科目（本币）编码，设置完毕后如图7 – 26 所示。

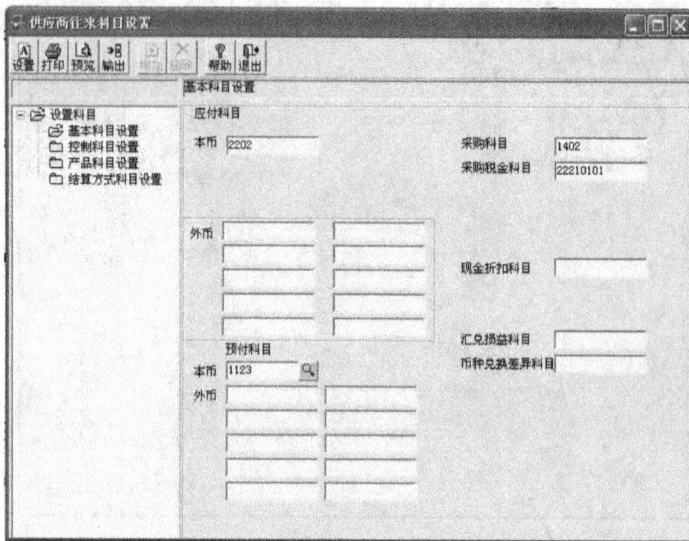

图7 – 26　供应商往来基本科目设置

结算方式科目设置：

在"畅捷通 T3 – 企业管理信息化软件教育专版"窗口，选择"核算"→"科目设置"→"供应商往来科目"命令，进入"供应商往来科目设置"对话框。在结算方式科目设置分类中，依次输入结算方式、币种、科目，设置完毕后如图7 – 27 所示。

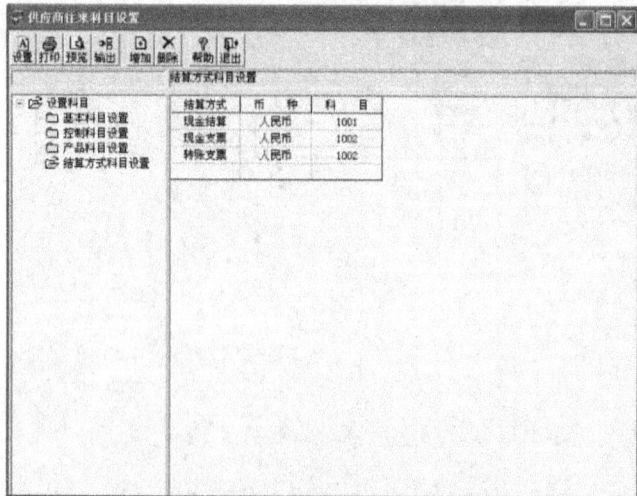

图7 – 27　供应商往来结算方式科目设置

项目 2　购销存管理子系统日常业务处理

任务 1　采购管理子系统日常业务

采购是企业物资供应部门按已确定的物资供应计划，通过市场采购、加工订制等渠道，取得企业生产经营活动所需要的各种物资的经济活动。无论是工业企业还是商业企业，采购业务的状况都会影响企业的整体运营状况。

采购管理子系统主要进行采购订单处理，动态掌握订单执行情况，向拖期交货的供应商发出催货函；采购管理系统处理采购入库单、采购发票，并根据采购发票确认采购入库成本。采购管理子系统可以掌握采购业务的付款情况；与"库存管理子系统"联合使用可以随时掌握存货的现存量信息，从而减少盲目采购，避免库存积压；与"核算子系统"一起使用可以为核算提供采购入库成本，便于财务部门及时掌握存货采购成本。

采购管理子系统与其他子系统的关系主要是：在采购管理子系统中填制的采购入库单，在库存管理子系统中进行审核确认，在核算子系统中记账。采购管理子系统没有结算的入库单，在核算子系统作暂估入账处理；在采购管理子系统中填制的采购发票，在采购结算处理后，自动向供应商往来中记载应付账款信息。

采购管理子系统日常业务处理主要包括：填制并审核采购订单、填制采购入库单、填制采购发票、进行采购结算和进行采购付款等业务处理。

1. 工作资料

（1）1 月 6 日，采购部梁静与浩瀚公司签订订购协议，订购 10 台格力空调，不含税单价为 2 300 元/台，计划到货日期为 2014 年 1 月 8 日。

（2）1 月 8 日，由采购部梁静向浩瀚公司订购的格力空调到货并验收入库，实际到货 10 台。

（3）1 月 8 日，收到浩瀚公司订购的格力空调的采购专用发票一张。

（4）1 月 8 日，将从浩瀚公司采购的格力空调的采购入库单与采购专用发票进行自动结算。

（5）1 月 10 日，本公司开出转账支票一张，用于支付 1 月 8 日从浩瀚公司采购空调的款项，转账支票票据号 ZZ001。

2. 工作指导

（1）恢复"购销存初始化完成账套"数据。

开始采购管理子系统日常业务处理之前要恢复教学光盘中购销存管理子系统的"购销存初始化完成账套"的数据。

在系统管理中，以"admin"身份注册系统管理，进入"账套"菜单下的"恢复"命令，选择存储路径下的"购销存初始化完成账套"文件夹中的"UF2KAct. Lst"文件，将系统恢复至准备进行采购管理子系统日常业务处理状态。

（2）注册进入畅捷通 T3 - 企业管理信息化软件信息门户。

①选择"开始"→"程序"→"畅捷通 T3 系列管理软件"→"畅捷通 T3"→"畅捷

通 T3 – 企业管理信息化软件教育专版"命令，打开"注册〖控制台〗"对话框。

②在"用户名"输入框中输入"302"，"密码"输入框中为空，在"账套"下拉列表中选择"［300］百城电器有限公司"选项，操作日期为业务日期，然后单击"确定"按钮，打开"畅捷通 T3 – 企业管理信息化软件教育专版"窗口。

（3）业务处理1。

①选择"采购"→"采购订单"命令，打开"采购订单"对话框。

②单击"增加"按钮，选择"供货单位"为"浩瀚公司"，"部门"为"采购部"，"业务员"为"梁静"，输入税率"17"。

③在表体内选择存货编号"001"，输入数量"10"，原币单价为"2 300"元，计划到货日期"2014 – 01 – 08"。

④输入完毕检查无误后，单击"保存"按钮。保存后的采购订单如图 7 – 28 所示。

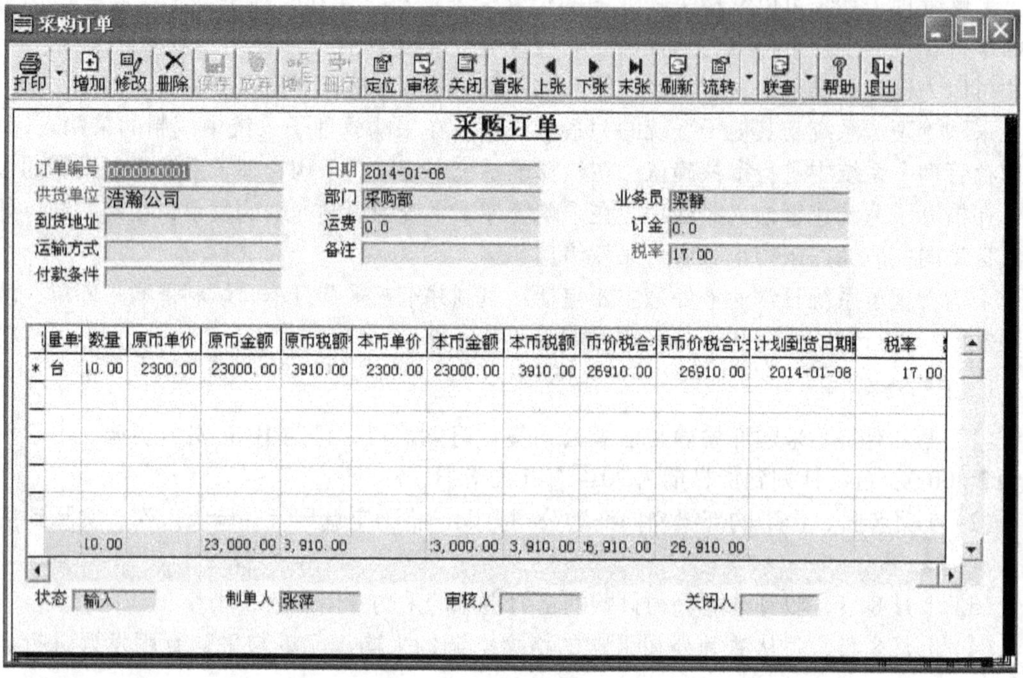

图 7 – 28　采购订单

⑤单击"审核"按钮，对采购订单进行审核。

注意：经过审核后的采购订单不能修改，需要弃审后再修改。

采购订单执行完毕，即某项采购订单上的存货已经入库并且已经付款取得采购发票后，可以执行关闭。对于确实不能执行的某些采购订单，经采购主管批准后，也可以关闭采购订单。

（4）业务处理2。

①以"302 张萍"注册进入"畅捷通 T3 – 企业管理信息化软件教育专版"窗口，账套"［300］百城电器有限公司"；操作日期为业务日期。

②选择"采购"→"采购入库单"命令，打开"采购入库单"对话框。

③单击"增加"按钮，选择仓库为"一号仓库"、入库类别为"采购入库"、部门"采

购部"、业务员"梁静"、采购类型"普通采购"、供货单位"浩瀚公司"。

　　④单击"选单"按钮旁边的下三角按钮，从打开的下拉列表中选择"采购订单"，如图 7 – 29 所示。

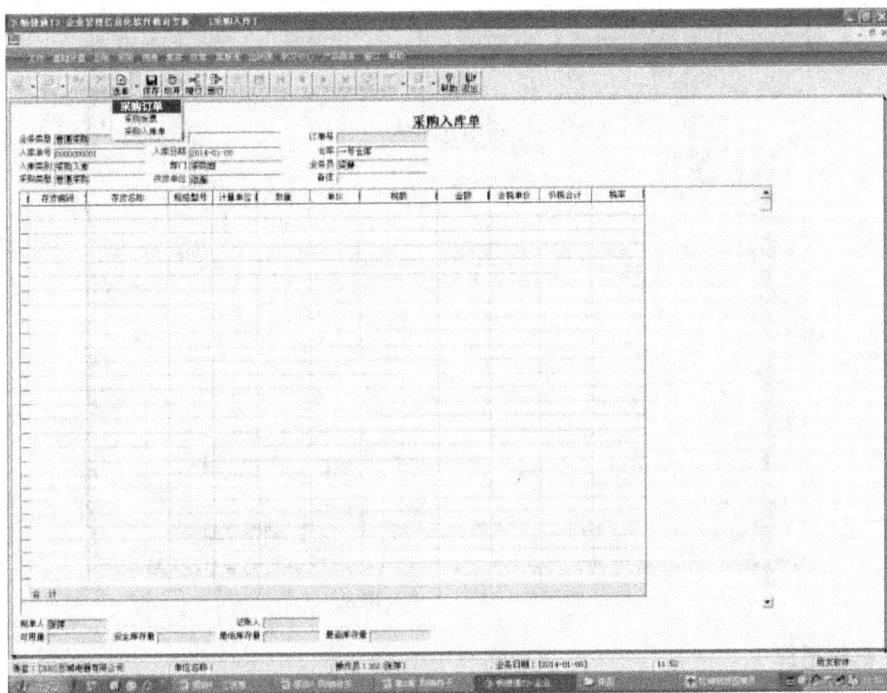

图 7 – 29　选择采购订单设置之一

　　⑤单击"采购订单"选项，打开"单据拷贝"窗口，再单击"过滤"按钮，打开"订单列表"窗口，在订单列表中选中要生成采购入库单的采购订单记录，如图 7 – 30 所示。

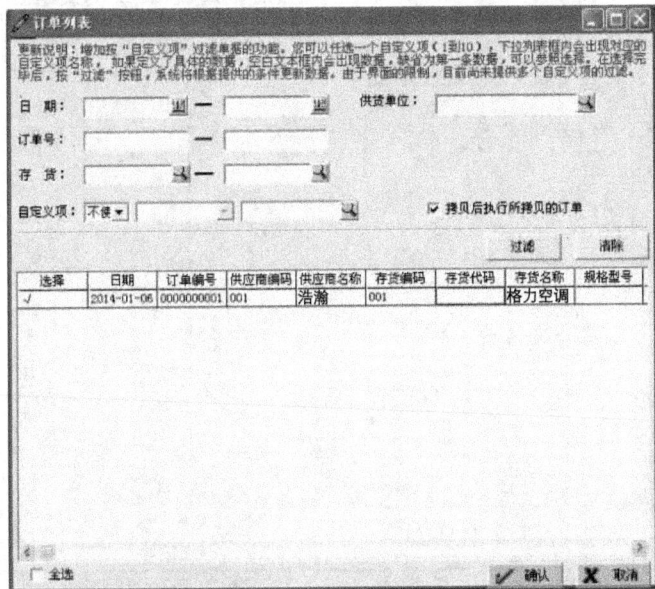

图 7 – 30　选择采购订单设置之二

⑥单击"确认"按钮，系统会将采购订单内容自动复制到采购入库单中。

⑦单击"保存"按钮，再单击"退出"按钮，退出"采购入库单"窗口，如图7－31所示。

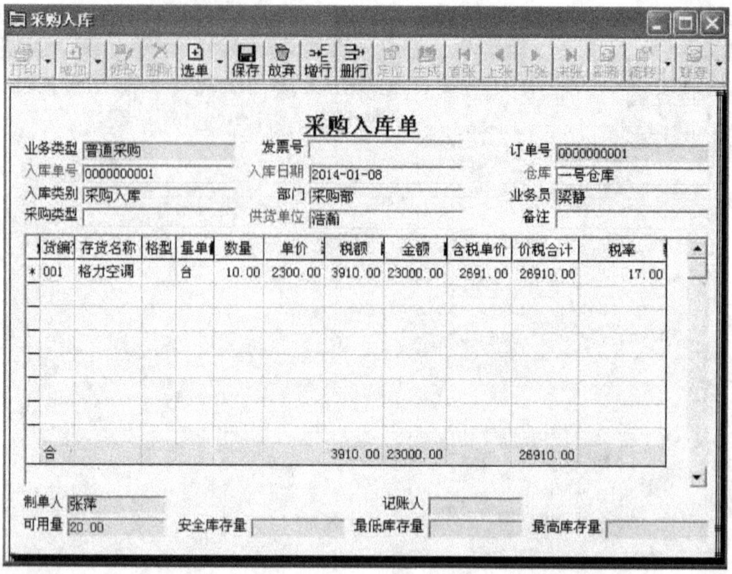

图7－31 采购入库单

（5）业务处理3。

①选择"采购"→"采购发票"命令，打开"采购普通发票"对话框。

②单击"增加"按钮旁的下三角按钮，从打开的下拉列表中选择"专用发票"，如图7－32所示。

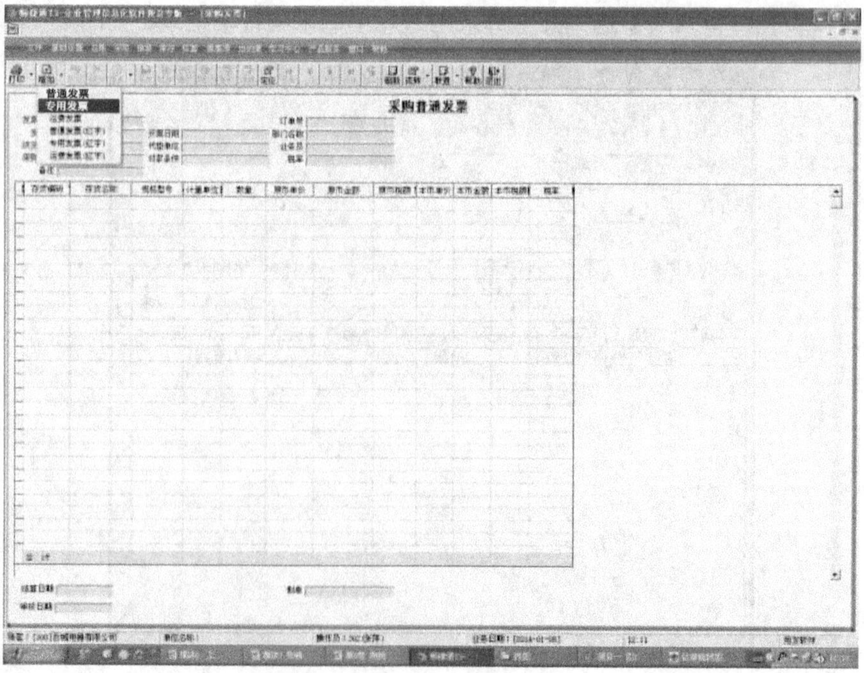

图7－32 选择"专用发票"

③单击"选单"按钮旁边的下三角按钮，从打开的下拉列表中选择"采购入库单"，单击"采购入库单"选项，打开"单据拷贝"窗口，再单击"过滤"按钮，打开"入库单列表"窗口，在入库单列表中选中要生成采购专用发票的采购入库单记录，如图 7 - 33 所示。

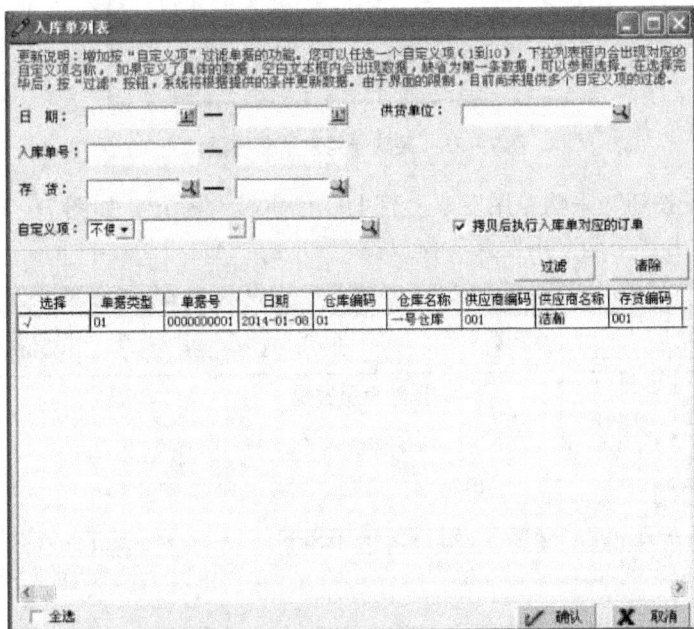

图 7 - 33　选择采购入库单

④单击"确认"按钮，系统会将采购入库单内容自动复制到采购专用发票中。

⑤在自动生成的采购专用发票中填写发票号"140108"，单击"保存"按钮，如图 7 - 34 所示。

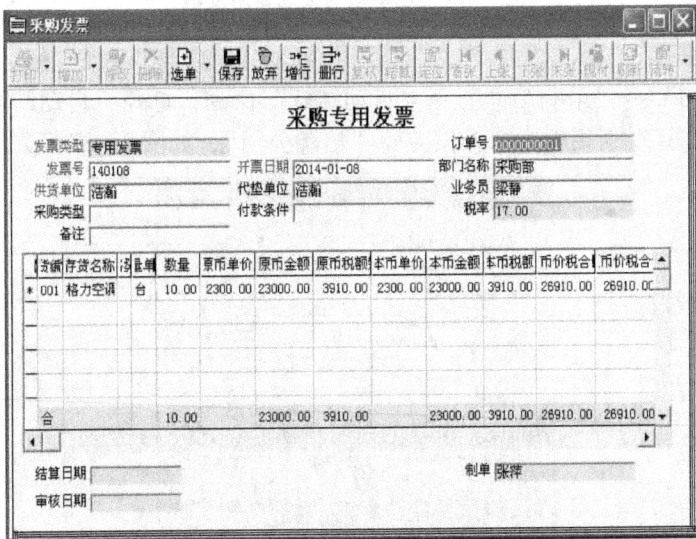

图 7 - 34　采购专用发票

⑥单击"复核"按钮，系统出现"复核将发票登记应付账款，请在往来账中查询该数

据是否只处理当前张?"提示框，如图7-35所示。

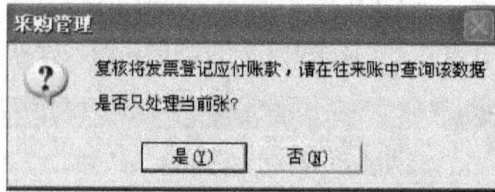

图7-35 采购专用发票复核提示

⑦单击"是"按钮，采购专用发票上打上"已审核"标记，如图7-36所示。再单击"退出"按键，退出"采购专用发票"窗口。

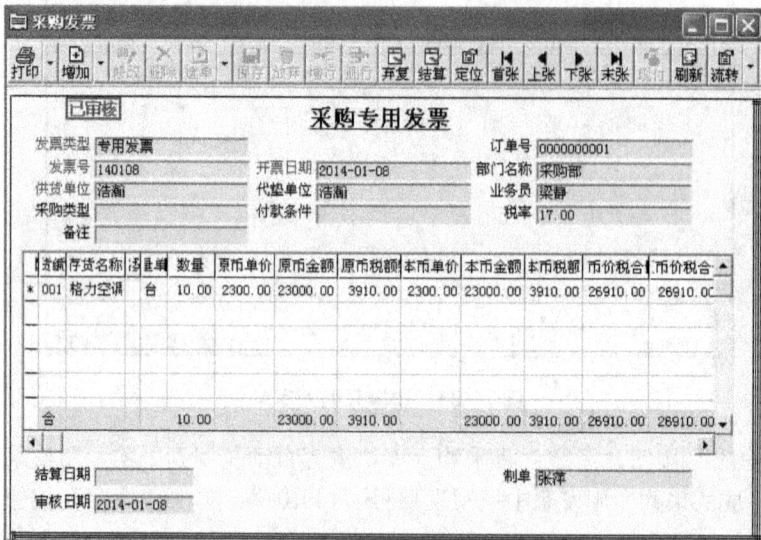

图7-36 已审核的采购专用发票

（6）业务处理4。

①选择"采购"→"采购结算"→"自动结算"命令，打开"自动结算"对话框。

②在"自动结算"对话框中选择供应商"浩瀚公司"，如图7-37所示。

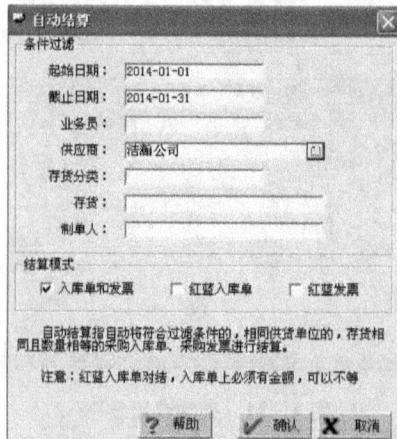

图7-37 自动结算

③单击"确认"按钮，系统提示"结算模式［入库单和发票］状态：全部成功，共处理了［1］张单据"，如图 7-38 所示。

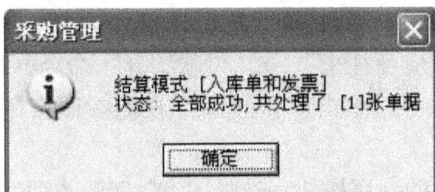

图 7-38　自动结算提示

④单击"确定"按钮，完成自动结算业务处理。

⑤选择"采购"→"采购结算"→"结算单明细列表"命令，在"单据过滤条件"对话框中单击"确认"按钮，打开"采购结算单列表"窗口进行查询，如图 7-39 所示。

图 7-39　采购结算单列表

注意：采购结算是采购核算人员根据采购入库单、采购发票核算采购入库成本；采购结算的结果是采购结算单，是记载采购入库单记录与采购发票记录对应关系的结算对照表。系统提供自动结算、手工结算两种方式。

⑥选择"采购"→"采购发票"命令，打开"采购专用发票"对话框，可以查询完成采购结算后的采购专用发票，如图 7-40 所示。

图 7-40　结算后的采购专用发票

（7）业务处理5。

①以"303 刘方"注册进入"畅捷通 T3 – 企业管理信息化软件教育专版"窗口，账套"［300］百城电器有限公司"；操作日期为业务日期。

②选择"采购"→"供应商往来"→"付款结算"命令，打开"付款单"对话框。

③在"付款单"对话框中，单击"供应商"栏的参照按钮，选择"浩瀚公司"，单击"增加"按钮。

④单击"结算方式"栏的参照按钮，选择"202 转账支票"，单击"结算科目"栏参照按钮，选择"1002 银行存款"。

⑤在"金额"栏输入"26 910"，在"票据号"栏输入"ZZ001"。

⑥单击"部门"栏的参照按钮，选择"采购部"，单击"业务员"栏的参照按钮，选择"梁静"，如图 7 – 41 所示。

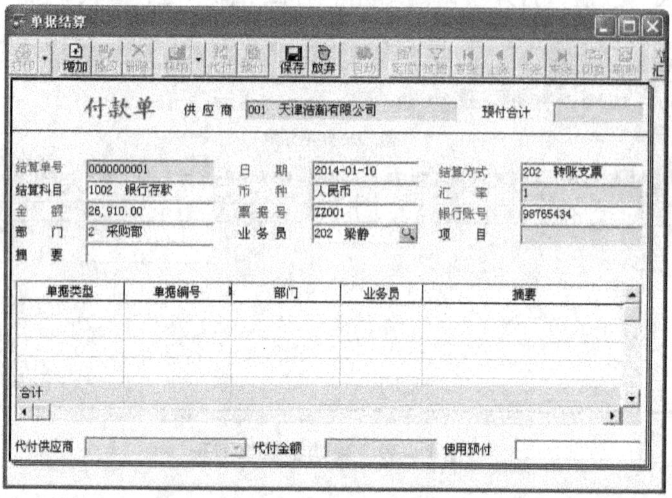

图 7 – 41　付款单

⑦单击"保存"按钮，再单击"核销"按钮，在付款单的下半部分表体中显示出待核销的单据及对应的金额。

⑧在"金额"列输入"26 910"，如图 7 – 42 所示。

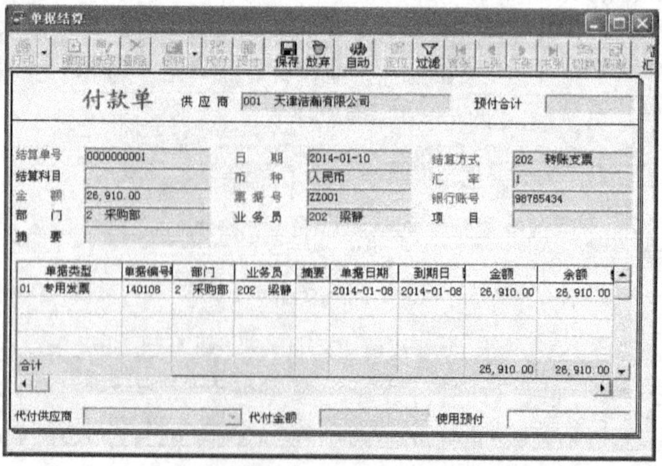

图 7 – 42　核销付款单

⑨单击"保存"按钮，完成对本次付款金额和应付金额的全额核销，再单击"退出"按钮。

任务 2　销售管理子系统日常业务

销售是企业生产经营成果的实现过程，是企业经营活动的中心。销售管理子系统处理销售发货和销售退货业务，可根据订单发货，并处理发货折扣，同时在发货处理时可以对客户信用额度、存货现存量、最低售价等进行检查和控制。销售管理子系统还可以处理普通销售发票和专用销售发票的开票业务，可根据订单开票，在先发货后开票的情况下可汇总发货单开票。并可处理销售折扣，同时在开票处理时对客户信用额度、存货现存量、最低售价等进行检查和控制。销售管理子系统提供存货价格、客户价格管理功能，制定或修改各用于销售的存货的参考售价，以此作为货物销售的报价。提供按加价率自动批量调价的功能等。

销售管理子系统与其他子系统的关系主要是：在销售管理子系统中填制发货单、销售发票后，将冲减库存管理子系统的存货现存量，经审核后自动生成销售出库单并传递到库存管理子系统。库存管理子系统为销售管理子系统提供可用于销售的存货现存量查询。

销售管理子系统的发货单、销售发票经审核后自动生成销售出库单，销售出库单和销售发票传递给核算子系统。核算子系统将计算出来的存货销售成本再传递给库存管理子系统和销售管理子系统。

销售管理子系统日常业务处理主要包括：填制并审核销售订单、填制并审核销售发货单、填制销售发票以及进行销售收款等业务处理。

1. 工作资料

（1）1月12日，销售部杨志新与精益公司签订销售协议，精益公司订购15台格力空调，不含税单价为2 600元/台，还订购三星冰箱5台，不含税单价为2 800元/台，计划发货日期为2014年1月15日。

（2）1月15日，由销售部杨志新将精益公司订购的格力空调和三星冰箱按订单内容从一号仓库发货。

（3）1月15日，根据给精益公司发货的销售发货单，开出销售专用发票一张。

（4）1月16日，收到精益公司开具的转账支票一张，用以支付购买格力空调和三星冰箱的款项，转账支票票据号为ZZ002。

2. 工作指导

（1）注册进入畅捷通 T3 - 企业管理信息化软件信息门户。

①选择"开始"→"程序"→"畅捷通 T3 系列管理软件"→"畅捷通 T3"→"畅捷通 T3 - 企业管理信息化软件教育专版"命令，打开"注册〖控制台〗"对话框。

②在"用户名"输入框中输入"302"，"密码"输入框中为空，在"账套"下拉列表中选择"［300］百城电器有限公司"选项，操作日期为业务日期，然后单击"确定"按钮，打开"畅捷通 T3 - 企业管理信息化软件教育专版"窗口。

（2）业务处理1。

①选择"销售"→"销售订单"命令，打开"销售订单"对话框。

②单击"增加"按钮，选择"销售类型"为"普通销售"，"客户名称"为"精益公

司"，"销售部门"为"销售部"，"业务员"为"杨志新"。

③在表体内选择货物编号001，输入数量15，报价为2 600元，预发货日期2014-01-15。

④在表体内选择货物编号004，输入数量5，报价为2 800元，预发货日期2014-01-15。

⑤单击"保存"按钮，如图7-43所示。

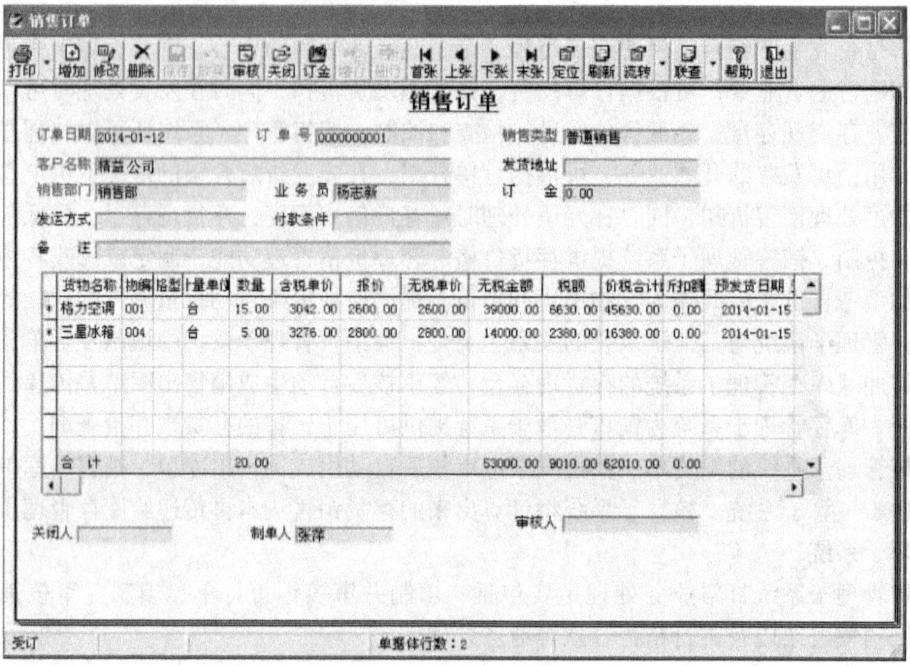

图7-43 销售订单

⑥单击"审核"按钮，弹出"是否只处理当前张？"提示，单击"是"按钮，对销售订单进行审核，系统提示"0000000001号单据审核成功"，单击"确定"按钮，再单击"退出"按钮。

注意：经过审核后的销售订单不能修改，需要弃审后再修改。

（3）业务处理2。

①以"302张萍"注册进入"畅捷通T3-企业管理信息化软件教育专版"窗口，账套"［300］百城电器有限公司"；操作日期为业务日期。

②选择"销售"→"销售发货单"命令，打开"发货单"对话框。

③单击"增加"按钮，单击"选单"按钮旁的下三角按钮，从打开的下拉列表中选择"销售订单"，系统弹出"选择订单"窗口。

④在"选择订单"窗口中，选择"客户"为"精益公司"，单击"显示"按钮，自动出现刚填制并审核的销售订单。选择该订单，在下方列表中自动出现订单内容。选择订单窗口如图7-44所示。

⑤选中出现的订单内容，单击"确认"按钮，订单内容自动填入发货单上。在发货单表体内选择仓库名称，单击"保存"按钮。

⑥单击"审核"按钮，弹出"是否只处理当前张？"提示，单击"是"按钮，对销售订单进行审核，系统提示"0000000001号单据审核成功"，单击"确定"按钮，销售发货单

如图 7 - 45 所示，再单击"退出"按钮。

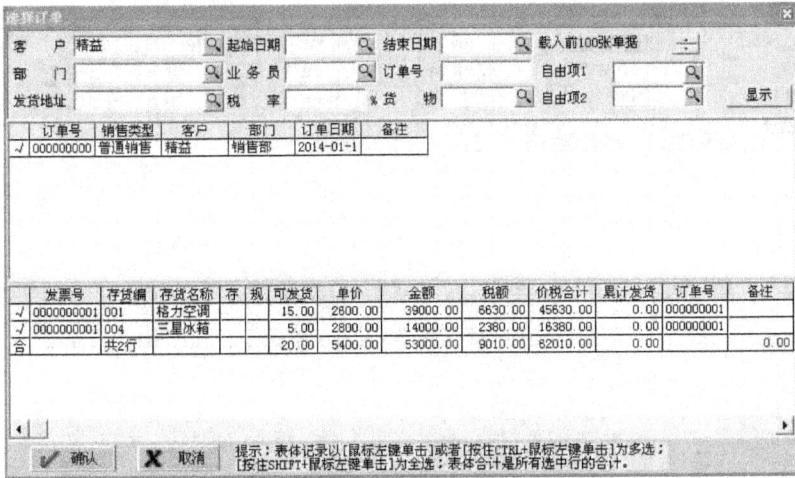

图 7 - 44　选择订单

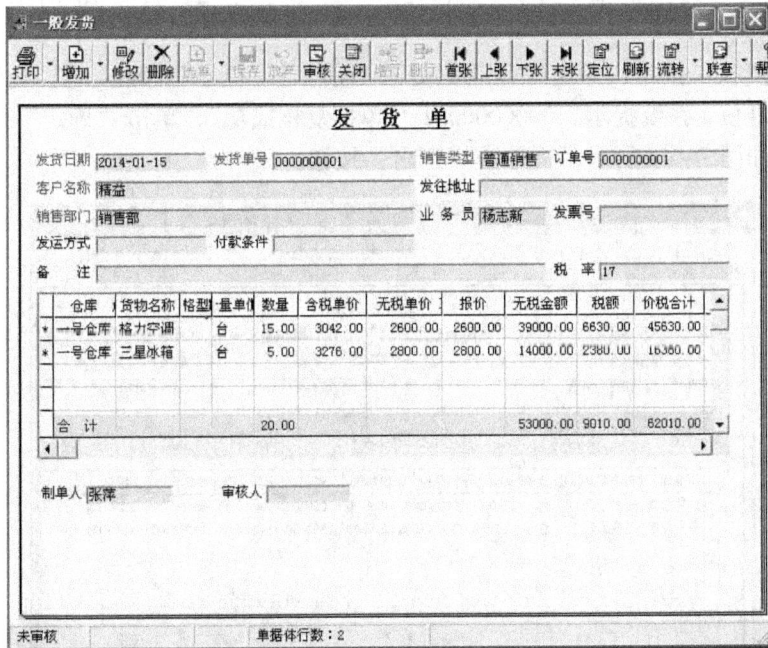

图 7 - 45　发货单

（4）业务处理 3。

①选择"销售"→"销售发票"命令，打开"普通发票"对话框。

②单击"增加"按钮旁的下三角按钮，从打开的下拉列表中选择"专用发票"。

③单击"选单"按钮旁的下三角按钮，从打开的下拉列表中选择"发货单"，系统弹出"选择发货单"窗口。

④在"选择发货单"窗口中，选择"客户"为"精益公司"，单击"显示"按钮，自动出现刚填制并审核的销售发货单。选择该发货单，在下方列表中自动出现发货单内容。选

择发货单窗口如图7-46所示。

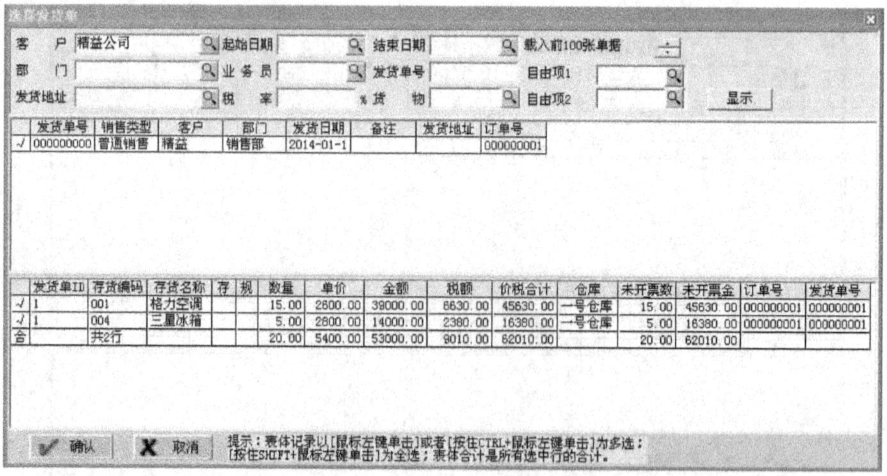

图7-46　选择发货单

⑤选中出现的发货单内容，单击"确认"按钮，发货单内容自动填入销售专用发票上，单击"保存"按钮。

⑥单击"复核"按钮，弹出"是否只处理当前张?"提示，单击"是"按钮，对销售专用发票进行复核，系统提示"0000000001号单据复核成功"，单击"确定"按钮，复核后销售专用发票如图7-47所示，再单击"退出"按钮。

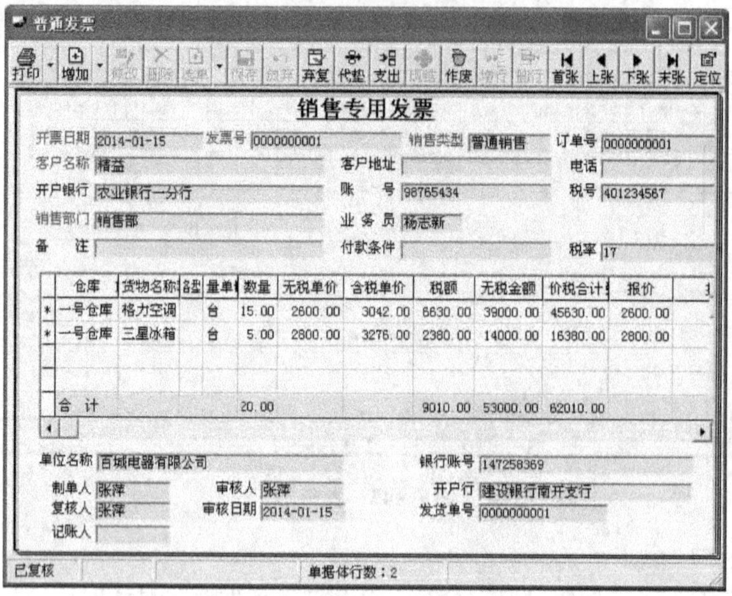

图7-47　复核后的销售专用发票

注意：经过复核后的销售不能修改，需要弃复后再修改。已复核的销售发票，在复核时直接登记应收账。

（5）业务处理4。

①以"303刘方"注册进入"畅捷通T3-企业管理信息化软件教育专版"窗口，账套

"［300］百城电器有限公司";操作日期为业务日期。

②选择"销售"→"客户往来"→"收款结算"命令,打开"收款单"对话框。

③在"收款单"对话框中,单击"客户"栏的参照按钮,选择"精益公司",然后单击"增加"按钮。

④单击"结算方式"栏的参照按钮,选择"202 转账支票"。

⑤在"金额"栏输入"62 010",在"票据号"栏输入"ZZ002"。

⑥单击"部门"栏的参照按钮,选择"销售部",单击"业务员"栏的参照按钮,选择"杨志新",单击"保存"按钮,如图 7 - 48 所示。

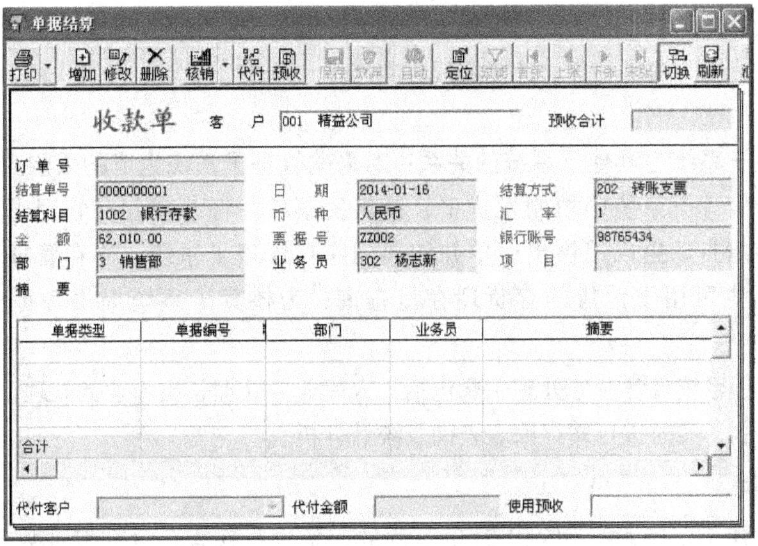

图 7 - 48 收款单

⑦单击"核销"按钮,在收款单的下半部分表体中显示出待核销的单据及对应金额。

⑧在"本次结算"列输入"62 010",如图 7 - 49 所示。

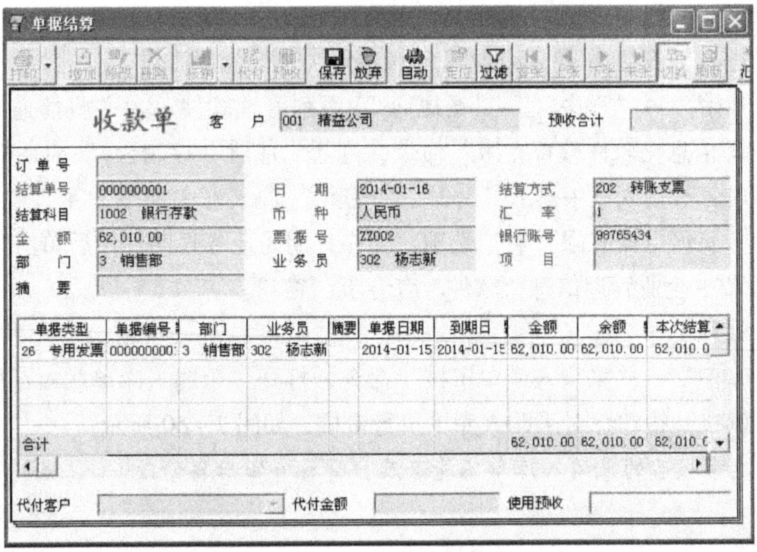

图 7 - 49 核销收款单

⑨单击"保存"按钮，完成对本次收款金额和应收金额的全额核销，再单击"退出"按钮。

任务3 库存管理子系统日常业务

库存管理子系统能够实现采购入库管理以及管理采购入库以外的，如盘盈入库、调拨入库、组装拆卸入库、形态转换入库等其他入库业务；能够实现销售出库管理以及管理销售出库以外的，如盘亏出库、调拨出库、组装拆卸出库、形态转换出库等其他出库业务；能够实现对工业企业的产成品入库、退回业务的处理；能够处理企业有领料限额、一张领料单可多次使用的领料业务；还能实现材料出库、调拨、盘点、存货失效日期维护等业务处理。

库存管理子系统与其他子系统的关系：对采购管理子系统生成的采购入库单进行审核确认；在销售管理子系统中填制发货单、销售发票后，将冲减库存管理子系统的存货现存量，经审核后自动生成销售出库单并传递到库存管理子系统。库存管理子系统为销售管理子系统提供可用于销售的存货现存量查询；为核算子系统提供各种出入库单据的查询。

库存管理子系统日常业务处理主要包括：入库业务处理、出库业务处理，并对存货进行有效的库存控制，实时进行库存账表查询及统计分析。

1. 工作资料

（1）1 月 18 日，百城公司对 1 月份采购的存货进行核查，没有发现数量和质量问题，对采购管理子系统生成的采购入库单执行审核。

（2）1 月 31 日，对 1 月份销售的存货办理出库手续，根据销售管理子系统的销售发货单或销售发票生成销售出库单并审核。

2. 工作指导

（1）注册进入"畅捷通 T3 - 企业管理信息化软件"信息门户。

①选择"开始"→"程序"→"畅捷通 T3 系列管理软件"→"畅捷通 T3"→"畅捷通 T3 - 企业管理信息化软件教育专版"命令，打开"注册〖控制台〗"对话框。

②在"用户名"输入框中输入"302"，"密码"输入框中为空，在"账套"下拉列表中选择"［300］百城电器有限公司"选项，操作日期为业务日期，然后单击"确定"按钮，打开"畅捷通 T3 - 企业管理信息化软件教育专版"窗口。

（2）业务处理 1。

①选择"库存"→"采购入库单审核"命令，打开"采购入库单"对话框。

②单击"审核"按钮，对采购入库单执行审核，如图 7 - 50 所示。

注意：经过审核后的采购入库单不能修改，需要弃审后再修改。

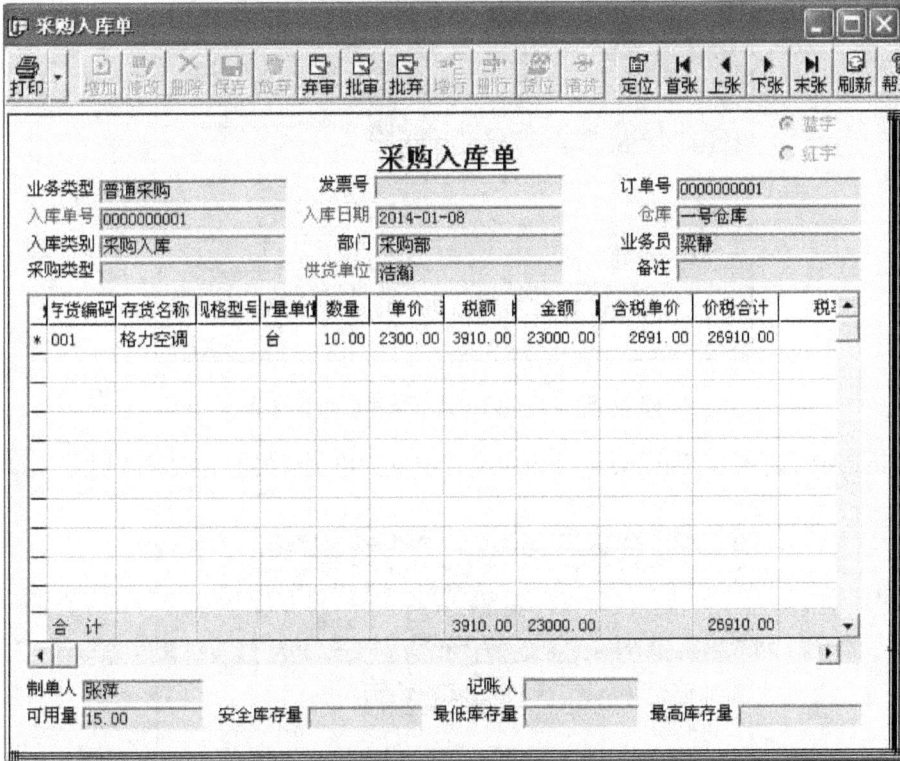

图 7 - 50　审核采购入库单

③选择"库存"→"库存单据列表"→"采购入库单"命令，打开"单据过滤条件"窗口，单击"确认"按钮，出现"采购入库单列表"窗口，如图 7 - 51 所示。

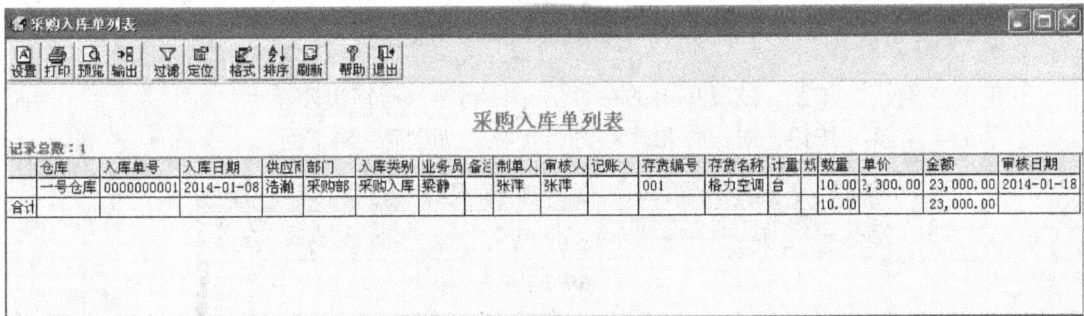

图 7 - 51　采购入库单列表

（3）业务处理 2。

①以"302 张萍"注册进入"畅捷通 T3 - 企业管理信息化软件教育专版"窗口，账套"［300］百城电器有限公司"；操作日期为业务日期。

②选择"库存"→"销售出库单生成/审核"命令，打开"销售出库"对话框。

③在"销售出库单"对话框中，单击"生成"按钮，出现"发货单或发票参照"窗口。

④单击"刷新"按钮，出现备选的销售发货单或销售发票，如图 7 - 52 所示。

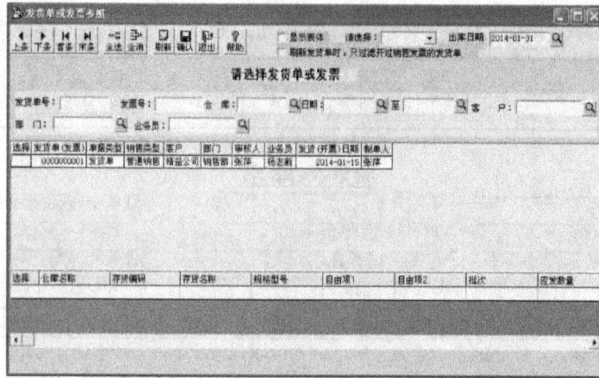

图 7 - 52　备选的销售发货单或销售发票

⑤单击选中出现的发货单记录，系统自动选中发货单记载的所有待发货信息，如图 7 - 53 所示。

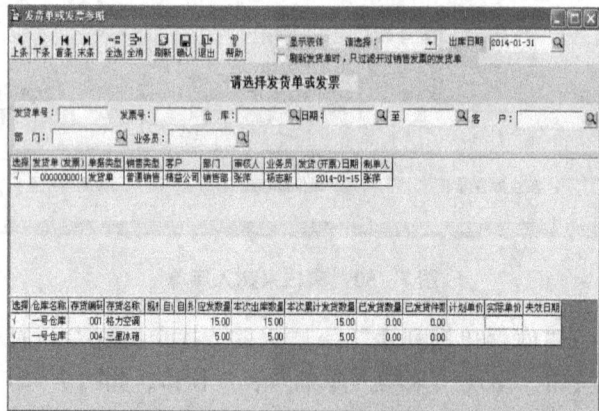

图 7 - 53　选中 0000000001 号发货单

⑥单击"确认"按钮，发货单上的存货信息自动填入销售出库单上。

⑦单击"审核"按钮，对销售出库单进行审核，如图 7 - 54 所示。

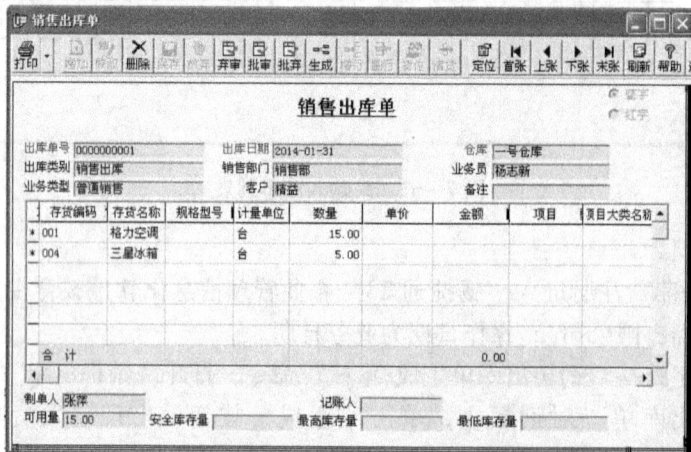

图 7 - 54　审核销售出库单

⑧选择“库存”→“库存单据列表”→“销售出库单”命令，打开“单据过滤条件”窗口，单击“确认”按钮，出现“销售出库单列表”窗口，如图7－55所示。

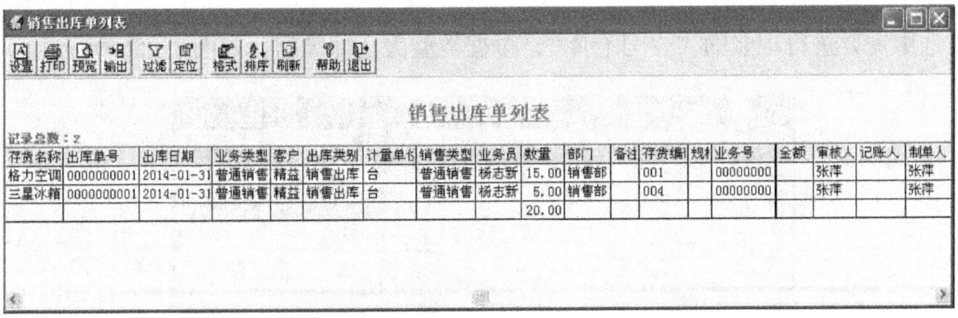

存货名称	出库单号	出库日期	业务类型	客户	出库类别	计量单仓	销售类型	业务员	数量	部门	备注	存货编	规	业务号	金额	审核人	记账人	制单人
格力空调	0000000001	2014-01-31	普通销售	精益	销售出库	台	普通销售	杨志新	15.00	销售部		001		00000000		张萍		张萍
三星冰箱	0000000001	2014-01-31	普通销售	精益	销售出库	台	普通销售	杨志新	5.00	销售部		004		00000000		张萍		张萍
									20.00									

图7－55　销售出库单列表

任务4　存货核算子系统日常业务

存货是指企业在生产经营过程中为销售或耗用而储存的各种资产，包括商品、产成品、半成品、在产品以及各种材料、燃料、包装物、低值易耗品等。存货是保证企业生产经营过程顺利进行的必要条件。为了保障生产经营过程连续不断地进行，企业要不断购入、耗用或销售存货。存货是企业的一项重要的流动资产，其价值在企业流动资产中占有很大比重。

存货的核算是企业会计核算的一项重要内容。进行存货核算，应正确计算存货购入成本，促使企业努力降低存货成本；反映和监督存货的收发、领退和保管情况；反映和监督存货资金的占用情况，促进企业提高资金的使用效果。

核算子系统与其他子系统的关系主要是：核算子系统是连接总账子系统和购销存管理子系统的核心，是企业实现财务与业务一体化的一个重要子系统。它根据库存管理子系统传递过来的各种出入库单据核算企业的入库存货成本、出库存货成本、结余成本，进行单据记账、期末处理，对已记账单据生成凭证，传递给总账系统。

核算子系统日常业务处理主要包括：单据记账、暂估入库成本处理、对已记账单据生成凭证等。

1. 工作资料

（1）1月31日，对1月份的出入库业务单据执行单据记账。

（2）1月31日，对1月份已记账的出入库单据查询出入库流水账。

2. 工作指导

（1）注册进入“畅捷通T3－企业管理信息化软件”信息门户。

①选择“开始”→“程序”→“畅捷通T3系列管理软件”→“畅捷通T3”→“畅捷通T3－企业管理信息化软件教育专版”命令，打开“注册〖控制台〗”对话框。

②在“用户名”输入框中输入“302”，“密码”输入框为空，在“账套”下拉列表中选择“［300］百城电器有限公司”选项，操作日期为业务日期，然后单击“确定”按钮，打开“畅捷通T3－企业管理信息化软件教育专版”窗口。

（2）业务处理1。

①选择"核算"→"核算"→"正常单据记账"命令，打开"正常单据记账条件"对话框。

②选中需要进行记账的"一号仓库"，单据类型为全部单据，如图7-56所示。

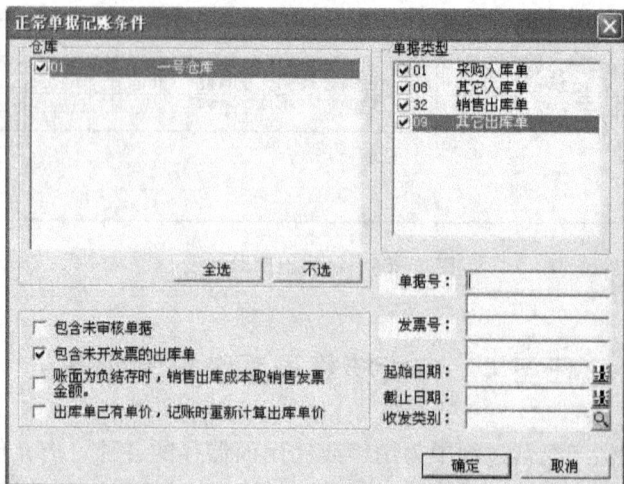

图7-56 正常单据记账条件

③单击"确定"按钮，出现"正常单据记账"窗口，系统列出符合过滤条件的所有未记账的出入库单据，如图7-57所示。

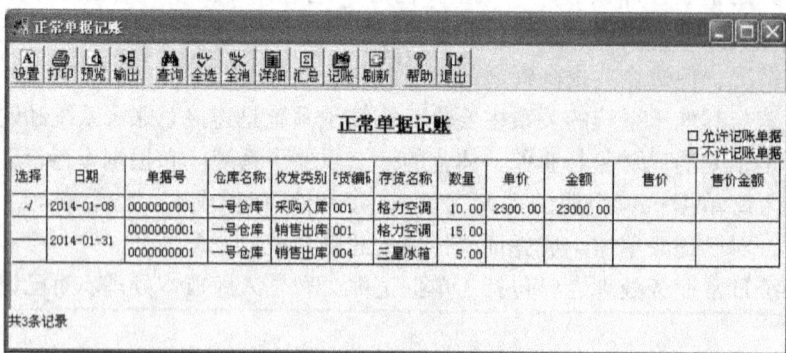

图7-57 正常单据记账

④单击"全选"按钮，选中所有记录，单击"记账"按钮，系统对选中的业务单据自动执行记账处理。

⑤记账完毕，单击"退出"按钮。

（3）业务处理2。

①选择"核算"→"账表"→"出入库流水账"命令，打开"出入库流水账查询"对话框。

②单击"确认"按钮，打开"出入库流水账"窗口，如图7-58所示。

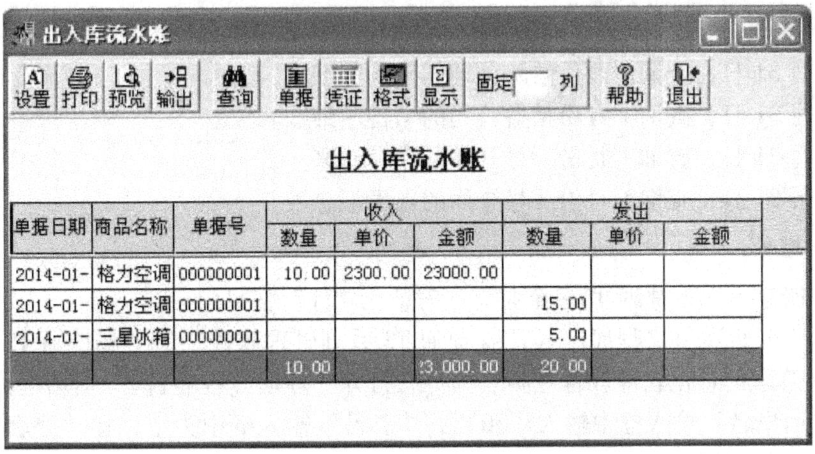

单据日期	商品名称	单据号	收入			发出		
			数量	单价	金额	数量	单价	金额
2014-01-	格力空调	000000001	10.00	2300.00	23000.00			
2014-01-	格力空调	000000001				15.00		
2014-01-	三星冰箱	000000001				5.00		
			10.00		23,000.00	20.00		

图 7－58　出入库流水账

③查询后，单击“退出”按钮。

注意：记账后，可以查询与存货相关的各种账簿。

记账后，单据只能查询，不能修改，如果需要修改单据，必须先取消记账。

记账后，对于使用先进先出法、移动平均法、个别计价法计价的仓库，系统将根据相关资料自动计算出库成本。

单据记账后，可以恢复记账。

项目 3　购销存管理子系统期末业务处理

购销存管理子系统期末业务处理主要包括各子系统的账表查询和分析、月末结账业务处理。

任务 1　购销存管理各子系统期末账表查询

采购管理子系统中各种采购账表可以为企业提供各种有用的采购相关信息，主要包括：各种原始单据、采购明细表、存货采购统计表、结算统计表、结算明细表、增值税发票抵扣明细表、采购综合统计表、采购账簿和采购分析表等。用户可以根据需要进行查询统计。

销售管理子系统中各种销售账表可以为企业提供各种有用的销售相关信息，主要包括：各种原始单据、销售明细表、销售统计表、销售明细账簿和销售分析表等。用户可以根据需要进行查询统计。

库存管理子系统中各种库存账表可以为企业提供存货的各种有用信息，主要包括：各种存货现存量表、库存台账、出入库流水账、存货结存表、存货分布表、收发存汇总表等。

核算子系统中各种存货核算账表可以为企业提供存货的各种账表信息，主要包括：各种存货流水账、明细账、入库汇总表、出库汇总表、存货周转率分析表、入库成本分析等。

1. 工作资料

（1）1 月 31 日，查询 1 月份浩瀚公司的采购明细表。

（2）1 月 31 日，查询 1 月份精益公司的销售明细账。

（3）1 月 31 日，查询 1 月份一号仓库的库存台账。

（4）1 月 31 日，查询 1 月份一号仓库的入库汇总表。

2. 工作指导

（1）注册进入"畅捷通 T3 – 企业管理信息化软件"信息门户。

①选择"开始"→"程序"→"畅捷通 T3 系列管理软件"→"畅捷通 T3"→"畅捷通 T3 – 企业管理信息化软件教育专版"命令，打开"注册〖控制台〗"对话框。

②在"用户名"输入框中输入"302"，"密码"输入框中为空，在"账套"下拉列表中选择"［300］百城电器有限公司"选项，操作日期为业务日期，然后单击"确定"按钮，打开"畅捷通 T3 – 企业管理信息化软件教育专版"窗口。

（2）业务处理 1。

①选择"采购"→"采购明细表"→"采购明细表"命令，打开"查询［采购明细表］"对话框，如图 7 – 59 所示。

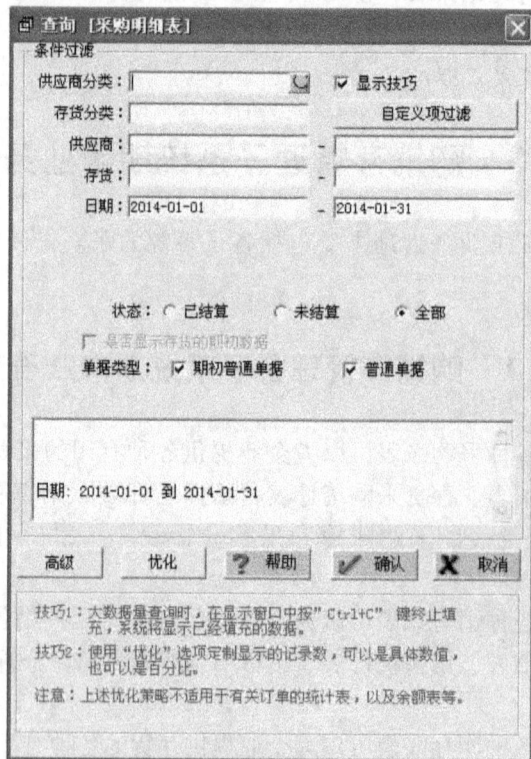

图 7 – 59　查询［采购明细表］

②在"供应商"栏选择"浩瀚公司"，单击"确认"按钮，打开"采购明细表"窗口，如图 7 – 60 所示。

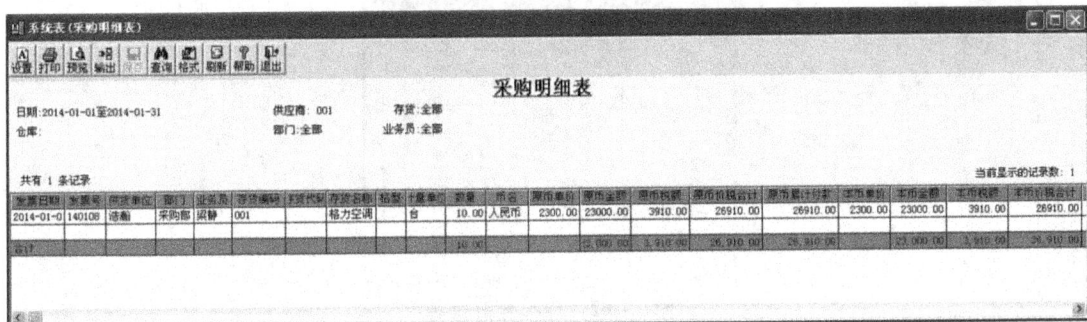

图 7 - 60 系统表（采购明细表）

③查询后，单击"退出"按钮。

（3）业务处理 2。

①以"302 张萍"注册进入"畅捷通 T3 - 企业管理信息化软件教育专版"窗口，账套"［300］百城电器有限公司"；操作日期为业务日期。

②选择"销售"→"销售明细账"命令，打开"销售明细账过滤"对话框。

③单击"确认"按钮，打开"销售明细账"窗口，如图 7 - 61 所示。

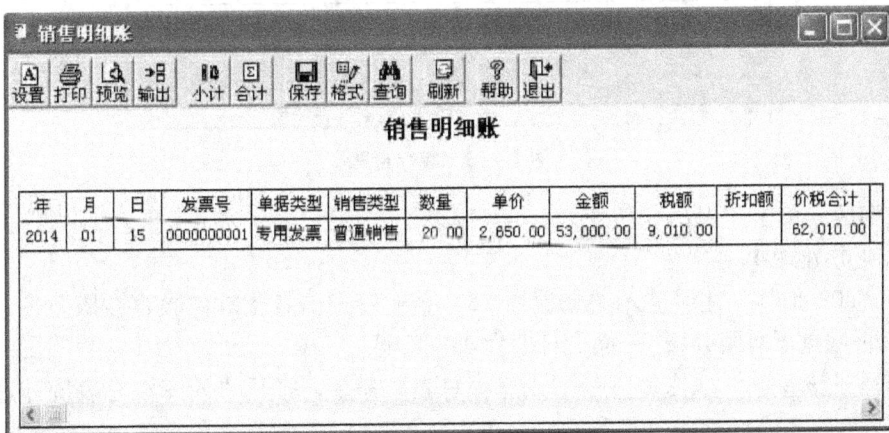

图 7 - 61 销售明细账

④查询后，单击"退出"按钮。

（4）业务处理 3。

①以"302 张萍"注册进入"畅捷通 T3 - 企业管理信息化软件教育专版"窗口，账套"［300］百城电器有限公司"；操作日期为业务日期。

②选择"库存"→"库存账簿查询"→"库存台账"命令，打开"库存台账过滤"对话框。

③在"仓库"栏选择"一号仓库"，如图 7 - 62 所示。

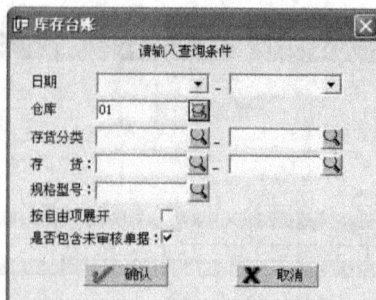

图7－62　库存台账过滤

④单击"确认"按钮，打开"库存台账"窗口，如图7－63所示。

图7－63　库存台账

⑤查询后，单击"退出"按钮。

（5）业务处理4。

①以"302 张萍"注册进入"畅捷通 T3－企业管理信息化软件教育专版"窗口，账套"［300］百城电器有限公司"；操作日期为业务日期。

②选择"核算"→"账表"→"入库汇总表"命令，打开"入库汇总表统计过滤"对话框。

③单击"确认"按钮，打开"入库汇总表"窗口，如图7－64所示。

图7－64　入库汇总表

④查询后，单击"退出"按钮。

任务 2　购销存管理各子系统月末结账

采购管理子系统月末结账是逐月将每月的单据数据封存，并将当月的采购数据记入有关账表。采购管理子系统月末结账可以连续将多个月的单据进行结账，但不允许跨月结账。

销售管理子系统月末结账是逐月将每月的单据数据封存，并将当月的销售数据记入有关账表。销售管理子系统月末结账可以连续将多个月的单据进行结账，但不允许跨月结账。

其进行月末结账时的操作和采购管理系统相似。销售管理子系统月末结账后，才能进行库存管理子系统、核算子系统月末结账。如果要取消销售管理子系统月末结账，必须先取消库存管理子系统和核算子系统月末结账。若库存管理子系统和核算子系统中的任何一个系统不能取消月末结账，那么就不能取消销售管理子系统的月末结账。

库存管理子系统月末结账是将每月的出入库单据逐月封存，并将当月的出入库数据记入有关账表中。结账只能每月进行一次。结账后本月不能再填制单据。进行月末结账时操作和采购管理子系统、销售管理子系统相似。只有在采购管理子系统、销售管理子系统月末结账后，才能进行库存管理子系统月末结账，当库存管理子系统月末结账后，才能进行核算子系统月末结账。

核算子系统日常业务完成后，应计算按全月平均方式核算的存货的全月平均单价及其本月出库成本，并对已完成日常业务的仓库做期末处理标志。期末处理每月只能执行一次，因此要特别注意。核算子系统月末结账是将每月的出入库单据逐月封存，并将当月的出入库数据记入有关账表中。结账只能每月进行一次。结账后本月不能再填制单据。进行月末结账时操作和采购管理子系统、销售管理子系统相似。只有在采购管理子系统、销售管理子系统、库存管理子系统月末结账后，才能进行核算子系统月末结账。

1. 工作资料

（1）1 月 31 日，对采购管理子系统进行月末结账。

（2）1 月 31 日，对销售管理子系统进行月末结账。

（3）1 月 31 日，对库存管理子系统进行月末结账。

（4）1 月 31 日，对一号仓库进行期末处理，查询 1 月份出入库流水账。

（5）1 月 31 日，对 1 月份购销存管理子系统发生的业务进行凭证处理。

（6）1 月 31 日，对核算子系统进行月末结账。

2. 工作指导

（1）注册进入"畅捷通 T3 - 企业管理信息化软件"信息门户。

①选择"开始"→"程序"→"畅捷通 T3 系列管理软件"→"畅捷通 T3"→"畅捷通 T3 - 企业管理信息化软件教育专版"命令，打开"注册〖控制台〗"对话框。

②在"用户名"输入框中输入"302"，"密码"输入框中为空，在"账套"下拉列表中选择"［300］百城电器有限公司"选项，操作日期为业务日期，然后单击"确定"按钮，打开"畅捷通 T3 - 企业管理信息化软件教育专版"窗口。

（2）业务处理 1。

①选择"采购"→"月末结账"命令，打开"月末结账"对话框。

②单击选中1月份，然后单击"结账"按钮对采购管理子系统进行结账处理，系统自动结账后，出现"月末结账完毕！"提示框，如图7-65所示。

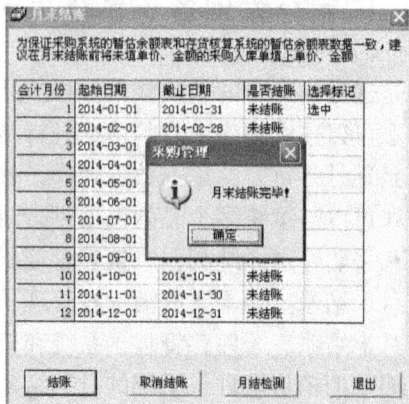

图7-65 采购管理子系统月末结账

③单击"确认"按钮，在"月末结账"窗口中"是否结账"栏显示"已结账"，单击"退出"按钮。

（3）业务处理2。

①以"302张萍"注册进入"畅捷通T3-企业管理信息化软件教育专版"窗口，账套"［300］百城电器有限公司"；操作日期为业务日期。

②选择"销售"→"月末结账"命令，打开"月末结账"对话框。

③单击选中1月份，然后单击"月末结账"按钮对销售管理子系统进行结账处理，系统自动结账后，如图7-66所示，单击"退出"按钮。

图7-66 销售管理子系统月末结账

（4）业务处理3。

①以"302张萍"注册进入"畅捷通T3-企业管理信息化软件教育专版"窗口，账套"［300］百城电器有限公司"；操作日期为业务日期。

②选择"库存"→"月末结账"命令，打开"结账处理"对话框。

③单击选中 1 月份，然后单击"结账"按钮对库存管理子系统进行结账处理、系统自动结账后，如图 7 - 67 所示，单击"退出"按钮。

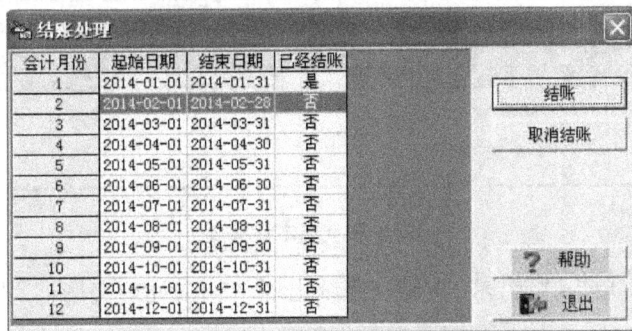

图 7 - 67　库存管理子系统月末结账

（5）业务处理 4。

①以"302 张萍"注册进入"畅捷通 T3 - 企业管理信息化软件教育专版"窗口，账套"［300］百城电器有限公司"；操作日期为业务日期。

②选择"核算"→"月末处理"命令，打开"期末处理"对话框。

③单击选中"一号仓库"，如图 7 - 68 所示。

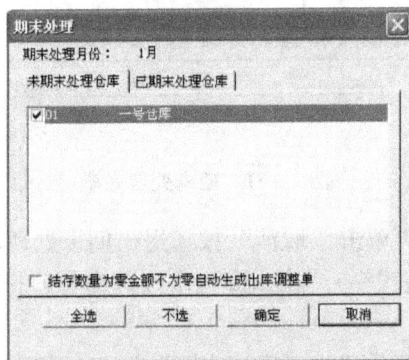

图 7 - 68　一号仓库期末处理

④系统提示"您将对所选仓库进行期末处理，确认进行吗?"，如图 7 - 69 所示。

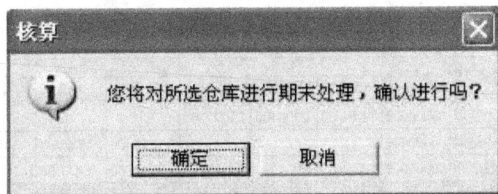

图 7 - 69　期末处理提示信息

⑤单击"确定"按钮，系统自动计算并完成一号仓库成本计算表，如图 7 - 70 所示。

图7-70 成本计算表

⑥核对无误后，单击"确定"按钮，系统出现"期末处理完毕！"提示框，如图7-71所示。

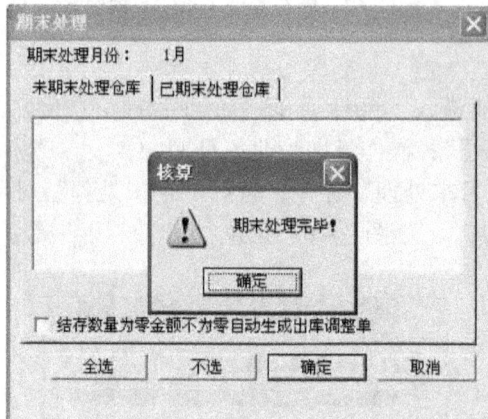

图7-71 期末处理完毕

⑦单击"确定"按钮，再单击"取消"按钮退出期末处理功能。

⑧选择"核算"→"账表"→"出入库流水账"命令，打开"出入库流水账查询"对话框。

⑨单击"确认"按钮，打开"出入库流水账"窗口，如图7-72所示。

图7-72 出入库流水账

⑩查询执行期末处理功能后的出入库流水账，并对比图 7 - 58 的信息，单击"退出"按钮。

（6）业务处理 5。

①以"302 张萍"注册进入"畅捷通 T3 - 企业管理信息化软件教育专版"窗口，账套"［300］百城电器有限公司"；操作日期为业务日期。

②采购入库单制单。

选择"核算"→"凭证"→"购销单据制单"命令，打开"生成凭证"对话框，如图 7 - 73 所示。

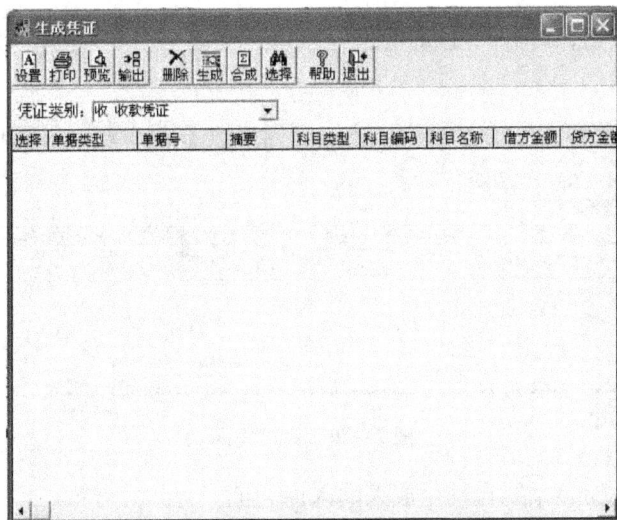

图 7 - 73　生成凭证

单击"选择"按钮，打开"查询条件"对话框，选中"采购入库单（报销记账）"复选框，如图 7 - 74 所示。

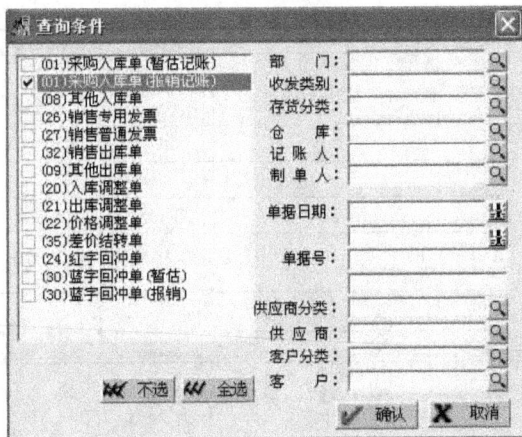

图 7 - 74　查询条件

单击"确认"按钮，打开"未生成凭证单据一览表"窗口，将需要的采购入库单选中，如图 7 - 75 所示。

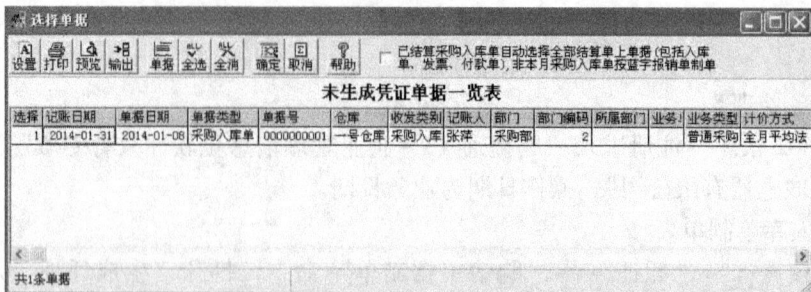

图7-75 选中未制单的采购入库单

单击"确定"按钮，打开"生成凭证"窗口，修改"凭证类别"为"转账凭证"，如图7-76所示。

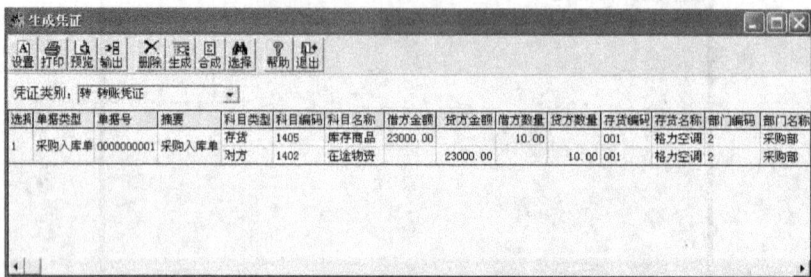

图7-76 生成凭证

单击"生成"按钮，系统自动生成采购入库凭证。

单击"保存"按钮，凭证左上角出现"已生成"标志，如图7-77所示。

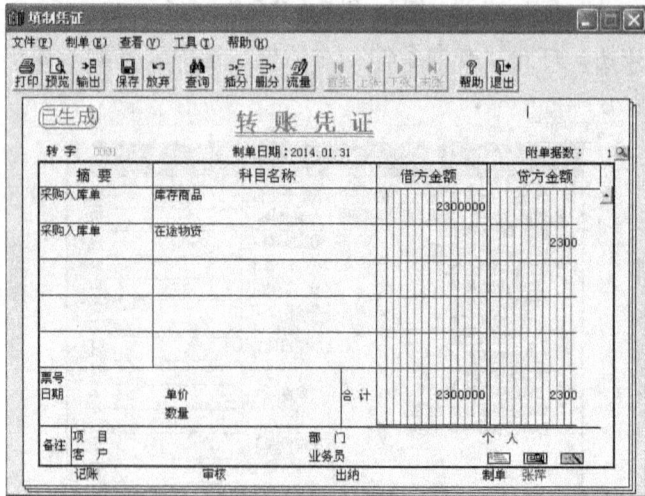

图7-77 采购入库凭证

单击"退出"按钮。

③销售出库单制单。

选择"核算"→"凭证"→"购销单据制单"命令，打开"生成凭证"对话框。

单击"选择"按钮，打开"查询条件"对话框，选中"销售出库单"复选框，如

图 7 – 78 所示。

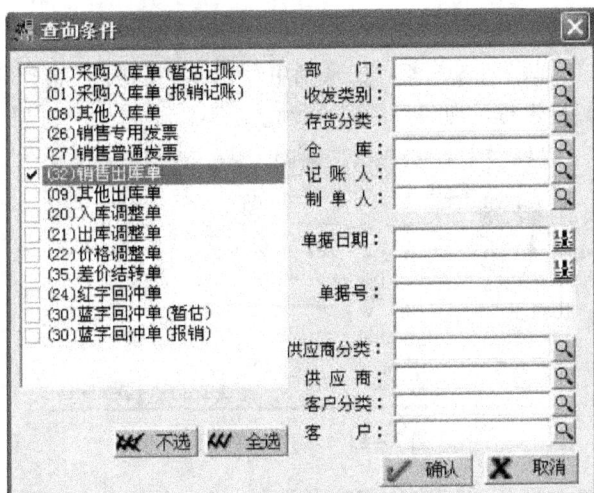

图 7 – 78　查询条件

单击"确认"按钮，打开"未生成凭证单据一览表"窗口，将需要的销售出库单选中。

单击"确定"按钮，打开"生成凭证"窗口，修改"凭证类别"为"转账凭证"，如图 7 – 79 所示。

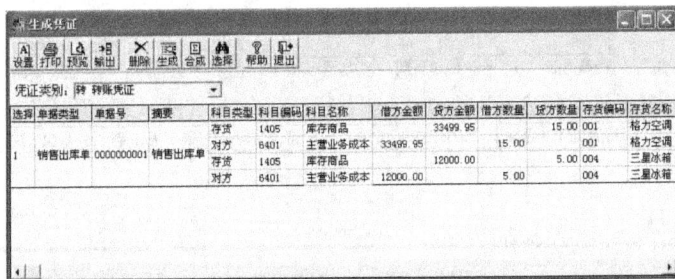

图 7 – 79　生成凭证

单击"生成"按钮，系统自动生成销售出库凭证。

单击"保存"按钮，凭证左上角出现"已生成"标志，如图 7 – 80 所示。

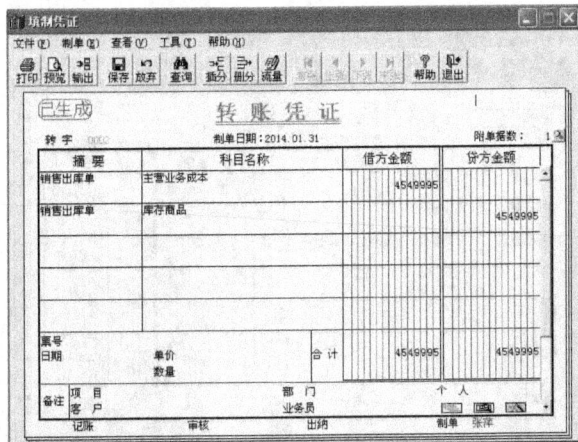

图 7 – 80　销售出库凭证

单击"退出"按钮。

④销售发票制单。

选择"核算"→"凭证"→"客户往来制单"命令，打开"客户制单查询"对话框。

选中"发票制单"复选框，如图7-81所示。

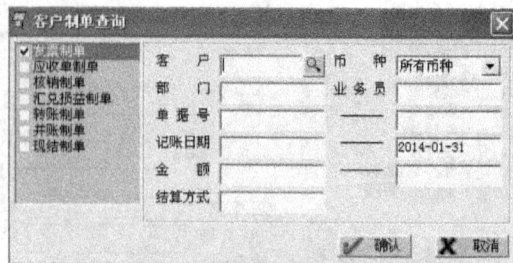

图7-81 客户制单查询

单击"确认"按钮，打开"客户往来制单"窗口，单击"全选"按钮，修改"凭证类别"为"转账凭证"，如图7-82所示。

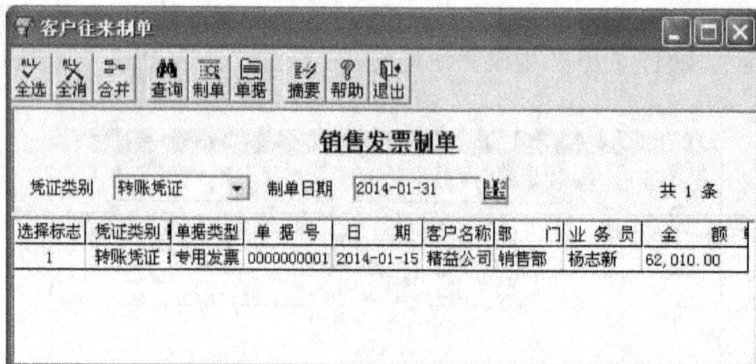

图7-82 客户往来制单

单击"制单"按钮，系统自动生成销售发票凭证。

单击"保存"按钮，凭证左上角出现"已生成"标志，如图7-83所示。

单击"退出"按钮。

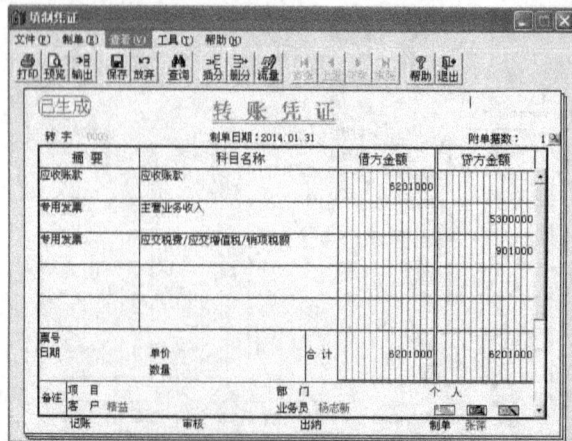

图7-83 销售发票制单

⑤收款核销制单。

选择"核算"→"凭证"→"客户往来制单"命令，打开"客户制单查询"对话框。选中"核销制单"复选框，如图 7-84 所示。

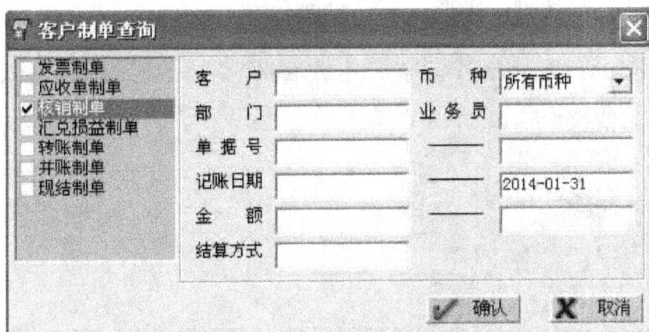

图 7-84　客户制单查询

单击"确认"按钮，打开"客户往来制单"窗口，单击"全选"按钮，修改"凭证类别"为"收款凭证"，如图 7-85 所示。

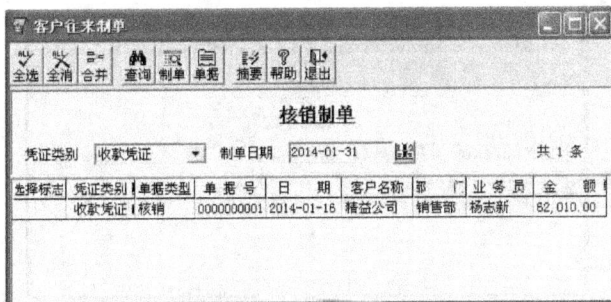

图 7-85　核销制单

单击"制单"按钮，系统自动生成收款核销凭证。

单击"保存"按钮，凭证左上角出现"已生成"标志，如图 7-86 所示。

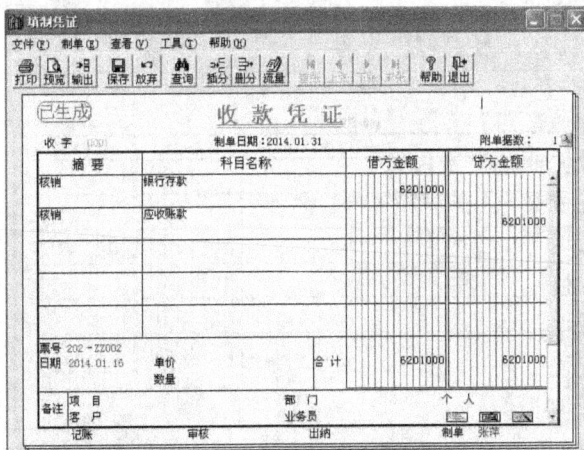

图 7-86　收款核销制单

单击"退出"按钮。

⑥采购发票制单。

选择"核算"→"凭证"→"供应商往来制单"命令，打开"供应商制单查询"对话框。选中"发票制单"复选框，如图7-87所示。

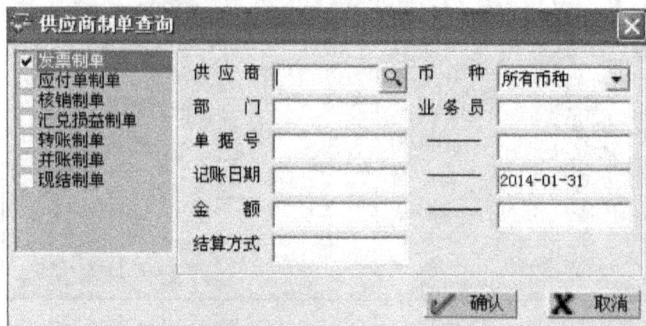

图7-87 供应商制单查询

单击"确认"按钮，打开"供应商往来制单"窗口，单击"全选"按钮，修改"凭证类别"为"转账凭证"，如图7-88所示。

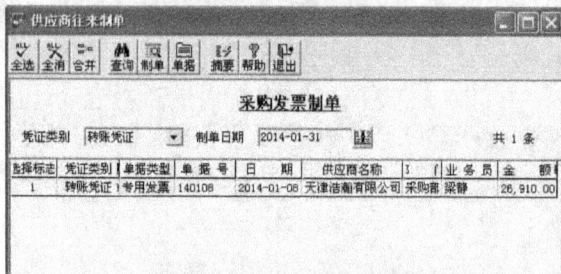

图7-88 供应商往来制单

单击"制单"按钮，系统自动生成采购发票凭证。

单击"保存"按钮，凭证左上角出现"已生成"标志，如图7-89所示。

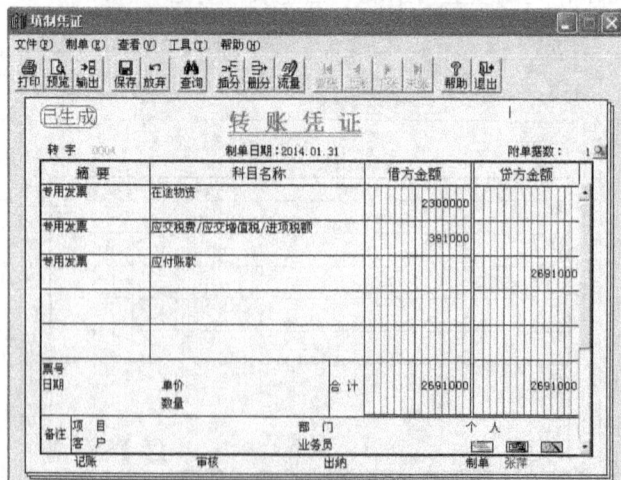

图7-89 采购发票制单

单击"退出"按钮。

⑦付款核销制单。

选择"核算"→"凭证"→"供应商往来制单"命令，打开"供应商制单查询"对话框。选中"核销制单"复选框，如图 7 - 90 所示。

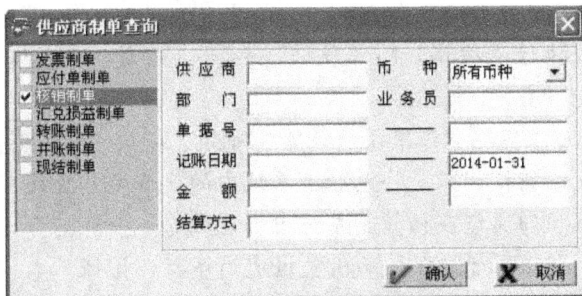

图 7 - 90　供应商制单查询

单击"确认"按钮，打开"供应商往来制单"窗口，单击"全选"按钮，修改"凭证类别"为"付款凭证"，如图 7 - 91 所示。

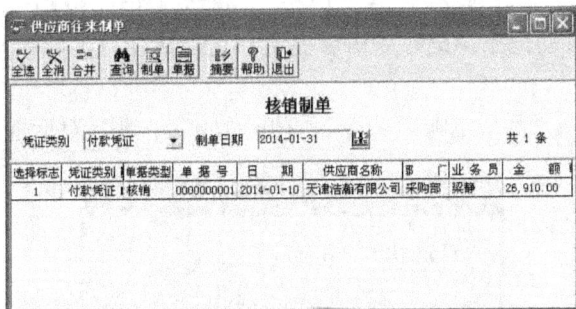

图 7 - 91　供应商往来制单

单击"制单"按钮，系统自动生成付款核销凭证。

单击"保存"按钮，凭证左上角出现"已生成"标志，如图 7 - 92 所示。

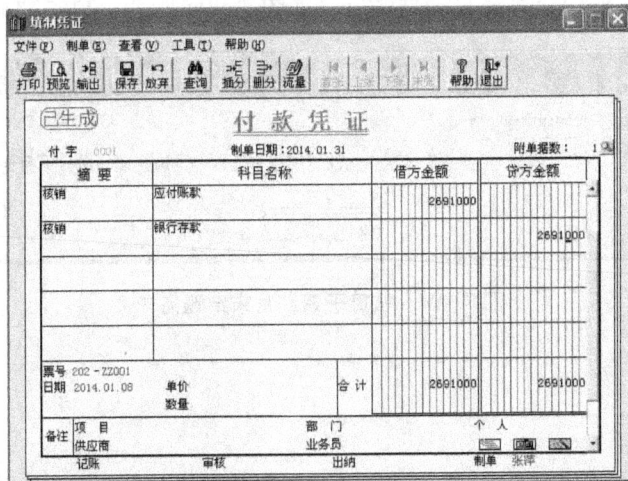

图 7 - 92　付款核销凭证

单击"退出"按钮。

注意：凭证生成后，可以执行"核算"→"凭证"→"购销单据凭证列表"命令对购销单据生成的凭证进行查询。

凭证生成后，可以执行"核算"→"凭证"→"客户往来凭证列表"命令对客户往来单据生成的凭证进行查询。

凭证生成后，可以执行"核算"→"凭证"→"供应商往来凭证列表"命令对供应商往来单据生成的凭证进行查询。

"凭证列表"命令可以实现凭证修改、删除、冲销、查询、打印等功能。

在凭证列表中删除的凭证，只是将总账子系统中的凭证做作废处理。

总账子系统中已审核的凭证在核算子系统中不能删除。

⑧在总账子系统中对核算子系统生成的凭证进行审核、记账。

以"301 赵立"注册进入"畅捷通 T3 - 企业管理信息化软件教育专版"窗口，账套"［300］百城电器有限公司"；操作日期为业务日期。

在总账子系统中，选择"凭证"→"审核凭证"，单击"确定"以后可以看到在核算子系统中生成的所有凭证，对每张凭证进行审核后单击"退出"。

在总账子系统中，选择"凭证"→"记账"，进入"记账范围选择"窗口，单击"确定"按钮，系统进行自动记账，记账完毕后提示"记账成功"。

（7）业务处理 6。

①选择"核算"→"月末结账"命令，打开"月末结账"对话框，如图 7 - 93 所示。

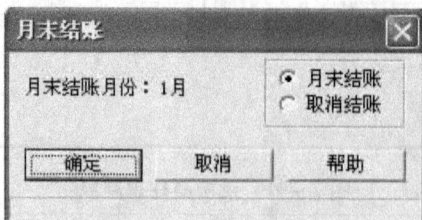

图 7 - 93　核算子系统月末结账

②单击"确定"按钮，系统自动结账后，如图 7 - 94 所示，单击"确定"按钮。

图 7 - 94　核算子系统月末结账完毕

实务操作记录

日期		地点		成绩	
姓名		班级		学号	
实务操作内容					
实务操作记录					

注：1. 实务操作记录请沿裁剪线剪下上交；
　　2. 表格空间不足时，请写在表格背面。

实务操作记录

日期		地点		成绩	
姓名		班级		学号	
实务操作内容					
实务操作记录					

注：1. 实务操作记录请沿裁剪线剪下上交；
　　2. 表格空间不足时，请写在表格背面。

实务操作记录

日期		地点		成绩	
姓名		班级		学号	

实务操作内容	
实务操作记录	

注：1. 实务操作记录请沿裁剪线剪下上交；

　　2. 表格空间不足时，请写在表格背面。

实务操作记录

日期		地点		成绩	
姓名		班级		学号	
实务操作内容					
实务操作记录					

注：1. 实务操作记录请沿裁剪线剪下上交；
　　2. 表格空间不足时，请写在表格背面。

实务操作记录

日期		地点		成绩	
姓名		班级		学号	

实务操作内容	
实务操作记录	

注：1. 实务操作记录请沿裁剪线剪下上交；
　　2. 表格空间不足时，请写在表格背面。

实务操作记录

日期		地点		成绩	
姓名		班级		学号	
实务操作内容					
实务操作记录					

注：1. 实务操作记录请沿裁剪线剪下上交；
　　2. 表格空间不足时，请写在表格背面。

实务操作记录

日期		地点		成绩	
姓名		班级		学号	
实务操作内容					
实务操作记录					

注：1. 实务操作记录请沿裁剪线剪下上交；
　　2. 表格空间不足时，请写在表格背面。

实务操作记录

日期		地点		成绩	
姓名		班级		学号	

实务操作内容	
实务操作记录	

注：1. 实务操作记录请沿裁剪线剪下上交；
　　2. 表格空间不足时，请写在表格背面。

实务操作记录

日期		地点		成绩	
姓名		班级		学号	

实务操作内容	
实务操作记录	

注：1. 实务操作记录请沿裁剪线剪下上交；

　　2. 表格空间不足时，请写在表格背面。

实务操作记录

日期		地点		成绩	
姓名		班级		学号	

实务操作内容	
实务操作记录	

注：1. 实务操作记录请沿裁剪线剪下上交；
2. 表格空间不足时，请写在表格背面。

实务操作记录

日期		地点		成绩	
姓名		班级		学号	
实务操作内容					
实务操作记录					

注：1. 实务操作记录请沿裁剪线剪下上交；
　　2. 表格空间不足时，请写在表格背面。

实务操作记录

日期		地点		成绩	
姓名		班级		学号	

实务操作内容	
实务操作记录	

注：1. 实务操作记录请沿裁剪线剪下上交；
　　2. 表格空间不足时，请写在表格背面。

实务操作记录

日期		地点		成绩	
姓名		班级		学号	
实务操作内容					
实务操作记录					

注：1. 实务操作记录请沿裁剪线剪下上交；
　　2. 表格空间不足时，请写在表格背面。

实务操作记录

日期		地点		成绩	
姓名		班级		学号	
实务操作内容					
实务操作记录					

注：1. 实务操作记录请沿裁剪线剪下上交；
　　2. 表格空间不足时，请写在表格背面。

实务操作记录

日期		地点		成绩	
姓名		班级		学号	

实务操作内容	
实务操作记录	

注：1. 实务操作记录请沿裁剪线剪下上交；
2. 表格空间不足时，请写在表格背面。

实务操作记录

日期		地点		成绩	
姓名		班级		学号	
实务操作内容					
实务操作记录					

注：1. 实务操作记录请沿裁剪线剪下上交；
　　2. 表格空间不足时，请写在表格背面。

实务操作记录

日期		地点		成绩	
姓名		班级		学号	
实务操作内容					
实务操作记录					

注：1. 实务操作记录请沿裁剪线剪下上交；
　　2. 表格空间不足时，请写在表格背面。

实务操作记录

日期		地点		成绩	
姓名		班级		学号	
实务操作内容					
实务操作记录					

注：1. 实务操作记录请沿裁剪线剪下上交；

  2. 表格空间不足时，请写在表格背面。

实务操作记录

日期		地点		成绩	
姓名		班级		学号	
实务操作内容					
实务操作记录					

注：1. 实务操作记录请沿裁剪线剪下上交；
　　2. 表格空间不足时，请写在表格背面。

实务操作记录

日期		地点		成绩	
姓名		班级		学号	
实务操作内容					
实务操作记录					

注：1. 实务操作记录请沿裁剪线剪下上交；

　　2. 表格空间不足时，请写在表格背面。

实务操作记录

日期		地点		成绩	
姓名		班级		学号	
实务操作内容					
实务操作记录					

注：1. 实务操作记录请沿裁剪线剪下上交；
　　2. 表格空间不足时，请写在表格背面。

实务操作记录

日期		地点		成绩	
姓名		班级		学号	
实务操作内容					
实务操作记录					

　注：1. 实务操作记录请沿裁剪线剪下上交；
　　　2. 表格空间不足时，请写在表格背面。

实务操作记录

日期		地点		成绩	
姓名		班级		学号	
实务操作内容					
实务操作记录					

注：1. 实务操作记录请沿裁剪线剪下上交；
    2. 表格空间不足时，请写在表格背面。

实务操作记录

日期		地点		成绩	
姓名		班级		学号	

实务操作内容	
实务操作记录	

注：1. 实务操作记录请沿裁剪线剪下上交；

2. 表格空间不足时，请写在表格背面。

实务操作记录

日期		地点		成绩	
姓名		班级		学号	
实务操作内容					
实务操作记录					

注：1. 实务操作记录请沿裁剪线剪下上交；

2. 表格空间不足时，请写在表格背面。

实务操作记录

日期		地点		成绩	
姓名		班级		学号	
实务操作内容					
实务操作记录					

注：1. 实务操作记录请沿裁剪线剪下上交；
　　2. 表格空间不足时，请写在表格背面。

实务操作记录

日期		地点		成绩	
姓名		班级		学号	

实务操作内容	
实务操作记录	

注：1. 实务操作记录请沿裁剪线剪下上交；
　　2. 表格空间不足时，请写在表格背面。

实务操作记录

日期		地点		成绩	
姓名		班级		学号	
实务操作内容					
实务操作记录					

注：1. 实务操作记录请沿裁剪线剪下上交；

2. 表格空间不足时，请写在表格背面。

实务操作记录

日期		地点		成绩	
姓名		班级		学号	
实务操作内容					
实务操作记录					

注：1. 实务操作记录请沿裁剪线剪下上交；
　　2. 表格空间不足时，请写在表格背面。

实务操作记录

日期		地点		成绩	
姓名		班级		学号	
实务操作内容					
实务操作记录					

注：1. 实务操作记录请沿裁剪线剪下上交；
　　2. 表格空间不足时，请写在表格背面。

实务操作记录

日期		地点		成绩	
姓名		班级		学号	

实务操作内容	
实务操作记录	

注：1. 实务操作记录请沿裁剪线剪下上交；
　　2. 表格空间不足时，请写在表格背面。

实务操作记录

日期		地点		成绩	
姓名		班级		学号	

实务操作内容	
实务操作记录	

注：1. 实务操作记录请沿裁剪线剪下上交；
　　2. 表格空间不足时，请写在表格背面。

实务操作记录

日期		地点		成绩	
姓名		班级		学号	

实务操作内容	
实务操作记录	

注：1. 实务操作记录请沿裁剪线剪下上交；
　　2. 表格空间不足时，请写在表格背面。

实务操作记录

日期		地点		成绩	
姓名		班级		学号	

实务操作内容	
实务操作记录	

注：1. 实务操作记录请沿裁剪线剪下上交；
　　2. 表格空间不足时，请写在表格背面。

实务操作记录

日期		地点		成绩	
姓名		班级		学号	

实务操作内容	
实务操作记录	

注：1. 实务操作记录请沿裁剪线剪下上交；
2. 表格空间不足时，请写在表格背面。

实务操作记录

日期		地点		成绩	
姓名		班级		学号	

实务操作内容	
实务操作记录	

注：1. 实务操作记录请沿裁剪线剪下上交；
    2. 表格空间不足时，请写在表格背面。

实务操作记录

日期		地点		成绩	
姓名		班级		学号	

实务操作内容	
实务操作记录	

注：1. 实务操作记录请沿裁剪线剪下上交；
　　2. 表格空间不足时，请写在表格背面。

实务操作记录

日期		地点		成绩	
姓名		班级		学号	
实务操作内容					
实务操作记录					

注：1. 实务操作记录请沿裁剪线剪下上交；
　　2. 表格空间不足时，请写在表格背面。

实务操作记录

日期		地点		成绩	
姓名		班级		学号	

实务操作内容	
实务操作记录	

注：1. 实务操作记录请沿裁剪线剪下上交；
　　2. 表格空间不足时，请写在表格背面。

实务操作记录

日期		地点		成绩	
姓名		班级		学号	

实务操作内容	
实务操作记录	

注：1. 实务操作记录请沿裁剪线剪下上交；
　　2. 表格空间不足时，请写在表格背面。